U0107742

二十七堂写作课

夏丏尊 叶圣陶 陈望道 宋云彬 著

人民文学出版社

图书在版编目(CIP)数据

二十七堂写作课/夏丏尊等著. —北京：人民文学出版社,2023
（大先生教你写作文）
ISBN 978-7-02-018253-4

Ⅰ.①二… Ⅱ.①夏… Ⅲ.①汉语-写作 Ⅳ.①H152

中国国家版本馆 CIP 数据核字(2023)第 176866 号

责任编辑 李 娜 邱小群 刘佳俊
封面设计 钱 珺

出版发行 人民文学出版社
社 址 北京市朝内大街 166 号
邮政编码 100705

印 刷 杭州钱江彩色印务有限公司
经 销 全国新华书店等

字 数 253 千字
开 本 890 毫米×1240 毫米 1/32
印 张 17.5
版 次 2023 年 10 月北京第 1 版
印 次 2023 年 10 月第 1 次印刷

书 号 978-7-02-018253-4
定 价 79.00 元

如有印装质量问题,请与本社图书销售中心调换。电话:010－65233595

目　录

我的舱房　1

画记　4

一　记述文　11

美猴王　17

小雨点　21

王熙凤　29

卖汽水的人　33

二　叙述文　38

三　记述文叙述文的混合　40

四　描写　43

五　拟人的写作法　46

人造丝　50

文明与奢侈　52

最苦与最乐　56

机器促进大同说　61

六 解说文 68

七 议论文 71

王三姑娘的死 75

赤壁之战 78

八 四种文体的混合 91

九 叙述文的主人公与场面 94

康桥的早晨 98

荷塘月色 101

雕刻 104

新生活 111

一〇 写境 115

背影 122

先妣事略 127

乌篷船 132

一一 抒怀 138

归园田居 143

赤壁怀古 147

七绝七首 150

词四首 155

一二 诗和词 160

致胡适书

　　——关于《我的儿子》 170

答汪长禄书

　　——关于《我的儿子》 177

李成虎小传 184

荆轲传 191

一三　辩论 211

孔乙己 215

大泽乡 223

做了父亲 239

牵牛花 251

一四　小说 255

闻歌有感 260

一般与特殊 272

一五　小品文 279

谈动 284

长恨歌 291

陌上桑 308

一六　叙事诗 312

一个朋友 318

打拳 324

一七　劝诱与讽刺 328

黔之驴 334

永某氏之鼠 337

运河与扬子江 339

齐桓晋文之事章 343

一八　寓言 354

读书 359

子路曾皙冉有公西华侍坐章 377

北京的空气 383

五律四首 399

七律四首 403

一九　对话和戏剧 408

为幽州牧与彭宠书 416

自祭文 423

二〇　对偶 429

释三九（上） 434

二一　演绎法与归纳法 440

秋思 449

哀江南 455

二二　曲 460

二三　文篇组织的形式 467

诗品六则 475

词品六则 481

二四　文字的品格 486

小园赋 494

二五　用典 514

祭妹文 521

二六　材料的来源与处理 529

山中与裴秀才迪书 537

答友人书 540

二七　写出自己的东西 545

我 的 舱 房

孙福熙

走到房门口，认清确是三〇八号。还未拨开门帏，我想，这是我的房，我将在此过三十余日不知是快活还是惨淡的生活。

夏帽一顶，手杖和阳伞一束，放在床上。皮箱放在床下。这是我的床，在初上船时匆匆认定而将物件随便放着的。

在床上距离二尺余之处又是一个床，我在地上竖起脚尖刚刚可以望见这床中也有东西放着，可见夜间这床上也是有人来睡的。旁边又是这样叠置的两床。这四个床大约占全房间的一半，而这小房间将装置这四个床的主人的物品与他们的行动与他们的言语。

一个圆形窗子，玻璃极厚，而且有两个极粗大的螺旋，以备紧闭。这就是告诉我们风大的时候浪花要泼到窗子的。窗下就是救生带，赭色的布中包着砖形的软木八大块，有布带可以挂在颈上并系在腰间。每人有这样的一条，说不定有一日是要用的。

板壁上一面大镜，下有洗盆一，有自来水管，并且盆中有塞子可以拿去任浊水自己流去的。然而面盆是要两人合用的了，不知我与怎样的人合用哩。

面盆之上，大镜旁边，有四只玻杯，与一瓶清水，各放在一个铜托中。每个托有六个细指，当放入玻杯时，细条略略放开，而且，因为弹簧的作用，立即紧紧的攫住，与手指握住一样。问起为什么要这样握住的缘故，我立刻想见大风浪时的情状了。

天花板下一盏电灯，一把电扇，他们的开闭机关两个并放在门旁。门的左右各有一攀，均有弹簧，以备门开着时不因船的摆动而自己开闭或发咿呀之声。右旁的攀是长的，门大开时用的，左旁的是短的，专让就寝时略开以通空气的。

每两床旁的地板上有两个小柜，中置小便盆。我是不用便器的，然而我计算，倘若我呕吐了，我可以拿它作痰盂。

一切器物我都打量过了，它们虽然不免带有凶残或悲惨的表示，然而事在人为，它们将亲密的陪伴我，使我从法国到中国，使我离开一班敬爱的人而去亲近另一班，而且将随时给我乐趣，到了三十余日之后，它们也是我不忍离去的好友了。

　　孙福熙，字春台，现代浙江绍兴人。著有《山野掇拾》《归航》《北京乎》《春城》等书。

语释　"将装置这四个床的主人的……行动与他们的言语"：这四个床的主人将在这里行动谈说。

画　记

韩　愈

杂古今人物小画共一卷：

骑而立者五人；骑而被甲载兵立者十人；一人骑执大旗前立；骑而被甲载兵行且下牵者十人；骑且负者二人；骑执器者二人；骑拥田犬者一人；骑而牵者二人；骑而驱者三人；执羁靮立者二人；骑而下倚马臂隼而立者一人；骑而驱涉者二人；徒而驱牧者二人；坐而指使者一人；甲胄手弓矢铁钺植者七人；甲胄执帜植者十人；负者七人；偃寝休者二人；甲胄坐睡者一人；方涉者一人；坐而脱足者一人；寒附火者一人；杂执器物役者八人；奉壶矢者一人；舍而具食者十有一人；挹且注者四人；牛牵者二人；驴驱者四人；一人杖而负者；妇人以孺子载而可见者六人；载而上下

者三人；孺子戏者九人：凡人之事三十有二，为人大小百二十有三，而莫有同者焉。

马大者九匹：于马之中，又有上者，下者，行者，牵者，涉者，陆者，翘者，顾者，鸣者，寝者，讹者，立者，人立者，龁者，饮者，溲者，陟者，降者，痒磨树者，嘘者，嗅者，喜相戏者，怒相踶啮者，秣者，骑者，骤者，走者，载服物者，载狐兔者：凡马之事二十有七，为马大小八十有三，而莫有同者焉。

牛大小十一头；橐驼三头；驴如橐驼之数而加其一焉；隼一；犬羊狐兔麋鹿共三十；旃车三两；杂兵器弓矢旌旗刀剑矛盾弓服矢房甲胄之属，瓶盂簦笠筐筥锜釜饮食服用之器，壶矢博弈之具，二百五十有一：皆曲极其妙。

贞元甲戌年，余在京师，甚无事。同居有独孤生申叔者，始得此画，而与余弹棋。余幸胜而获焉。意甚惜之，以为非一工人之所能运思，盖蒉集众工人之所长耳。虽百金不愿易也。明年，出京师，至河阳，与二三客论画品格，因出而观之。座有赵侍御者，君子人也，见之，戚然若有感然。少而进曰："噫！余之手摹也，亡之且二十年矣。余少时常有志乎兹事，得国本，绝人事而摹得之。游闽中而丧焉，居闲处独，时往来余怀也，以其始为之劳而夙好之笃也。今虽遇之，力不能为已。且命工人存其大都焉。"余既甚爱之，又感赵君之事，因以赠之，而记其人物之形状与数，而时观之，以自释焉。

韩愈（768—824），字退之，唐昌黎人。曾举进士，做过吏部侍郎等官，因谏迎佛骨，被贬为潮州刺史。从魏晋到他以前，文章多偏重词句的美丽，成一种"骈文"，而缺少内容。他便起来提倡散文，矫正这种风气。所以他在中国文学史上的地位很重要。著作有《韩昌黎集》。

语释 〔杂〕混合在一起。〔被甲载兵〕被，穿着。甲，古代战时保护身体抵挡兵器的衣服。载，这里作带着。兵，兵器。〔下牵〕下马牵马。〔负〕背着东西。〔拥田犬〕拥，抱着。田，和畋猎的畋相同。田犬，猎犬。〔驱〕跑着，赶着。〔羁靮〕羁，马头的勒。靮，缰绳。〔臂隼〕隼，又名鹘，善飞的猛禽，可用来打猎。臂隼，臂膀上带着隼。〔涉〕在水里走。〔徒而驱牧〕徒，步行。牧，看管牲畜。〔甲胄手弓矢铁钺植〕胄，古代战时戴的帽子，用来保护头部，抵挡兵器。手，拿着。矢，箭。铁，斧。钺，大斧。植，直立着。〔帜〕旗。〔偃寝〕仰卧。〔坐睡〕坐在那里打瞌睡。〔方〕刚，正要。〔脱足〕脱足上的鞋袜。〔寒附火〕因为冷，靠近火旁取暖。〔役〕当差使。〔奉壶矢〕奉，同捧。古代有一种游戏叫作投壶，在远处放一个瓶一般的壶，参加游戏的人依次将矢投去，投进壶内的便是胜利。这里的壶矢就是这种游戏的用具。〔舍而具食〕舍，屋子，这里是处在屋子里。具食，预备食物。〔挹且注〕挹，舀水。注，倒水。挹且注，从这里舀了水倒到那里。〔牛牵〕即牵牛，古文中有这种倒装句法。下"驴驱"同例。〔以孺子载〕孺子，孩子。以孺子载，带着孩子坐在车上。〔载而上下〕要乘车而上车，已乘车而下车。〔莫有〕没有。〔牵者〕被牵着的。〔陆者〕从水上陆的。〔翘者〕翘，抬起。翘者，抬起头的。〔顾者〕回头看的。〔讹者〕讹，同吪，被惊醒而动讹者，被惊醒而活动起来的。〔人立者〕前两足提起，身体像人一般立着的。〔龁者〕龁，咬。龁者，咬着什么东西的。〔溲者〕溲，小便。溲者，正在那里小便的。〔陟者〕陟，上升。陟者，上升高处的。〔痒〕同癢。〔嘘者〕嘘，吹气。嘘者，在那里吹气的。〔蹢啮〕蹢，同踢。啮，咬。〔秣者〕秣，喂草料。秣者，吃草料的。〔骑者〕被人骑的。〔骤者〕骤，马快跑。骤者，奔跑着的。〔服物〕一切服用的东西。〔橐驼〕通常称骆驼。〔驴如橐驼之数而加其一焉〕橐驼三头，驴多一头，共四头。〔麋〕和鹿同类的动物。〔旃车三两〕旃，同毡。旃车，有弓形毡篷的车。两，同辆。〔旌旗刀剑矛盾弓服矢房〕旌，长形的旗。矛，兵器，长杆，一端有刃。盾，古代战时用来掩护自己抵挡刀箭的器具。弓服，藏弓的袋。矢房，藏箭的袋。〔瓶盂簦笠筐筥锜釜〕簦，有柄的笠。笠，用竹编成用来盖物的器具；用竹编成的雨帽也称笠。筐，盛物的方形竹器。筥，盛米的圆形竹器。锜，有三足的釜。釜，烹饪用的器具。〔博弈〕下棋。〔曲极其妙〕委曲精细，神妙到了极点。〔贞元〕唐德宗年号（785—805）。〔京师〕首都。〔独孤生申叔〕独孤，姓。申叔，名。生，古时对人的通称，如现在的"君"。〔弹棋〕古代的游戏，今已失传，大概与下棋相类的。〔运思〕运用心思来作画。〔藂〕同丛，聚集。〔易〕交换。〔河阳〕县名，地在今河南省。〔品格〕本来是批评人才高下所分的等级，这里指画的高下优劣。〔座有赵侍御者〕座，集会的席间。侍御，官名。〔君子人〕极有修养的人。〔戚然若有感然〕戚然，悲愁的样子。若，好像。有感然，有所感触的样子。〔少而进〕少，过了一会儿。进，开始发言。〔手摹〕亲手照样本摹下来的。〔亡之且二十年〕亡，失去。且，将近。〔兹事〕兹，这件，指绘画的事。〔国本〕国字表示珍贵无比世间少有的意思，如"国士""国手"等都是。国本，可贵的不易得到的画本。〔绝人事〕放弃一切人事。〔游闽中而丧焉〕闽中，今福建省地。丧，失去。〔居闲处独〕闲空着，独个儿在那里。〔时往来余怀〕怀，胸怀。时往来余怀，那幅画常常闯进我的胸怀，引我想念。〔以其始为之劳而夙好之笃也〕以，因为。始，当初。为之劳，画那幅画很辛苦。夙，早昔。好之笃，欢喜那幅画很切。〔且命工人存其大都焉〕大都，大概的模样。这句是说将吩咐工人依据了这幅画摹下一个大概的模样。〔自释〕自己安慰排遣。

一　记　述　文

说话作文都为着实际的需要。心里蓄着怎样的意思，就说怎样的话，作怎样的文。

我们自己觉知了一个或多数的人或物，更想叫别人知道，倘若那人或物就在别人眼前，就非常容易，只消指点一下罢了。但是，倘若那人或物并不在别人眼前，我们就得用语言或文字来告诉别人。**为着这种需要写成的文字叫作"记述文"**。

《我的舱房》和《画记》都是记述文。两篇的作者所以作这两篇文字，一个要叫别人知道舱房的布置，一个要叫别人知道这画幅的内容，可是舱房和画幅并不在别人眼前，他们就写成文字来告诉别人。

目的既在叫别人知道，对于写作的手段就得讲究。手段的高下，人各不同；能使别人看过文字之后，知道所讲的人或物和作者一样清楚，这篇文字自然是好的。反过来，别人看过文字之后，对于所讲的人或物依然茫无所知，这篇文字一定是坏的了。**我们要讲究一切写作的手段，就只在达到写作的目的**。谁愿意让自己的工作成为徒劳的呢？

我们看不论什么东西时，一瞬间就把整个东西看在眼里；譬如看一个舱房，看一幅画，眼光所注，整个舱房、整幅的画都看到了。但是用语言文字把不论什么东西告诉别人时，情形就不同。一句话语往往不能把整个东西说尽；必须许多话语连缀起来，方才告诉得明白；只消看《我的舱房》和《画记》，每篇都用了几百字。**这里连缀的功夫至关重要**。如果连缀得当，那就是不坏的记事文了；因为东西是显现在作者眼前的，作者只须看认清楚，必不致把黑说作白，把方说作圆，作者显出他的功夫的地方，就在乎怎样把述说那东西的许多话语连缀起来，使看到这篇文字的人虽非亲眼看见，也能知道那东西。

试看《我的舱房》这篇文字。第一节说"认清确是三〇八号"，说"这是我的房"，就舱房全体而言。第二节讲"我的床"。第三节讲其他的床。第四节讲靠窗的部分。第五、第六节讲靠板壁的部分。第七节讲门及门旁。第八节讲床旁的小柜。只有末节不讲什么器物，是看过了一切器物以后的感想。

再看《画记》这篇文字。开头说"杂古今人物小画共一卷"，就画幅全体而言。第二节记述情状各异的许多的人，末了结计总数。第三节记述情状各异的许多的马，末了结计总数。第四节记述动物、器具，都结计总数。——末节且留待以后说。

据前面的分析，**可见把整个东西分清部分，逐部述说，是讲究连缀功夫的着手办法**。舱房的布置自然成床位、靠窗、靠板壁、门等几部分，作者就依据这个，分节述说。画幅上人最多，马也不少，作者就把人和马归聚成两部分，各作一节述说，更把其余的动物、器具纳入另外的一节。这样，才使看到文字的人逐部明晓，结果知道了所讲的东西的全体。假若随便乱说，毫无条理，这部分一句，那部分一句，就使看到文字的人眼花缭乱，对于所讲的东西认识不清：这就达不到写作的目的。

把整个东西分部分，**分法不止一个**。但作记述文时，**必先决定采用其中的一个**。

《我的舱房》开头一节说舱房的全体，《画记》开头一句说画幅的全体，如果都不要，行么？这样，看到文字的人便将迷惑，床位、窗、板壁等属于哪个房间的呢，多少人多少马在什么地方停留呢。唯有开头讲明白了，看到文字的人才知道讲的是什么，毫不迷惑。

到这里，可知记述文大概的格局是：**开头提出所讲的人或讲明物的品目，统说全体，随后分部述说。**这实在是非常自然的，我们平时仔细看认不论什么东西，经过情形就是这般。前面说过，"我们看不论什么东西时，一瞬间就把整个东西看在眼里"，要知道这样地看在眼里，只是笼统地知道有这么一些东西而已。若要知道这些东西的详细情状，那就非仔细看认不可。要仔细看认，就得由我们的意思，把东西分成几部分来看，看过一部分，再看一部分。这正和记述文的分部述说相同。**我们要知道记述文该怎样分部述说，只消问自己对于东西是怎样分部看认的。**

《画记》一文，自来被认为记述文的名篇。画幅上东西非常繁多，经作者归理清楚，记述下来，读者便能明晓一切东西的情状，这是好处。只是一切东西在画面上的位置不能从这篇文字知道；还有这幅画是什么彩色的也没有提及。这两点未尝不可记明，不过要记就得变更连缀的方法。作者并非没有本领另取一个连缀的方法，只因他不注意于这两点，所以写成现在这样子。记述一件东西往往把有些部分舍去不讲。取用什么，舍去什么，全凭作者的意趣。但是，如果所取太简单或者太零乱，使读者对于这件东西模糊难明，那就是坏的记述文了。

这篇非常朴素，差不多记账一般。第二节记人，怎样的多少人，怎样的多少人，末了有个总计；第三节记马，怎样的，怎样的，末了也有个总计。这样，记述文的责任已尽，倘若对画面人物再加上许多描摹的话，自然是可以的；不过不加也并不嫌缺少什么。所以这篇可作记述文的模范。

篇中记述人和马的状态，都用极少的字，最少只有一字。读者要活现地想见那些状态，必须精确地了解每个字的意义，更须想到古文和今语的不同：古文这样说，今语又该怎样说？古文说"饮者"，为什么今语须说"喝水的"？

像"牛牵者""驴驱者"那样的说法，虽然并非讲不通，可是太拗强了，现在就是作古文也不必仿效。

第四节不说"驴四头"而说"驴如橐驼之数而加其一焉",意在使文法变化。不过有了变化的好处,同时来了累赘的坏处;用了十一个字,无非说明驴四头而已。

一篇文字摆在面前,要理会得它的好处,更要看得出它的坏处,这样研究文字,才有真实的益处。

练习　试自拟一题(一个或多数的人或物)作一
　　　篇记述文,依着自己对于该题材分部看认
　　　的次第分部述说。

美 猴 王

吴承恩

东胜神洲海外有一国土，名曰傲来国，国近大海。海中有一座名山唤为花果山。那山顶上有一块仙石，自开辟以来，每受天真地秀，日精月华，感之既久，遂有灵通之意，内育仙胎。一日迸裂，产一石卵，似圆球样大。因见风，化作一个石猴，五官俱备，四肢皆全。

那猴在山中，却会行走跳跃，食草木，饮涧泉，采山花，觅树果，与猿鹤为伴，麋鹿为群，夜宿石崖，朝游峰洞：真是"山中无甲子，寒尽不知年"。一朝天气炎热，与群猴避暑，都在松荫之下顽耍了一会，却去那山涧中洗澡。见那股涧水奔流，真个是滔滔不竭。

众猴都道："这股水不知是哪里来的水。我们今日趁闲，顺涧边往上溜头寻看源流，耍子去耶！"喊一声，众猴一齐跑来，顺涧爬山，直至源流之处。乃是一股瀑布飞泉。众猴拍手称扬道："好水！好水！哪一个有本事的，钻进去寻个源头，出来不伤身体者，我等拜他为王。"连呼了三声，忽见丛杂中跳出一个石猴，高叫道："我进去！我进去！"

好猴！你看他瞑目蹲身，将身一纵，径跳入瀑布泉中。忽睁眼抬头观看，那里边却无水无波，明明朗朗的一座铁板桥。桥下之水冲贯于石窍之间，倒挂流出去，遮闭了桥门。又上桥头再看，却似人家住处一般，好个所在。看罢多时，跳过桥左右观看。只见正当中有一石碣，碣上镌着"花果山福地，水帘洞洞天"。石猴喜不自胜，复瞑目蹲身，跳出水外，打了两个呵欠道："大造化！大造化！"众猴围住问道："里面怎么样？水有多深？"石猴道："没水，没水，原来是一座铁板桥。桥那边是一座天造地设的家当。"众猴道："怎见得是个家当？"石猴笑道："这股水乃是桥下冲贯石窍，倒挂下来，遮闭门户的。桥边有花有树，乃是一座石房。房内有石锅、石灶、石碗、石盆、石床、石凳。中间一块石碣，上镌着'花果山福地，水帘洞洞天'。真个是我们安身之处。我们都进去住，也省得受老天之气。"众猴听得，个个欢喜。都道："你还先走，带我们进去。"石猴却又瞑目蹲身，往里一跳。众猴随后也都进去了。跳过桥头，一个个抢盆，夺碗，占灶，争床，搬过来，移过去；正是猴性顽劣，再无一个定时，只搬得力倦神疲方止。石猴端坐上面道："列位阿，'人而无信，不知其可'。你们才说有本事进得来，出得去，不伤身体者，就拜他为王。我如今寻了这一个洞天，与列位安眠稳睡，各享成家之福，何不拜我为王？"众猴听说，即拱服礼拜，都称"千岁大王！"自此石猴高登王位，将"石"字隐了，遂称"美猴王"。

《西游记》现时通行的一百回本，里面写唐三藏取经的故事。作者吴承恩（约 1504—1582），字汝忠，别号射阳山人，嘉靖（明朝第十一代皇帝世宗的年号）岁贡生，做过县丞的官。著有《射阳存稿》（已失传）和《西游记》。

语释 〔东胜神洲〕佛经里所说四大部洲之一。〔自开辟以来〕从宇宙当初开天辟地以来。〔天真地秀，日精月华〕天地日月的灵气，这是从前人的一种想象。〔迸裂〕破裂了四散分开。〔山中无甲子〕从前阴历的年、月、日、时，都用甲、乙、丙、丁、戊、己、庚、辛、壬、癸十个天干和子、丑、寅、卯、辰、巳、午、未、申、酉、戌、亥十二个地支配合成甲子、乙丑……等六十个甲子来记录。"山中无甲子"就是说在山中生活没有年月可分。〔瞑目〕闭着眼。〔径〕直捷。〔窍〕孔穴。〔碣〕和碑相仿，也是石做的，方的叫碑，圆的叫碣。〔镌〕雕刻。〔喜不自胜〕高兴得自己支持不住。〔大造化〕很大的天幸。〔天造地设的〕自然生就的。〔人而无信，不知其可〕这是《论语》上的话，一个人说话倘若没有信实，就不知怎样才好。〔拱服礼拜〕拱手表示佩服，对石猴行敬礼。〔千岁〕祝贺人长寿。

小　雨　点

陈衡哲

小雨点的家在一个紫山上面的云里。有一天，他正同着他的哥哥姐姐在屋子里游玩，忽然外面来了一阵风，把他卷到了屋外去。

小雨点着了急，伸直了喉咙叫道："风伯伯，快点放了我呀！"

风伯伯一些也不睬，只管吹着他向地下卷去。小雨点吓得闭了眼睛，连气也不敢出。后来他觉得风伯伯去了，才慢慢的把眼睛睁开，向四围看了一看，只见自己正挂在一个红胸鸟的翅膀上呢！那个红胸鸟此时正扑着他的翅膀，好像要飞上天去的光景。小雨点不禁拍手叫道："好了，好了！他就要把我带回我的家去了。"

谁知道那个红胸鸟把他的翅膀扑得太厉害了，竟把小雨点掀了下来。

小雨点看见自己跌在一个草叶上面，他便爬了起来，两只手掩了眼睛，呜呜咽咽地哭起来了。他正哭着，忽然听见有一个声音叫着他说道："小雨点，小雨点，不要哭了，到我这里来罢。"

小雨点依着声音的来处看去，只见一个泥沼在那里叫他去哩。他心里喜欢，便从那个草地上面一交滚了下来，向着那泥沼跑去。他跑到了那里，把那泥沼看了一看，不觉掀着鼻子说道："好龌龊呵！"

泥沼把手放在他的嘴上说道："听呀！"

此时小雨点忽听见有流水的声自远渐渐地近了来。泥沼便对小雨点说："这是涧水哥哥，他到河伯伯那里去，现在凑巧走过这里。我们何不也同他一路去呢？"

于是小雨点跟了泥沼，去会见了涧水哥哥，一同到河伯伯那里去。

小雨点见了河伯伯，觉得自己很小，便问他道："河伯伯，我为什么这样小？"

河伯伯笑着答道："好孩子，这不打紧，我小的时候也和你一样。"

小雨点又说道："大河伯伯，你现在到哪里去？"

泥沼和涧水哥哥也同声说道："不错，不错！大河伯伯，你现在到哪里去？"

河伯伯道："我到海公公那里去，就永远住在他那里了。"

小雨点和泥沼和涧水哥哥都同声说道："好伯伯，你能告诉我们，海公公是怎么一个样子吗？"

河伯伯道："海公公吗？他是再要慈爱没有的了。他见了什么东西都要请他去住在他的家里。"

小雨点道："他也请像我一样的小雨点吗？"

河伯伯道："只要你愿意，他一定请你的。你可知道他小的时候也是一个小雨点吗？"

他们四个一路上有谈有笑，倒也很快活。隔了两天，居然到了海公公的宫里去。只见海公公掀着雪白的胡子笑着迎了出来。他见了小雨点十分喜欢，问了他好多的话。小雨点心里也觉得快活，那天竟没有想到家里。可是到了第二天，又想回去了。他便拉着海公公的胡子说："海公公，你肯送我回家去吗？"

海公公说："好孩子，你要回去，也没有什么不可以。但你须要耐心些才是。"

海公公的房子是一个又大又深的宫。小雨点在他的底下住了两天。到了第三天，他正一人哭着，想回家去，忽听见海公公在屋面上叫他。小雨点跟着那声音升了上去。只见白云紫山，可不是他的家吗？他见了喜得手舞足蹈的说道："看呀！看呀！海公公，那不是我的家吗？"

　　海公公摩着他的头说道："好孩子，我是留不住你的了，只好让你回去罢。"

　　小雨点也很不忍心离开这样慈爱的海公公。不过他要回家的心太厉害了，所以只得含着眼泪辞别了海公公，向天上升去。

　　说也稀奇，此刻小雨点只觉得他的身子一刻大似一刻。不一会儿，他已升得很高。他心里喜欢，说道："今晚我一定可以到家了，好不快活呵！"

　　到了下午，他升到了一个高山的顶上，觉得有些疲倦。他向下一看，只见有一朵小小的青莲花睡在一堆泥土的旁边。他便对自己说："我今天升得也够了，不如休息一刻再说罢。"

　　说了这个，他便向着那青莲花进行。忽然他身子又缩小起来。他着了慌，再睁眼仔细一看，啊呀！他不在花瓣上，又在哪里呢！他此时不觉又哭起来了。

他正哭着，忽听见那青莲花叫着他的名字，说道："小雨点，不要哭了，请你快来救救我的命罢。"

小雨点听了很稀奇，不由得止了哭，把那青莲花细细地看了一看。只见她清秀之中显出十分干枯苍白。青莲花此时又接着说道："我差不多要死了，请你救救我的命罢。"

小雨点听了，心里很不忍，便答道："极愿极愿！但是我可不知道应该怎样的救你"。

青莲花道："听着呵！我为的是欠少一点水，所以差不多要死。你若愿意救我的命，你须让我把你吸到我的液管里去。"

小雨点吓了一大跳。竟回答不出话来。

青莲花道："小雨点，不要害怕，你将来终究要回家去的，不过现在冒一冒险罢了。你愿意吗？"

小雨点听了，心里安了些。把青莲花看了一看，不由得又疼又爱。他想了想，便壮着胆说道："青莲花，我为了你的缘故，现在情愿冒这个险了。"

青莲花十分感激，果真的把小雨点吸到了她的液管里去。不到一会儿，她那干枯苍白的皮肤忽然变为美丽丰满。她在风中颤着，向四处瞧望。忽见有个小女儿走过她的身旁。她便把她身上的香味送到那女孩的鼻子里，说道："女孩子，看我好不美丽。为什么不把我戴在你的发上呢？"

那女孩子果真把她折了，戴在她自己的发上。

但是到了晚上，那女孩子忽然又不喜欢这个青莲花了。她便把她从发里取了下来，丢在她爹爹的园里。

青莲花知道她这次真要死了。她又想到了温柔的小雨点，心里很痛苦，不由得叫道："小雨点，小雨点！"

小雨点本来没有死，不过睡着罢了。此刻听了青莲花的声音，便醒了过来，说道："我在什么地方呢？"

青莲花答道："你在我的液管里。"

小雨点听到这里，才慢慢的把往事记了起来。他叹着气说道："青莲花，你自己又在哪里？"

青莲花便把她的经历一一的告诉了小雨点。她又说道："小雨点，现在我可真的要死了。"

小雨点着了急，说道："青莲花，青莲花！快快的不要死，我愿意再让你把我吸到液管里去。"

青莲花叹了一口气，说道："痴孩子，现在是没用的了。况且你已经在我的液管里，我又怎样能再吸你呢？但是，小雨点，你不必失望，因为我明年春间仍要复活的。你若想念我，应该重来看看我啊！再会了。"

小雨点哭着叫道："青莲花，青莲花！快快不要死呀！"

但是青莲花已经听不见他的喊声了。小雨点一面哭着，一面看去，好不稀奇：他哪里在什么青莲花的液管里，他不是明明在一个死池旁边的草上吗？他把死池看了一看，央着说道："泥沼哥哥……"

死池恶狠狠的说道："我不是泥沼，我是死池。"

小雨点便道："死池哥哥，你能把我送到海公公家里去吗？"

死池哼着鼻子，说道："我从来没有听见过这个地方。"

小雨点听了，知道没有望了，不由得又哭了起来。他哭得好不伤心，死池听了，也有些不忍，便问道："你要到海公公家去做什么？"

小雨点答道："我要他送我回家去。"

死池皱着眉毛，想了一想，说道："你可知道，你不必到海公公家也可以回家去的吗？"

小雨点听了，快活得跳了起来，说道："死池哥哥，你的话真吗？你肯告诉我，怎样的回家去呢？"

死池道："你且等着，待太阳公公来了，便知道了。"

小雨点不敢再问，只得睡在草上，静待了一夜。明朝太阳公公来了，果然的把小雨点送回了家去。小雨点见了他的哥哥姐姐，自然喜欢得说不出话来。他又把他在地上的经历一一告诉了他们。后来他还约了他们，要在明年春间，同他们到地上去看那复活的青莲花哩。

陈衡哲，女作家，湖南人。曾留学美国，研究历史。回国后任北京大学教授。著有《西洋史》和小说集《小雨点》等。

语释 〔掀了下来〕高举起了推了下来。〔泥沼〕低凹的蓄着水的地方。〔涧〕两山中间低处流着水的地方。〔央〕恳求。

王　熙　凤

曹雪芹

一语未休，只听后院中有笑声说："我来迟了，不曾迎接远客。"黛玉思忖道："这些人个个皆是敛声屏气如此。这来者是谁，这样放诞无礼……"心下想时，只见一群媳妇丫鬟拥着一个丽人从后房进来。这个人打扮与姑娘们不同，彩绣辉煌，恍若神妃仙子。头上戴着金丝八宝攒珠髻，绾着朝阳五凤挂珠钗，项上戴着赤金盘螭璎络圈，身上穿着缕金百蝶穿花大红云缎窄背袄，外罩五彩刻丝石青银鼠褂，下着翡翠撒花洋绉裙，一双丹凤三角眼，两弯柳叶吊梢眉，身量苗条，体格风骚，粉面含春威不露，丹唇未启笑先闻。黛玉连忙起身接见。贾母笑道："你不认得她。她是我们这里有名的一个泼辣货，南京所谓辣子，你只叫她凤辣子就是了。"黛玉正不知以何称呼，众姊妹都忙告诉黛玉道："这是琏嫂子。"黛玉虽不曾识面，听见她母亲说过，大舅贾赦之子贾琏娶的就是二舅母王氏之内侄女，自幼假充男儿教养的，学名叫作王熙凤；黛玉忙陪笑见礼，以嫂呼之。这熙凤携着黛玉的手上下细细打量了一回，便仍送至贾母身边坐下，因笑道："天下真有这样标致人物，我今日总算见了。况且这通身的气派，竟不像老祖宗的外孙女，竟是个嫡亲的孙女。怨不得老祖宗天天口头心头一刻不忘，……只可怜我这妹妹这样命苦，怎么姑妈偏就去世了。"说着，便用手帕拭泪。贾母笑道："我才好了，你倒来招我，你妹妹远路才来，身子又弱，也才劝住了。快休再题前话。"这熙凤听了，忙转悲为喜道："正是呢，我一见了妹妹，一心都在她身上，又是欢喜，又是伤心，竟忘记了老祖宗，该打该打！"又忙携黛玉之手，问："妹妹几岁了？可也上过学？现在吃什么药？在这里不要想家。要什么吃的，什么玩的，只管告诉我。丫头老婆们不好，也只管告诉我。"一面又问婆子们："林姑娘的行李东西可搬进来了？带了几个人来？你们赶早打扫两间下房，让她们去歇歇。"说话时，已摆了茶果上来。熙凤亲为捧茶捧果。又见二舅母问她月钱放完了不曾。熙凤道："月钱也放完了。刚才带了人到后楼上找缎子，找了半日，也没见昨日太太说的那样。想是太太记错了。"王夫人道："有没有什么要紧。"因又说道："倒是我先料着了，知道妹妹这两日到的，我已预备下了，等太太回去过了目好送来。"王夫人一笑，点头不语。

　　《红楼梦》又名《石头记》，是一部描写一个大家庭由盛而衰的生活的小说。现在最流行的有一百二十回。据胡适的考证（见《胡适文存》）作者曹雪芹，名霑，祖先是汉人而投于满族的。他的祖父和父亲都做过江宁织造的官，原来很繁荣，不知为了什么后来却衰败了。所以他的境遇也就很坏，不过四十多岁便死去（1715?—1763）。原书他只写到八十回，后四十回是别人续成的。

　　这一段是从第三回节下来的，这一回写林黛玉初到贾府的事。她的外祖母正和她谈着话，就听到她的表嫂王熙凤走了来。

语释 〔思忖〕心里暗自思量推究。〔敛声屏气如此〕这般地收敛着声音抑制住呼吸，很静默的。〔放诞〕放肆无拘束，不检点。〔恍若〕仿佛。〔头上戴着金丝八宝攒珠髻〕头上戴了一个金线穿着珠宝做成的髻。〔绾〕插。〔螭〕中国旧说是一种像龙而色黄没有角的动物。这里是首饰上的雕刻。〔缕金〕用金线盘成。〔苗条〕细小有风致。〔泼辣货〕很厉害、放纵不顾一切的角色。〔内侄女〕女子出嫁后，她母家的弟兄的女儿。〔细细打量了一回〕仔细地注意看了一番。〔标致〕美丽漂亮。〔气派〕神气派头。〔月钱〕每月照定数分发的钱。

卖 汽 水 的 人

周作人

我的间壁有一个卖汽水的人。在般若堂院子里左边的一角，有两间房屋，一间作为我的厨房，里边的一间便是这卖汽水的人住着。

一到夏天，来游西山的人很多，汽水的生意很好。从汽水厂用一块钱一打去贩来，很贵的卖给客人；倘若有点认识，或是善于还价的人，一瓶两角钱也就够了，否则要卖三、四角不等。礼拜日游客多的时候，可以卖到十五六元，一天里差不多有十元的利益。这个卖汽水的掌柜本来是一个开着煤铺的泥水匠，有一天到寺里来作工，忽然想到在这里来卖汽水，生意一定不错，于是开张起来。自己因为店务及工作很忙碌，所以用了一个伙计替他看守，他不过偶然过来巡阅一回罢了。伙计本是没有工钱的，伙食和必要的零用由掌柜供给。

我到此地来了以后，伙计也换了好几个了，近来在这里的是一个姓秦的二十岁上下的少年，体格很好，微黑的圆脸，略略觉得有点狡狯，但也有天真烂漫的地方。

卖汽水的地方是在塔下，普通称作塔院。寺的后边的广场当中，筑起一座几十丈高的方台，上面又竖着五枝石塔，所谓塔院便是这高台的上边。从我的住房到塔院底下，也须走过五六十级的台阶，但是分作四五段，所以还可以上去；至于塔院的台阶总有二百多级，而且很峻急，看了也要目眩，心想这一定是不行罢，没有一回想到要上去过。塔院下面有许多大树，很是凉快，时常同了丰一到那里看石碑，随便散步。

有一天，正在碑亭外走着，秦也从底下上来了。一只长圆形的柳条篮套在左腕上，右手拿着一串连着枝叶的樱桃似的果实。见了丰一他突然伸出那只手，大声说道："这个送你。"丰一跳着走去，也大声问道：

"这是什么？"

"郁李。"

"哪里拿来的？"

"你不用管。你拿去好了。"他说着，在狡狯的脸上现出亲和的微笑，将果实交给丰一了。他嘴里动着，好像正吃着这果实。我们拣了一颗红的吃了，有李子的气味，却是很酸。丰一还想问他什么话，秦已经跳到台阶底下，说着"一、二、三"，便两三级当作一步，走了上去，不久就进了塔院第一个的石的穹门，随即不见了。

这已经是半月以前的事情了。丰一因为学校将要开学，也回到家里去了。

昨天的上午，掌柜的侄子飘然的来了。他突然对秦说，要收店了，叫他明天早上回去。这事情太鹘突，大家都觉得奇怪，后来仔细一打听，才知道因为掌柜知道了秦的作弊，派他的侄子来查办的。三四角钱卖掉的汽水，都登了两角的账，余下的都没收了，存放在一个和尚那里，这件事情不知道有谁用了电话告诉了掌柜了。侄子来了之后，不知道又在哪里打听了许多话，说秦买怎样的好东西吃，半月里吸了几盒的香烟，于是证据确凿，终于决定把他赶走了。

秦自然不愿意出去，非常的颓唐，说了许多辩解，但是没有效。到了今天早上，平常起得很早的秦还是睡着，侄子把他叫醒，他说头痛，不肯起来。然而这也是无益的了，不到三十分钟的工夫，秦悄然地出了般若堂去了。

我正在有那大的黑铜的弥勒菩萨坐着的门外散步。秦从我的前面走过，肩上搭着被囊，一边的手里提了盛着一点点的日用品的那一只柳条篮。从对面来的一个寺里的佃户见了他问道：

"哪里去呢？"

"回北京去！"他用了高兴的声音回答，故意的想隐藏过他的忧郁的心情。

我觉得非常的寂寥。那时在塔院下所见的浮着亲和的微笑的狡狯似的面貌，不觉又清清楚楚地再现在我的心眼的前面了。我立住了，暂时望着他彳亍地走下那长的石阶去的寂寞的后影。

周作人，字启明，浙江绍兴人，曾留学日本，任北京大学教授多年，翻译很多；著作有《雨天的书》《自己的园地》《欧洲文学史》等。

语释　〔般若堂〕佛殿名。"般若"是佛经上的用语，当智慧解，又有脱离妄想、归到清净的意思。　〔西山〕在北平西城外。　〔否则〕不然那就……　〔不等〕不一定，不相同。　〔巡阅〕往来察看。　〔狡狯〕不诚实，喜欢弄手脚。　〔天真烂漫〕像小孩子一样，没有存心，很直率而又活泼。　〔峻急〕台阶很陡，每级相隔又很近。〔目眩〕眼睛昏花。　〔郁李〕郁李是一种紫红色、味酸的水果。　〔穹门〕上方成弧形的门。　〔飘然〕很随便好像没有一点心事的神气。　〔鹘突〕突然，来得没有根源，出人意外。　〔查办〕调查办理。　〔确凿〕的确，确实。　〔颓唐〕失意灰心，不能振作。　〔佃户〕租种别人的田亩的人。〔彳亍〕左一脚右一脚地没有一定的方向慢慢地走。

二 叙 述 文

我们自己知道了一些事情，更想叫别人知道，**为着这种需要写成的文字叫作"叙述文"。**

记述文告诉别人一些东西，叙述文告诉别人一些**事情；记述文是静的，单说东西在空间的情状，**叙述文是**动的，列叙事情经过时间逐渐进行的步骤；**记述文好比一幅相片，叙述文好比一套电影片；**这是记述文和叙述文的分别。**

《美猴王》《小雨点》《王熙凤》《卖汽水的人》都是叙述文。这四篇的作者所以作这四篇文字，一个要叫别人知道美猴王出世为王的事情，一个要叫别人知道小雨点出外游历的事情，一个要叫别人知道王熙凤出来迎客的事情，一个要叫别人知道姓秦的来而又去的事情，这除了口讲之外，当然只有写成文字来告诉别人。

一篇叙述文，别人看过之后，对于事情的经过完全知道了，这篇文字便是好的。其他门类的文字也是这般；总之，**能达到写作的目的的文字便是好的。**

以前说过，作记述文要讲究怎样把话语连缀起来的功夫；**其实作任何门类的文字都得讲究这一层**。关于叙述文的连缀有个绝好的依傍，**那就是事情本身的进行次第**。事情的进行有段落，这正好依据了来规定文字的段落；事情的进行有缓急，这正好依据了来规定文势的缓急。试将《卖汽水的人》为例。在事情本身，秦把果实给丰一是一个段落，丰一回家是一个段落，掌柜发觉秦的作弊是一个段落，秦从般若堂出来是一个段落，作者看秦走去又是一个段落；作者就依据这些规定文字的段落，连次第都不变更。又，秦把果实给丰一，在全件事情中是弛缓的部分，而掌柜发觉秦的作弊，却是紧急的部分；作者就依据这层，把前一部分写得弛缓，把后一部分写得紧急。

作叙述文也可以不依据事情本身的进行次第，这以后再讲；现在我们先记着，**依据事情本身的进行次第，是作叙述文最普通、最自然的方法**。

三　记述文叙述文的混合

请翻出《画记》来看。《画记》记述一件东西（一幅画），从第一节到第四节都为着这个目的。所以是记述文。但是，末节怎样呢？末节讲到得画、赠画、作记，这明明是一件事情的进行次第。所以是叙述文。再看《卖汽水的人》。《卖汽水的人》述说一件事情（姓秦的来而又去），当然是叙述文。但是开头讲卖汽水的人和他的住所，接着讲汽水的买卖，接着讲姓秦的状貌，接着讲塔院，这些却是人和东西而不是事情；便是在秦把果实给丰一这一段事情中，"一只长圆形的柳条篮套在左腕上，右手拿着一串连着枝叶的樱桃似的果实"，"有李子的气味，却是很酸"，讲到的都是东西而不是事情：所以这些部分是记述文。——若再看其他文篇，便将发现同样的混合的情形。

可见纯粹的记述文和叙述文很少的，二者常常混合在一起。我们假若逐句逐节地看，便觉忽而记述，忽而叙述，难以断定这篇文字到底属何门类。但是就全篇统观，便极易分辨。**讲一些东西的，虽然有叙述**

文混合在内，仍是记述文；讲一些事情的，虽然有记述文混合在内，仍是叙述文。通常把文字归类就是这样着手的。

这里应附带说明的，就是把文字归类不能只看题目。像《画记》，题目写明"记"字，实际确是记述文，那是名实相符的。但是，像"运动会记""远足记"，讲到开运动会、远足某处的事情，实在是叙述文。如果只看题目，见有"记"字，便说是记述文，那就上当了。

为什么纯粹的记述文和叙述文很少呢？仍取《画记》来讲。《画记》如果删去末节，也并不感得缺少什么，因为前面几节已经把画面的一切说明白了。所以论起理来，末节可要可不要。但是论到作者的心思，他若没有得画、赠画的一段经过，也就不会有这篇文字，这段经过至关重要，他怎肯丢掉不写？他要写，记述文里便混入叙述文了。**一般记述文讲一些东西，往往讲到这些东西的来历、存亡，等等，这些部分大概是叙述文。**

再取《卖汽水的人》来讲。秦把果实给丰一这段事情的进行是这样的：秦从底下上来，见了丰一他伸出手，说"这个送你"。如果文字就照这样写，也没有什么不合，因为事情的本身便是这样的。所以论起理来，"一只长圆形的……"这一句可要可不要。但是论到事实，若不把秦带着的东西交代明白，下面说"这个送你"的"这个"便不能使别人知道是什么东西。作叙述文的目的在使别人清楚地知道一些事情，作者怎肯丢掉与事情有关照的东西不写？他要写，叙述文里便混入记述文了。**一般叙述文讲一些事情，往往讲到与事情有关照的东西，这些部分大概是记述文。**再说一个譬喻，更易明白。电影片告诉别人一些事情的经过，刻刻在那里变动；但是有时插入一段"特写"，把某件东西放得很大，并不变动，让别人看个仔细。那刻刻变动的部分犹如叙述文，"特写"的部分犹如记述文。

到这里，记述文叙述文常常混和在一起的道理可以明白了。那就是：**无论讲一些东西或事情，在我们心理的自然情势上，常须二者兼用，方能讲得满自己的意，也满别人的意。**

四 描 写

　　试取《我的舱房》一篇来看。这是记述文。若叫几个作者同作这题目，各人对于舱房的看法未必相同，作成的文字也未必相同。可是，他们若说到床，一定同样地说四个床大约占全房间的一半；他们若说到救生带，一定同样地说赭色的布中包着砖形的软木八大块。再取《卖汽水的人》一篇来看。第四节讲到那姓秦的，述说他的状貌，是记述文。作者说他的"微黑的圆脸略略觉得有点狡狯，但也有天真烂漫的地方"。如果别人看见了那姓秦的，是否也同样地说，就很难说定，也许说他的脸显出一种真诚的态度，也许说他的脸颇有一种勇武的气概，这在没有见过那姓秦的而只读到文字的人都只好承认。同样是记述文，为什么前者的说法有一定，后者的说法没一定呢？

　　又试取《王熙凤》一篇来看，这是叙述文。且不要把它作小说看，只算真有王熙凤这样一个人，她出来迎客，作者就把这一回事写成这样一篇文字。若叫别人叙述这一回事，必然也要说到她怎样出来，怎样和客人及其他的人攀谈；绝不会决然不同，说她独自在房内做针线或者算什么账目。但是，作叙述文并不一定要把事情的经过一丝不遗地写下来，往往取用了若干部分，就舍去其余的部分（这一层以后再详说）。这一取一舍中间，几个作者叙述同一的事情会写成各不相同的文字。即就王熙凤与别人攀谈这一点说，《红楼梦》的作者写成现在这样子，而在另一作者，也许以为有些对话无关紧要竟舍去不写。叙述同一事情的几篇叙述文，为什么大纲必然相同，而部分的取舍并没一定呢？

回答前面的两个问题并不难。舱房里的物件是摆定在那里的；王熙凤出来迎客的事情是已经发生的。作者要作记述文、叙述文，**就非受它们的限制不可**；床有四个，你不能改说两个，王出来迎客，你不能说做针线或者算什么账目。至于秦的脸狡狯或是真诚或是勇武，那是由别人看出来的，在秦总是这样一个脸。作者作记述文，**并不受秦的脸的限制**，只就自己看出来的说就是，觉得他的脸怎样便怎样说。再说作者所以要叙述王出来迎客的事情，除了告诉别人有这件事情之外，总还存着些别的意思，譬如说，想借此表示王的性情品格。**这所谓"别的意思"也受事情的限制，**

作者规定材料的取舍就依据这个。说到这里，可以归结一下：**存在东西、事情本身的材料，作者必须照实写下来，这样，文字才见得正确；至于作者对于东西、事情的感觉，那就依感觉到的写下来，这样，文字才见得生动、有意义。**

记述文、叙述文写下了存在东西、事情本身的材料之外，更能写出作者对于该东西、该事情的感觉的，这称为具有描写的功夫。所以，"微黑的圆脸，略略觉得有点狡狯，但也有天真烂漫的地方"，这写出作者对于秦的脸的感觉，是具有描写功夫的记述文；《卖汽水的人》全篇以及《王熙凤》，同样写出一个人的性情品格，这性情品格是两位作者感觉到的，故两篇都是具有描写功夫的叙述文。

五　拟人的写作法

试取《小雨点》一篇来看。这篇叙述水循环升沉的经过。假若老实说水，本也没有什么不可。不过这样就同自然科书籍的文字相仿佛，别人读了以后只能知道水有这样的经过，却不会感觉什么情趣。现在作者对于水有这样的经过先感觉到情趣，她把小雨点看作一个可爱的孩子，同时把风、红胸鸟、泥沼、涧水、等等，都看作人，它们像人一样活动，像人一样说话；于是她必须作一篇具有描写功夫的叙述文方才满意。而在看到这篇文字的人，除了知道水有这样的经过以外，就从开头到末尾一直感觉到一种情趣。**这样把东西看作人来着手描写的方法叫作"拟人的写作法"**。

人常常根据自己看待事物。看见急急的流水，心里想："水为着什么这样匆匆地跑去？"这就把水看作人了，因为人有急事便匆匆地跑去，而水无所谓事，也无所谓"跑"。**可见拟人法在我们心理上是很自然的**。夜里看见圆圆的月儿，对别人说："你看，月儿含着笑意呢！"这又把月儿看作人了，因为月儿本来不是个面孔，实在无所谓笑。别人听了这句话，便想起平时看见的笑脸，与月儿对比，觉得月儿真个像在那里笑了。于是说话的人与听话的人的情趣归于一致。**可见拟人法在情趣的传染上是很有效的。**

文字中用到拟人法的地方颇不少。《小雨点》全篇用拟人的写作法。《美猴王》亦然；讲猴子的事情，却取了与讲人事同样的讲法。有些寓言、故事也通体用拟人的写作法。

《王熙凤》和《卖汽水的人》同是注重在描写一个人的性情品格的叙述文。我们要看两位作者怎样着手描写。

在着手描写之前，作者对于那人的性情品格必已有所觉知。王熙凤这个人是作者创造出来的，她的性情品格当然也由作者创造；姓秦的是实有的人，当作者写《卖汽水的人》的时候，对于他的性情品格已觉知不少：这是不容疑惑的。**前一位作者就依据创造停当的，后一位作者就依据觉知得来的，着手作描写的功夫，**材料的取舍也就有了标准。**凡可以描写出那人的性情品格的都有用；否则便是无关紧要的材料，不妨舍去。**

《王熙凤》的作者创造王熙凤这个人，给予她活泼、机警、好胜等特性。他叙述她出来迎客，处处着力在表示她的特性。开头记她的打扮，就使人知道她是一个很爱修饰的人。又从贾母口里说出了对于她的评语"泼辣货"，就使人知道她又是一个十分干练的人。以下他让她在场面上活动。先是她替黛玉的境况悲伤；一听到贾母责备，立刻"转悲为喜"，说着使人开颜的辩解话；一转便转到对于黛玉的诸般体贴；随又叙起放月钱，找缎子；最后她说已经预备下了衣料，等一会儿送来，仍归结到体贴黛玉：这样，使读到这篇文字的人宛如看见一个活泼、机警、干练、好胜的妇人，并且听到她的伶俐的口吻。

《卖汽水的人》的作者对于秦的性情品格的觉知，正如他说秦的脸一样，是"略略觉得有点狡猾，但也有天真烂漫的地方"。他作这篇文字始终在这一点上用力描写。他讲到秦卖汽水作弊被发觉后"说了许多辩解"，动身时"用了高兴的声音"回答别人说"回北京去!",这些地方都描写出秦的狡狯。但是他又讲到秦把果实送给丰一,活泼地走上台阶去,后来知道不能留在那里了,还"说是头痛,不肯起来",这些地方就描写出秦的天真烂漫。由作者的描写,读到这篇文字的人虽然没有遇见秦,却认识了他。

练习　试自拟一题(一些事情)作一篇叙述文,依着事情进行的次第顺次叙述。

人　造　丝

佚　名

　　近来市上有一种人造丝，可做天然丝的代用品，非常流行。用人工的方法制造绢丝，欧洲学者早已着手试验，总是不能成功。直到一八八三年，法国有一个学者发明一种方法：加压力于硝化纤维素的溶液，使它从细管的小孔压出，凝固后便成为丝。自此成功后，他的原理至今被应用着。

　　人造丝以植物纤维的纤维素为原料。所以棉花、纸屑、草蒿、木材等都是人造丝的重要原料。试想，从纸屑、草蒿可以制造绢丝，科学的力量多么可惊呵！

　　人造丝的成分和真丝不同，它不是动物性的，不过是由化学工业方法做成的；虽和天然丝相似，并不是同样的东西。

人造丝和天然丝的区别，第一是它的光泽比天然丝闪烁夺目。它的实质非常脆弱，容易因折叠而破裂，触手的感觉也不见佳。此外，人造丝不能捻成细丝；放置过久，便有变质之虑。唯因价廉和美观，加以一般人对于衣料的耐久一层不甚措意，所以它的销路很大。并且，人造丝的种种的缺点现正逐渐改良，自当成为蚕丝业的劲敌。

语释 〔欧洲〕欧罗巴洲（Europe）的省称，东接亚细亚，西达大西洋，呈一大半岛形，面积三百八十七万方里，海岸线约五万里。〔硝化纤维素〕纤维素为植物的主要成分，凡细胞膜皆由此而成。棉花及麻差不多全是纤维素。把棉花浸于浓硝酸与硫酸的混合液中，便成一种有机化合物，名为"硝化纤维素"。

文 明 与 奢 侈

蔡元培

　　读人类进化之历史：昔也穴居而野处，今则有完善之宫室；昔也饮血茹毛，食鸟兽之肉而寝其皮，今则有烹饪裁缝之术；昔也束薪而为炬，陶土而为灯，而今则行之以煤气及电力；昔也椎轮之车，刳木之舟，为小距离之交通，而今则汽车及汽舟，无远弗届；其他一切应用之物，昔粗而今精，昔单简而今复杂：大都如是。故以今较昔，器物之价值，百倍者有之，千倍者有之，甚而万倍、亿倍者亦有之；一若昔节俭而今奢侈，奢侈之度随文明而俱进。是以厌疾奢侈者，至于并一切物质文明而屏弃之，如法之卢梭，俄之托尔斯泰是也。

　　虽然，文明之与奢侈，固若是其密接而不可离乎？是不然。文明者，利用厚生之普及于人人者也。敷道如砥，夫人而行之；潋水使洁，夫人而饮之；广衢之灯，夫人而利其明；公园之音乐，夫人而聆其音；普及教育，平民大学，夫人而可以受之；藏书楼之书，其数钜万，夫人而可以读之；博物院之美术品，其价不赀，夫人而可以赏鉴之：夫是以谓之文明。且此等设施，或以卫生，或以益智，或以进德，其所生之效力，有百千万亿于所费者。故所费虽多，而不得以奢侈论。

奢侈者，一人之费逾于普通人所费之均数，而又不生何等之善果，或转以发生恶影响；如《吕氏春秋》所谓"出则以车，入则以辇，务以自佚，命之曰招蹶之机；肥酒厚肉，务以自强，命之曰'烂肠之食'"是也。此等恶习，本酋长时代所留遗。在普通生活低度之时，凡所谓峻宇，雕墙，玉杯，象箸，长夜之饮，游畋之乐，其超越均数之费者何限。普通生活既渐高其度，即有贵族豪富以穷奢极侈著，而其超越均数之度，决不如酋长时代之甚。故知文明益进，则奢侈益杀。谓今日文明尚未能剿灭奢侈，则可；以奢侈为文明之产物，则大不可者也。吾人当详观文明与奢侈之别，尚其前者而戒其后者，则折衷之道也。

蔡元培，字鹤卿，一字子民，现代浙江绍兴人。清进士，官翰林院编修，后辞官归里，从事教育事业。国民政府成立后，历任要职。

语释 〔茹毛〕生食鸟兽。〔陶〕把土制为瓦器。〔椎轮〕没有辐的车轮。〔刳木之舟〕古人制造简陋，把一段木剖开，刳空了心，便算是一只船了。〔无远弗届〕无论怎样远没有不能到达的。〔卢梭〕J.J.Rousseau（1712—1778），法国的哲学家。所著书以《民约论》为最有名。〔托尔斯泰〕L.N.Tolstoy（1828—1910），俄国小说家。他的小说译成中文的很多。〔利用厚生〕语本《尚书》。利用是说器物之便于利用。厚生是说丰富人类的生活。〔敷道如砥〕砥，平的石。这是说把道路铺得很平。〔夫人而行之〕犹言"大家可以走"。〔漉〕滤水。〔不赀〕赀可作"量"字解。不赀，言其数多至无量。〔《吕氏春秋》〕书名。旧题秦吕不韦撰，然考之《史记》，实是不韦的宾客们所编撰的。〔辇〕用人挽的车子。〔佚〕与"逸"通，放荡的意思。〔命之曰招蹶之机〕称它作招跌交的机械。〔酋长〕上古游牧时代，聚族而居，每族有酋长，平时管理这一族的事务，战争时做这一族的魁帅。〔峻宇〕高大的屋。〔雕墙〕雕砌得很工致的墙。〔象箸〕象牙的筷。〔游畋〕游荡田猎。〔杀〕减削。

最 苦 与 最 乐

梁启超

人生什么事最苦呢？贫吗？不是。失意吗？不是。老吗，死吗？都不是。我说人生最苦的事莫苦于身上背着一种未来的责任。人若能知足，虽贫不苦；若能安分（不多作分外希望），虽失意不苦；老、病、死乃人生难免的事，达观的人看得很平常，也不算什么苦。独是凡人生在世间一天，便有一天应该做的事，该做的事没有做完，便像是有几千斤重担子压在肩头，再苦是没有的了。为什么呢？因为受那良心责备不过，要逃躲也没处逃躲呀。

答应人办一件事没有办，欠了人的钱没有还，受了人的恩惠没有报答，得罪了人没有赔礼，这就连这个人的面也几乎不敢见他；纵然不见他的面，睡里梦里都像有他的影子来缠着我。为什么呢？因为觉得对不住他呀，因为自己对于他的责任还没有解除呀。不独是对于一个人如此，就是对于家庭，对于社会，对于国家，乃至对于自己，都是如此。凡属我受过他好处的人，我对于他便有了责任。凡属我应该做的事，而且力量能够做得到的，我对于这件事便有了责任。凡属我自己打主意要做一件事，便是现在的自己和将来的自己立了一种契约，便是自己对于自己加一层责任。有了这责任，那良心便时时刻刻监督在后头，一日应尽的责任没有尽，到夜里头便是过的苦痛日子；一生应尽的责任没有尽，便死也是带着苦痛往坟墓里去。这种苦痛却比不得普通的贫、病、老、死，可以达观排解得来。所以我说人生没有苦痛便罢，若有痛苦，当然没有比这个加重的了。

反过来看，什么事最快乐呢？自然责任完了，算是人生第一件乐事。古语说得好，"如释重负"，俗语亦说是"心上一块石头落了地"，人到这个时候，那种轻松愉快，直是不可以言语形容。责任越重大，负责的日子越久长。到责任完了时，海阔天空，心安理得，那快乐还要加几倍哩。大抵天下事从苦中得来的乐才算真乐。人生须知道有负责任的苦处，才能知道有尽责任的乐处。这种苦乐循环，便是这有活力的人间一种趣味。却是不尽责任，受良心责备，这些苦都是自己找来的。一反过来，处处尽责任，便处处快乐；时时尽责任，便时时快乐。快乐之权，操之在己。孔子所以说"无入而不自得"，正是这种作用。

然则为什么孟子又说"君子有终身之忧"呢？因为越是圣贤豪杰，他负的责任便越是重大；而且他常要把种种责任来揽在身上，肩头的担子从没有放下的时节。曾子还说哩："任重而道远，死而后已，不亦远乎！"那仁人志士的忧民、忧国，那诸圣诸佛的悲天、悯人，虽说他是一辈子感受苦痛，也都可以。但是他日日在那里尽责任，便日日在那里得苦中真乐，所以他到底还是乐不是苦呀。

有人说："既然这苦是从负责任而生的，我若是将责任卸却，岂不是就永远没有苦了吗？"这却不然，责任是要解除了才没有，并不是卸了就没有。人生若能永远像两三岁小孩，本来没有责任，那就本来没有苦。到了长成，责任自然压在你的头上，如何能躲？不过有大小的分别罢了。尽得大的责任，就得大快乐；尽得小的责任，就得小快乐。你若是要躲，倒是自投苦海，永远不能解除了。

梁启超（1873—1929），字卓如，号任公，别号饮冰室主人，广东新会人。当光绪（清第九代皇帝德宗）时，因为谋变法失败，逃到日本。先办《清议报》，后办《新民丛报》，鼓吹君主立宪。民国成立后，他也做过几次政治活动，但大都失败，只有反对袁世凯做皇帝和反对张勋复辟（拥护宣统复做皇帝）有相当成功。在后几年，专门从事于讲学。他的著作很多，有《饮冰室文集》《清代学术概论》《中国历史研究法》《饮冰室诗话》《陶渊明》《诗圣杜甫》《欧游心影录》等。

语释 〔达观的人〕凡事看得开，不受境遇的拘束，无论喜、怒、哀、乐都能冷静地放开去。这种人叫作达观的人。 〔契约〕两个人以上彼此同意，对于一件事订立的共同遵守的条件，叫作契约。〔如释重负〕好像放下了背着的重东西一般。

〔海阔天空〕像海一般的开阔，像天一般的空旷，没有一点阻碍或拘束。〔心安理得〕自己心里没有什么不合理的事来扰乱，非常安静。〔大抵〕大概。〔苦乐循环〕苦了以后有乐，乐的后面跟着的是苦，苦乐总是相随着的，没有起点，也没有终点，像圆环一般。〔快乐之权，操之在己〕享受快乐的权柄是握在自己的手里的，只要肯尽责任，责任尽时便可得到快乐。〔无入而不自得〕无论走到哪里，没有不舒服安心；这是孔子的话，出在《中庸》里面。〔孟子〕姓孟名轲，战国时邹人，是子思（名伋，孔子孙子）的学生，著书七篇，叫《孟子》。在儒家中，他是孔子以后的第一个人物，主张行仁义，反对当时的武力主义。〔君子有终身之忧〕君子（见《画记》）肯负责任，事情总是做不完的，但又不肯放下，所以不能有一天的安闲。〔曾子〕姓曾名参，字子舆，孔子的学生，春秋时武城（现属山东省）人。〔任重而道远……〕一个人背了很沉重的担子向远处走去，一直走到死的时候才放得下，不是很远了吗？〔悯〕怜惜。〔卸却〕放下，推脱。

机器促进大同说

吴敬恒

仗着先代的遗产，或倚靠垄断的资本，号称富人。牺牲了无量数的同胞，使他们少衣缺食，暴露奔走，方供给得几个人能够衣是必需温厚，食是必需鲜洁，居是必需轩敞，乘是必需飞速。唯其这样，所以凡是温厚、鲜洁、轩敞、飞速的东西，都被有道的朋友看作可以伤气，看作可以痛心。而对于制造温厚、鲜洁、轩敞、飞速各样东西的器具——尤其好像多余，不该有在世上。古代若周朝的老聃，近世若俄国的托尔斯泰，一班主持消极道德的贤哲，他们论调偏激起来，似乎必要剖了斗，折了衡，毁坏了机器，世界才会正当。

我亦以为耕着田而食，凿着井而饮，天地可算庐舍，鹿豕可算朋友，羲皇以前的人世，未尝没有至乐。但是人类的祖先，仅仅快然的一条小兽，演到成了猴子，尚不知道耕，亦不知道凿，庐舍的思想也没有，朋友的往来也极少。自从变了野人，慢慢地将演成羲皇，食就忽然要耕了，饮就忽然要凿了，庐舍没有，庐舍的思想有了，朋友不多，朋友的往来多了。这也算得会多事了。为什么要这样忙法？不才区区是答不上来；恐怕就是一等有道的朋友，也统是答不上来。

　　然而若照在下信口开河，鲁莽灭裂的回答起来，如果我们单从人类抽象地着想，把他要耕、要凿、要庐舍、要朋友的欲望扩充着讲解，他实在是一种不怕烦恼的动物。定要仗着劳动，而且定要仗着工具替代他的劳动。不耕，做到耕；不凿，做到凿；没有庐舍，做成庐舍；没有朋友，结起朋友。而且衣是必定要做到最温厚，食是必定要做到最鲜洁，居处是必定要做到最轩敞，往来是必定要做到最飞速。而且希望制造那温厚、鲜洁、轩敞、飞速种种东西的工具，必定要做到最精良，愈可以替代他的劳动。由替代一分，至于替代得十分，替代到人类不要劳动，只让工具劳动，乃为愈满足。列位如不信，试就他的耕着看：最初是用一枝树干，叫作耒耜，后来他用铁犁了。又就他的凿着看：最初是用一片火石，冒称斧头，后来他用铁锹了。这就是叫老聃与托尔斯泰两位先生去耕凿，虽绝不愿上美国去购办耕田机器，也必定采用铁犁、铁锹，绝不再用木耜、石斧的。由此看来，仗着最精良的机器替代劳动，把温厚、鲜洁、轩敞、飞速的东西制造得完备，叫人类统统享受，是人类所希望。有道的朋友忿激了，要人人返到耕田、凿井的地位，不替穷人去争富人的享用，却拉富人去尝穷人的滋味。这未免是癞狗下水，拉瘪猫也下水，变成吃砒霜药老虎的局面了。若问享用是什么东西，难道桎梏于温厚、鲜洁、轩敞、飞速的东西里的人物，必定是快活过耕田、凿井的么？这我可回答的，一定未必。然我又有疑问，难道耕田、凿井的一定快活过于蠕动喙息的么？不才区区是答不上来，恐怕就是一等有道的朋友，也统是答不上来。

所以世间梦想大同世界的，就有两种：一种是爱好天然，让他一团茅草乱蓬蓬，使山川草木疏落有致；在清风明月之下，结起茅屋，耕田凿井，做着羲皇之梦。这种空气，自然清高的境界，在下也十分赞成。然而到了狂风苦雨，连绵旬月，我庐、我田、我井漂荡无存；否则蓬蓬乱草之中，蚊蝇跳蚤，叫苦连天，毒蛇猛兽，惊心动魄，就不免有些踌躇了。所以在周朝井田阛阓已经修治的世界，在俄国城郭宫室尤较美备的人境，偶然有我们几位别致朋友，快活着村庄生活，自然好像羲皇已经接近，浮生大有可乐，若真正是羲皇以前那种耕田凿井的大同世界，恐怕只是片面的。

又有一种是重视物质文明。以为到了大同世界，凡是劳动都归机器，要求人工的部分极少。每人每日只要做工两小时，便已各尽所能。于是在每天余下的二十二小时内，睡觉八小时，快乐六小时，用心思去读书发明八小时。在这二十二小时睡觉、快乐、使用心思之中，凡有对于温厚、鲜洁、轩敞、飞速等条件的享用东西，应有尽有，任人各取所需。到那时候，人人高尚、纯洁、优美。屋舍皆精致幽雅，道路尽是宽广九出，繁殖花木，珍禽奇兽豢养相当之地。合全世界无一荒秽颓败之区，几如一大园林。彼时人类的形体，头大如五石瓠，因用脑极多之故。支体皆纤细柔妙，因行远、升高、入地，皆有现成机器遍设于道路，所需手足劳动甚少之故。这并不是乌托邦的理想，凡有今时机器较精良之国，差不多有几分已经实现。这明明白白是机器的效力。

可惜机器的力量毕竟单薄。那单薄机器的力量，又被所谓富人占了。仍役许多人工劳动，帮助那单薄机器，专门为少数人觅得温厚、鲜洁、轩敞、飞速等的享用。于是一若机器无与于人类全体幸福。但是这少数人占据机器，又是别一问题。多数对于少数为正当之革命，推翻其占据之组织，凡我们有道朋友的书报中，已此处彼处讲个不尽。在下现在也无须羼杂别讲。我现在所要说的，是那占据机器的富人，固是我劳动人的魔鬼，若机器自身，毕竟是我们人类减少劳动的天使。我们人类有发明机器的能力，自然有那一日我们不用劳动，但请机器劳动。故我劳动家，一方面对于占机器的富人，为继续正当之反抗；一方面又须帮助机器改良。机器改良发达，至于不需人工之时，即使彼时对于富人占据之革命，未能完全奏功。而工人既无工可食，切肤之灾愈甚，其革命必非常剧烈。所谓置之死地而后生，机器公有之日子，即在最后一天。否则如今日机器力量单薄，需我们劳动之处还多，则虽反抗时起，只要加几个工钱，便安然无事。甚而至于仇视机器，一若我们一种人类，应该劳动如牛马，只需多给草料，便已满足也者。这种直觉的状态，未免太可怜了！况且唯其只有劳动的精力，没有机器的智识，一到抵抗之时，但能毁器加值，便结不起劳动组合。也仗机器，为吾工人作劳动替代，得公平的衣食了。

故总括一句：便是说机器是替代人类劳动。机器到力量充分、可代人工之时，乃为全般人类制造温厚、鲜洁、轩敞、飞速等享用的东西，绰绰有余。断没有人类尚需用着手足劳动，博些草具，苟延性命也。

吴敬恒，字稚晖，现代江苏无锡人。

语释〔垄断〕冈陇的断而高者叫作"垄断"。《孟子》里有这样几句话："有贱丈夫焉，必求垄断而登之，以左右望而罔市利。"后人对于工于谋利，攘夺大多数人的利益以为己有的，便叫作"垄断"。〔老聃〕姓李，名耳，字聃，古书上都称他老聃。他的生卒年月已不甚可考，孔子曾见到他。他所著的书，就是《老子》。〔剖了斗，折了衡〕《老子》里有这样的话："剖斗折衡而民不争。"〔羲皇以前的人世〕犹言"上古之世"，羲皇指上古的伏羲氏。〔信口开河〕不加思索，滔滔不绝地讲话。〔卤莽灭裂〕粗率苟简。〔蠕动喙息〕虫行蠕蠕而动。故称虫类为"蠕动"。兽类有口能呼吸，故称兽类为"喙息"。语本《史记·匈奴传》。〔井田〕相传周朝的制度，以地方一里画为九区，形如井字，中为公田，其外八家各受一区为私田，所以叫作"井田"。〔阛阓〕阛，市垣，阓，市之外门；这两字即指市场。〔浮生〕人生世上，浮动无定，故称生活为"浮生"。〔乌托邦〕假想的国名，即无所在之意。英人谟亚（T.More）作寓意小说，描写乌托邦是一个普通选举的共和国，各种制度无不美备。

六　解　说　文

　　要把自己所觉知的东西和事情告诉别人，写成的文字便是"记述文"和"叙述文"，前面已经说过。除开这些，我们还有别种实际上的需要，不得不说话或作文。譬如有人问你："大家说帝国主义应该打倒，到底帝国主义四个字包含些什么意义呢？"你就得把帝国主义是什么详细的解说给他听。**为着这种需要写成的文字叫作"解说文"。**

　　记述文、叙述文所写是对于事物的觉知，解说文所写是对于事物的了解，这是很扼要的区别。读罢记述文、叙述文，往往说："仿佛亲见某东西了。""仿佛亲历某事件了。"而读罢解说文，却说："这才了解了某事物。""仿佛亲见""仿佛亲历"不能说得到了知识，唯有"了解"才得到了知识。**故解说文是传授知识的文字。**凡教科书、讲义录、说明书等都是解说文。

　　《人造丝》和《文明与奢侈》都是解说文。《人造丝》的第一节，说明人造丝的功用、发明经过和制造方法；第二节说明人造丝的原料；第三、四两节说明人造丝和天然丝的不同。我们看罢这一篇，就了解了人造丝的各方面，得到了关于人造丝的知识。《文明与奢侈》的第一节，说明今昔文明的悬殊和厌疾奢侈的由来；第二节说明文明是什么；第三节说明奢侈是什么，并及何者宜尚，何者宜戒。我们看罢这一篇，就了解了文明和奢侈的意义，得到了观世立身的知识。

"文明"和"奢侈"都是抽象名词（就是说，它们虽然是名词，但并不是看得见指得出的东西，而是存在我们心里头的两个意象），不能用记述文把它们记述是很明白的；而"人造丝"明明是一件东西，为什么《人造丝》这一篇不属记述文呢？如果有人这样问，他便忽略了前面所讲的"很扼要的区别"了。本来，对于一件东西，可以作记述文，也可以作解说文，全视作者的意趣而定。倘若作者面前有一束人造丝，光彩耀目，纠结得非常好看，作者看了，执笔把自己所觉知的写下来，这当然是记述文。但这里的一篇《人造丝》却不然，文中并非讲一束人造丝，乃就一般的人造丝立说，所说又全属对于人造丝的了解，怎么能把它归属于记述文呢？

解说文的目的既在传授知识，使人了解，**故解说文的基本方式是"某某是什么""某某是怎样的"**。我们说"名词就是事物的名称"。便是"某某是什么"的方式。**若把繁复的解说文着手分析，便得若干要旨，它们的方式也正同于基本方式。**如《文明与奢侈》的第一节，共二百余字，约举要旨，便是"昔时的生活是怎样的""今时的生活是怎样的""今时昔时生活的比较是怎样的"。**故繁复的解说文只是简单的解说文的集合和引申。**

要解说"某某是什么"，而对于这"什么"不甚了了，要解说"某某是怎样的"，而对于这"怎样的"不大清楚，那当然写不出明白正确的解说文。**明白正确的解说文必须导源于丰富的知识，再加上写作的技术，才写得成。**

七 议 论 文

我们需要说话或作文的处所还多着呢。譬如日本对我国多方逼迫，你以为非对他们宣战不可，就得发表你的必须宣战的主张；如果有人说宣战是不可能的，你又得驳斥他的不能宣战的谬误。**为着这种需要写成的文字叫作"议论文"。**

说"要宣战"，或者说"并非不能宣战"，绝非记述文或叙述文是不言而喻的。但是，为什么不是解说文呢？解说文的目的在使人了解你所了解的；"要宣战"和"并非不能宣战"，不是你所了解的么？回答是这样的："要宣战"诚然是你所了解的，但当你告诉别人时，你不只想使人了解，并且想使人信从，而后者的成分尤多；等到听见人说宣战是不可能的，你坚持你的主张，对他说并非不可能，那更非把他说得信服不可，试看解说文，有使人信从的目的么？却是没有的。譬如那篇《人造丝》，仅仅告诉人人造丝是什么；既不劝人采用人造丝，也不戒人不要用人造丝，根本就不希望看这篇文字的人信从什么东西。到这里，就可知道议论文是发表主张，使人信从的文字。

《最苦与最乐》和《机器促进大同说》都是议论文。《最苦与最乐》主张"不尽责任是最苦的事，尽责任是最乐的事"，目的在鼓励大家尽责任。《机器促进大同说》主张"改良机器可以促进大同"，目的在鼓励劳工研究机器。

根据上面所说，可知**议论文必须有个主张**。没有主张，根本就不用写议论文。又因要使人信从，不致被认为独断，单拿出主张来是不够的，**还须给予证明。若更有容易引起疑问之点，便逐一剖析解答**，务使人完全信服而止。即将《最苦与最乐》一文为例，这篇的主张是"不尽责任是最苦的事，尽责任是最乐的事"，前已说过。倘若单把这主张对人说，人不免要问："为什么呢？"问到为什么，便是尚不肯信从的表示。作者为使人必然信从起见，在第一节里提出"该做的事没有做完""再苦是没有的了"之后，第二节里对这意见便作证明。他说任事未办，欠钱未还，受恩未报，开罪未谢，就不敢见人，心里非常难过；他说对于家庭，对于社会，对于国家，对于自己，负了责任而不能尽，便受良心责备，痛苦永难消除；把这些例子归结起来，自可见"人生没有苦痛便罢，若有苦痛，当然没有比这个加重的了"。反转来，便足以证明尽责任是最乐的事，正不必多说——这就来了第三节的第一句。说到这地步，人就觉得这意见确有道理，并非独断；但或许还有疑问，肯尽责任的仁人志士等为什么常是悲愁呢？自始就把责任卸却岂不更安适呢？这两个疑问确在情理之中，若不解答，人的信念还是不能坚定。所以末两节就解答这两个疑问，使人明白"那仁人志士的忧民忧国，那诸圣诸佛的悲天悯人""到底还是乐不是苦""你若是要躲，倒是自投苦海，永远不能解除了"。疑念既解，信念自坚。于是作者鼓励大家尽责任的目的得以达到。——到这里，议论文的要项是什么已可明白，便是：**确定主张之外，还须立证释疑，以坚定人的信念**。

然而"确定主张"和"立证、释疑"都只是方法上的话。若问哪种主张应该取，哪种证明可以应用，哪种疑念必得解释，**便须从整个的生活经验中去求解答了**。

练习一　前面讲过"记述文叙述文的混合"，说纯粹的记述文、叙述文很少，二者常常混合在一起，现在讲了解说文和议论文，与记述文、叙述文合起来，共是四种文体。学者可留心观察，这四者是否有互相混合的现象。如果有，可指出一些来。

练习二　试就"函授讲义"这一题，作一篇解说文。

王三姑娘的死

吴敬梓

  王先生走了二十里，到了女婿家。看见女婿果然病重，医生在那里看，用着药总不见效。一连过了几天，女婿竟不在了。王玉辉大哭了一场。见女儿哭得天愁地惨，候着丈夫入过殓，出来拜公婆和父亲道："父亲在上，我一个大姊姊死了丈夫，在家累着父亲养活；而今我又死了丈夫，难道又要父亲养活不成？父亲是寒士，也养活不来这许多女儿。"王玉辉道："你如今要怎样？"三姑娘道："我而今辞别公婆父亲，也便寻一条死路，跟着丈夫一处去了。"公婆两个听见这句话，惊得泪下如雨，说道："我儿，你气疯了。自古蝼蚁尚且贪生，你怎么讲出这样话来？你生是我家人，死是我家鬼，我做公婆的怎的不养活你，要你父亲养活，快不要如此。"三姑娘道："爹妈也老了，我做媳妇的不能孝顺爹妈，反累爹妈，我心里不安。只是由着我到这条路上去罢。只是我死还有几天工夫，要求父亲到家替母亲说了，请母亲到这里来，我当面别一别，这是要紧的。"王玉辉道："亲家，我仔细想来，我这小女要殉节的真切，倒也由着她行罢。自古心去意难留。"因向女儿道："我儿，你既如此，这是青史上留名的事，我难道反拦阻你；你竟是这样做罢。我今日就回家去叫你母亲来，和你作别。"亲家再三不肯。王玉辉执意，一径来到家里，把这话向老孺人说了。老孺人道："你怎的越老越呆了！一个女儿要死，你该劝她，怎么倒叫她死，这是怎么话说?"王玉辉道："这样的事你们是不晓得的。"老孺人听见，痛哭流涕，连忙叫了轿子，去劝女儿了。

王玉辉在家，依旧看书写字，候女儿信息。

老孺人劝女儿哪里劝得转。一般每日梳洗，陪着母亲坐，只是茶饭全然不吃。母亲和婆婆着实劝着，千方百计，总不肯吃。饿到六天上，不能起床。母亲看着，伤心惨目，痛入心脾，也就病倒了。抬了回来，在家睡着。

又过了三天，二更天气，几把火把几个人来打门，报道："三姑娘饿了八日，在今日午时去世了。"老孺人听见，哭死了过去；灌醒回来，大哭不止。王玉辉走到床面前，说道："你这老人家真是个呆子。三女儿她而今已是成了仙了，你哭她怎的？她这死的好，则怕我将来不能像她这一个好题目死哩。"因仰天大笑道："死的好！死的好！"大笑着走出房门去了。

《儒林外史》，清吴敬梓所著的小说。敬梓字敏轩，一字文木，全椒人。他生在一个很阔的世家，家产很富；但他瞧不起金钱，不久就成了一个贫士。后来他穷得不堪，至于几天不能得一饱。那时清朝开博学鸿词科，安徽巡抚荐他应试，他不肯去。后来死在扬州。所著的诗文集都不曾付刻，只有《儒林外史》流传于世。

赤 壁 之 战

司马光

　　初，鲁肃闻刘表卒，言于孙权曰："荆州与国邻接，江山险固，沃野万里，士民殷富，若据而有之，此帝王之资也。今刘表新亡，二子不协，军中诸将，各有彼此。刘备天下枭雄，与操有隙，寄寓于表，表恶其能而不能用也。若备与彼协心，上下齐同，则宜抚安，与结盟好，如有离违，宜别图之，以济大事。肃请得奉命吊表二子，并慰劳其军中用事者。及说备使抚表众，同心一意，共治曹操，备必喜而从命。如其克谐，天下可定也，今不速往，恐为操所先。"权即遣肃行。

　　到夏口，闻操已向荆州，晨夜兼道。比至南郡，而琮已降，备南走。肃径迎之，与备会于当阳长坂。

肃宣权旨，论天下事势，致殷勤之意。且问备曰："豫州今欲何至？"备曰："与苍梧太守吴巨有旧，欲往投之。"肃曰："孙讨虏聪明仁惠，敬贤礼士；江表英豪，咸归附之；已据有六郡，兵精粮多，足以立事。今为君计，莫若遣腹心自结于东，以共济世业。而欲投吴巨，巨是凡人，偏在远郡，行将为人所并，岂足托乎？"备甚悦。肃又谓诸葛亮曰："我，子瑜友也。"即共定交。子瑜者，亮兄瑾也，避乱江东，为孙权长史。备用肃计，进住鄂县之樊口。

曹操自江陵将顺江东下。诸葛亮谓刘备曰："事急矣，请奉命求救于孙将军。"遂与鲁肃俱诣孙权。亮见权于柴桑，说权曰："海内大乱，将军起兵江东，刘豫州收众汉南，与曹操共争天下。今操芟夷大难，略已平矣。遂破荆州，威震四海。英雄无用武之地，故豫州遁逃至此，愿将军量力而处之，若能以吴越之众，与中国抗衡，不如早与之绝。若不能，何不按兵束甲，北面而事之。今将军外托服从之名，而内怀犹豫之计，事急而不断，祸至无日矣。"权曰："苟如君言，刘豫州何不遂事之乎？"亮曰："田横，齐之壮士耳；犹守义不辱，况刘豫州王室之胄，英才盖世，众士慕仰，若水之归海。若事之不济，此乃天也，安能复为之下乎？"权勃然曰："吾不能举全吴之地，十万之众，受制于人。吾计决矣，非刘豫州莫可以当曹操者。然豫州新败之后，安能抗此难乎？"亮曰："豫州军虽败于长坂，今战士还者及关羽水军精甲万人，刘琦合江夏战士，亦不下万人。曹操之众，远来疲敝，闻追豫州，轻骑一日一夜行三百余里。此所谓'强弩之末势不能穿鲁缟'者也。故兵法忌之，曰：'必蹶上将军'。且北方之人，不习水战；又荆州之民附操者，逼兵势耳，非心服也。今将军诚能命猛将，统兵数万，与豫州协规同力，破操军必矣。操军破，必北还。如此，则荆吴之势强，鼎足之形成矣。成败之机，在于今日。"权大悦，与其群下谋之。

是时曹操遗权书曰："近者奉辞伐罪，旌麾南指，刘琮束手。今治水军八十万众，方与将军会猎于吴。"权以示臣下，莫不响震失色。长史张昭等曰："曹公，豺虎也；挟天子以征四方，动以朝廷为辞。今日拒之，事更不顺。且将军大势可以拒操者，长江也，今操得荆州，奄有其地。刘表治水军，蒙冲斗舰，乃以千数。操悉浮以沿江，兼有步兵，水陆俱下。此为长江之险已与我共之矣，而势力众寡又不可论。愚谓大计不如迎之。"鲁肃独不言。权起更衣，肃追于宇下。权知其意，执肃手曰："卿欲何言？"肃曰："向察众人之议，专欲误将军，不足与图大事。今肃可迎操耳，如将军不可也。何以言之？今肃可迎操，操当以肃还付乡党，品其名位，犹不失下曹从事，乘犊车，从吏卒，交游士林。累官故不失州郡也。将军迎操，欲安所归乎？愿早定大计，莫用众人之议也。"权叹息曰："诸人持议，甚失孤望。今卿廓开大计，正与孤同。"

时周瑜受使至番阳，肃劝权召瑜还。瑜至，谓权曰："操虽托名汉相，其实汉贼也。将军以神武雄才，兼仗父兄之烈，割据江东，地方数千里，兵精足用，英雄乐业，当横行天下，为汉家除残去秽。况操自送死，而可迎之邪？请为将军筹之：今北土未平，马超韩遂尚在关西，为操后患。而操舍鞍马，仗舟楫，与吴越争衡。今又盛寒，马无蒿草，驱中国士众，远涉江湖之间，不习水土，必生疾病：此数者，用兵之患也，而操皆冒行之。将军擒操，宜在今日。瑜请得精兵数万人，进住夏口，保为将军破之。"权曰："老贼欲废汉自立久矣，徒忌二袁吕布刘表与孤耳。今数雄已灭，唯孤尚存，孤与老贼，势不两立。君言当击，甚与孤合，此天以君授孤也。"因拔刀斫前奏案，曰："诸将吏敢复有言当迎操者，与此案同！"乃罢会。是夜，瑜复见权曰："诸人徒见操书言水步八十万，而各恐慑，不复料其虚实，便开此议，甚无谓也。今以实校之：彼所将中国人不过十五六万，且已久疲，所得表众，亦极七八万耳，尚怀狐疑。夫以疲病之卒，御狐疑之众，众数虽多，甚未足畏。瑜得精兵五万，自足制之，愿将军勿虑！"权抚其背曰："公瑾，卿言至此，甚合孤心。子布元表诸人，各顾妻子，挟持私虑，深失所望。独卿与子敬，与孤同耳，此天以卿二人赞孤也。五万兵难卒合，已选三万人，船粮战具俱办。卿与子敬、程公，便在前发；孤当续发人众，多载资粮，为卿后援。卿能办之者诚快，邂逅不如意，便还就孤，孤当与孟德决之。"遂以周瑜程普为左右督，将兵与备并力逆操；以鲁肃为赞军校尉，助画方略。

刘备在樊口，日遣逻吏于水次候望权军。吏望见瑜船，驰往白备。备遣人慰劳之。瑜曰："有军任，不可得委署，傥能屈威，诚副其所望。"备乃乘单舸往见瑜曰："今拒曹公，深为得计。战卒有几？"瑜曰：

"三万人。"备曰:"恨少。"瑜曰:"此自足用,豫州但观瑜破之。"备欲呼鲁肃等共会语。瑜曰:"受命不得妄委署,若欲见子敬,可别过之。"备深愧喜。

进与操遇于赤壁。时操军众已有疾疫,初一交战:操军不利,引次江北。瑜等在南岸。瑜部将黄盖曰:"今寇众我寡,难于持久。操军方连船舰,首尾相接,可烧而走也。"乃取蒙冲斗舰十艘,载燥荻枯柴,灌油其中,裹以帷幕,上建旌旗,豫备走舸,系于其尾。先以书遗操,诈云欲降。时东南风急,盖以十舰最著前,中江举帆,余船以次俱进。操军吏士皆出营立观,指言盖降。去北军二里余,同时发火,火烈风猛,船往如箭,烧尽北船,延及岸上营落。顷之,烟炎张天,人马烧溺死者甚众。瑜等率轻锐继其后,雷鼓大震,北军大坏。操引军从华容道步走,遇泥泞,道不通,天又大风,悉使羸兵负草填之,骑乃得过。羸兵为人马所蹈藉,陷泥中,死者甚众。刘备周瑜水陆并进,追操至南郡。时操军兼以饥疫,死者大半。操乃留征南将军曹仁、横野将军徐晃守江陵,折冲将军乐进守襄阳,引军北还。

赤壁之战发生于汉献帝建安十三年（208）的冬天，这次战争的结果：曹操失败了逃回北方，刘备却乘势取得现在湖南省的地盘，而孙权的基础，也日渐巩固；三分天下的局势，从此便渐渐形成了。

《资治通鉴》，宋司马光等奉敕撰。从开始到完成，费了十九年的工夫（1065—1084）。全书凡二百九十四卷。把从战国到五代一千三百六十二年的事情，按着年代记下来；中国的"编年史"，要算这一部最伟大了。

语释 〔鲁肃〕字子敬，东城人。〔刘表〕字景升，高平人。荆州刺史。那年八月病死。〔孙权〕字仲谋，富春人。继他的哥哥孙策之后，占据江东。后来建国称帝，国号吴，历史上称他吴大帝。〔荆州〕今湖南湖北及四川东南部、贵州东北部、广西之全县、广东之连县，皆古荆州地。后汉荆州刺史治汉寿。刘表据荆州，徙治襄阳，就是今湖北的襄阳县。〔沃野〕肥沃的田野。〔殷富〕殷实富有。〔二子不协〕刘表死了，他的小儿子琮，继续做荆州刺史；大儿子琦，本在做江夏太守，为不得继承，非常愤慨，二人因此不和。〔军中诸将，各有彼此〕这是说：军中诸将，有附琮的，也有附琦的。〔刘备〕字玄德，涿县人。他是三国蜀的开国之主，历史上称他为蜀先主。〔枭雄〕枭是猛鸷的鸟，所以称雄桀的人为"枭雄"。〔与操有隙〕刘备前曾归附过曹操，为和献帝的丈人董承等谋杀操，给操发觉了，因此和操有了怨隙。〔寄寓于表〕刘备谋刺曹操不成，便在徐州起兵讨操，却几次被操打败，失去了地盘。所以寄寓在刘表那里。〔曹操〕小字阿瞒。本姓夏侯，他父亲做宦官曹腾的养子，因此就姓了曹家的姓。他当时做献帝的丞相，但大权都在他手里，皇帝不过徒有虚名而已。〔克谐〕能够成功。〔夏口〕那时候的夏口城，就在现今湖北武昌县地方，在长江南岸。后人或以为即今汉口，那便在长江北岸了，是错的。〔比至南郡〕刚刚到了南郡。南郡，包括现在湖北省的东南北一带地及中部的一部分。治所在江陵，就是现在的江陵县。〔备南走〕刘备在荆州，刘表给他些兵，叫他屯扎在樊城。樊城在襄阳之北，隔着一条汉水，为南北用兵必争之地。刘琮既然投降了曹操，操便向襄阳进兵，樊城适当其冲，所以刘备便向南面逃遁。〔当阳〕县名。今湖北当阳县。〔长坂〕在当阳东北。〔豫州〕刘备前做豫州刺史，所以鲁肃称他"豫州"。〔苍梧〕郡名。今广西苍梧县。〔太守〕官名，是一郡的长官。〔有旧〕有交谊。〔孙讨虏〕孙权为讨虏将军，所以称他"孙讨虏"。〔江表〕江之外，即大江以南。〔腹心〕所以喻最亲密的人。〔凡人〕平凡的人。〔诸葛亮〕字孔明，阳都人。隐于隆中，刘备曾三次去请他，他就佐备成霸业。〔江东〕长江以东的地方。〔长史〕官名。汉朝的相府及后汉的三公府，都置长史。那时孙权的府里也置长史。〔鄂县〕今湖北鄂城县。〔樊口〕在鄂城县西北五里。〔顺江东下〕顺着长江东下。〔柴桑〕县名。故城在今江西九江县西南。〔汉南〕汉水之南。〔芟夷〕把草刈去叫芟夷。这里是说"削平大难"。〔吴越〕泛指现在的浙江江苏。〔中国〕是指中原而言。今河南及山东西部，河北山西之南部，陕西东部，皆古所谓中原之地。〔抗衡〕相敌不相下。〔北面〕古时臣子见皇帝北向，所以称臣服于人的为"北面"。〔犹豫〕疑惑不决。〔田横〕本是战国齐的王族，楚汉相争时，他自立为齐王。汉已灭楚，他带了他的徒属五百人亡入海岛中，汉高祖派人去招他，他就坐了很快的马车到洛阳，但在没有到洛阳四十里的地方，他就自杀了，伴他去的两个人和留在海岛上的五百人，也都自杀了。〔王室之胄〕后嗣子孙叫作"胄"。刘备自称汉中山靖王胜的后代子孙。〔勃然〕震怒貌。〔败于长坂〕刘备从樊城南走，部众还有十多万，曹操因为江陵有军实，怕被刘备占据，便迁精骑五千，一日一夜走三百里，追到长坂，备兵败，和诸葛亮等逃到夏口。〔关羽〕字云长，解县人。和刘备亲若兄弟。〔江夏〕郡名。故城在今湖北黄冈县西北。〔强弩之末势不能穿鲁缟〕弩，弓之有臂者，设机括以发矢。缟，生绢。古时鲁国人所织的生绢最轻细。这是一句成语，《战国策》和《史记》里边，都载有这句话。〔必蹶上将军〕《兵法》里有这样一句话："百里而趋利者，蹶上将。"〔协规〕协同规划。〔鼎足〕鼎有三足，故以喻三分天下。〔奉辞伐罪〕奉了皇帝的命令，讨伐有罪。〔旌麾〕行军时用以指挥的旗帜。〔张昭〕字子布，彭城人。〔奄有其地〕奄，覆盖的意思。这是说：曹操把荆州的地方统统都占有了。〔蒙冲〕战舰。用生牛皮蒙舰覆背，前后左右有弩窗矛穴。〔更衣〕如厕的雅称。〔宇下〕檐下。〔乡党〕犹言"乡里"。古时以万二千五百家为乡，五百家为党。〔下曹从事〕官署中分科办事，叫作"曹"。从事，佐吏之称。下曹从事，诸科佐吏之最下级者。〔犊车〕牛车。古时贵人不乘牛车。〔士林〕犹言士类。〔累官故不失州郡也〕这是说：从下曹从事渐渐地迁升起来，也还不失为一州一郡的长官。〔孤〕古时王侯自称为"孤"，是表示谦虚的意思。〔周瑜〕字公瑾，舒县人。〔受使〕受命出使。〔番阳〕县名。今江西鄱阳县。〔父兄〕孙权的父名坚，字文台。兄名策，字伯符。〔马超〕字孟起，陇西人。

〔韩遂〕字文约，金城人。那时候凉州的地方，被他和马超割据着。　〔关西〕函谷关以西，就是现在陕西甘肃二省的地方。　〔二袁〕袁绍和袁术。绍字本初，汝阳人。据河北，建安五年（200）被曹操打败，过了两月就死了。术字公路，绍从弟。据寿春，称帝，建安二年（197）被刘备打败，后二年死在寿春。　〔吕布〕字奉先，九原人。尝据濮阳及下邳，兵败，为曹操所杀。　〔狐疑〕狐性多疑，所以疑惑不定叫作"狐疑"。　〔元表〕当时参预谋划的，有庐陵人秦松，字文表。元表的"元"字，或许是"文"字之误。　〔卒〕与"猝"同，急遽貌。　〔程公〕即程普，字德谋，土垠人。时江东诸将，普年最长，所以尊称他为"程公"。　〔卿能办之者诚快，邂逅不如意，便还就孤〕不期而会，叫作"邂逅"。这是说：你能办得了，当然很好；倘碰得不好便回到我这里来。〔逆〕和"迎"字意义相同。曹操兵顺江东下，周瑜的兵和刘备的兵联合了上去迎敌。　〔赞军校尉〕校尉本是武职的官称，因为参赞军谋，所以叫作"赞军校尉"。　〔逻吏〕巡卒。　〔有军任，不可得委署〕委署，弃置。这是说：行军的责任重大，不可弃置了跑来见你。〔傥能屈威〕傥，即"倘"字。这是说：你倘能够自屈其威来见我。〔舸〕大船。〔黄盖〕字公覆，泉陵人。〔走舸〕快船。〔靁〕与"擂"同。〔华容〕县名，故城在今湖北监利县西北。〔泥泞〕泥地积水之处。〔曹仁〕字子考，操从弟。〔徐晃〕字公明，河东人。〔乐进〕字文谦，卫国人。

八 四种文体的混合

我们在前面曾讲起"记述文叙述文的混合"，说"纯粹的记述文和叙述文很少的，二者常常混合在一起"。现在我们又讲过了解说文和议论文，合记述文和叙述文，共是四种文体；根本地分析，文体也只有这四种。**这四种文体常常混合在一篇文字里，纯粹的记述文、叙述文、解说文、议论文都很少见**。譬如《王三姑娘的死》一篇中，就兼备四体的文句。"王先生走了二十里，到了女婿家"，是叙述事情的文句，属叙述文。"看见女婿果然病重，医生在那里看，用着药总不见效"是记载病人的病况的文句，属记述文。王三姑娘"出来拜公婆和父亲"时所说的话，是发表一个主张的文句，属议论文。"我儿，你既如此，这是青史上留名的事"，是说明"什么是什么"的文句，属解说文。但这样看法是把一篇文字解析开来了。若不解析开来，而就全篇统看，**那么只消依据作者的写作目的，以定该篇的应属何体**。这意思前在讲"记述文叙述文的混合"时已经说明，现在重提，不过表明**四种文体**

的识别都是这样而已。我们就《王三姑娘的死》全篇统看，就知作者的写作目的在把王三姑娘寻死的事情告诉别人，所以，这是一篇叙述文。此外，不论篇中包含那一体的文句，若全篇的写作目的在讲述一些东西，那便是记述文；在说明"什么是什么"，那便是解说文；在发表一些主张，那便是议论文。

　　记述文和叙述文常相混合的所以然之故，前面已有详说，这里不必再讲。解说文、议论文为什么会与记述文、叙述文混合一起呢？原来解说文为求说理明显起见，常需举例，所举的例不是东西，便是事情；那些讲到东西或事情的文句自不得不是记述文或叙述文。议论文为使对方确信起见，极重取证，取证不出"物证""事证"二类；那些讲到物证、事证的文句又不得不是记述文或叙述文。有些记述文，记述一些东西，连带说及制造的原理及使用的利弊，等等，这就包含了解说文、议论文了。叙述文中常不免插入人物的谈话，那些谈话多半是说理与立论，这就包含了解说文、议论文了。

　　就上边所说的看来，可见四体的混合是说话、作文的通常现象，这种现象根源于我们心理的自然情势。

在说话、作文的当时，我们只打算怎样说、怎样写才能达到目的，才能表白自己所要表白的，又使人家完全明晓、领受；至于所说、所写属于哪一体，那是无所制限的，并且也无法制限。到我们研究文字写作方法的时候，为各种方便起见，自不得不分体讨论，以期详尽。这意思也是必须明了的。

九　叙述文的主人公与场面

　　我们又读过两篇叙述文了，这是《王三姑娘的死》和《赤壁之战》。叙述文叙述事情，事情由若干人物有所活动而成，**故叙述文中少不了人物及其活动**。《王三姑娘的死》一篇中，有王玉辉、他的夫人、他的女儿、女儿的公婆、打门报死信的一批人物，以及他们的活动；《赤壁之战》一篇中，人物更多，活动更繁。若干有所活动的人物里头，有处于主要的地位的，有处于宾从的地位的。处于主要地位的人物就是活动得最多、支持那事情的人物，假若没有他，也就没有那事情了。处于宾从地位的人物却不然，他只在那事情中间充一个"配角"，使事情得以延续、发展。**我们称处于主要地位的人物为"主人公"**。《王三姑娘的死》一篇的主人公便是王三姑娘，那是不言而喻的。**一篇文字又并不限定只有一个主人公。在事情的延续、发展中，几个人有同度的活动，处同等的重要地位，那就同样是主人公。**试看《赤壁之战》，"顺江东下"的虽是曹操，但曹操在这篇中，活动并不多，故不是主人公。

而鲁肃的劝说孙权、刘备，诸葛亮的劝说孙权，孙权的决心抗曹，周瑜的定策应战，都是至关重要的活动；故鲁肃、诸葛亮、孙权、周瑜都可认为这篇中的主人公。

写作叙述文时，宜先认定在这被叙述的事情中间，谁是主人公。认定之后下笔，**对于主人公的言论、行动宜着力叙述，使不失他的主人公的地位。** 叙述文固然以事情为张本，尽可依据事情本身的进行次第，从事叙述（这在"文话二"曾经讲起，是叙述方法的一种，不是唯一的方法）；但叙述文绝非把事情完全抄录下来，对于人物及其活动不能不有所轻重、取舍，或者舍去那些不重要的，便足以显出主人公及其活动的重要性来。如《赤壁之战》中写刘备和鲁肃、周瑜谈话都极简略，就因为刘备不是重要人物而鲁肃、周瑜是主人公的缘故。

若干人物有所活动，不能不在某一个境界中；譬如两个人谈话，不在路上，便在家里，不在办事室，便有游息所，若说什么地方都不在，那是不能想象的事。人物有所活动又必占时间，譬如你到朋友家去商量一件事情，费了半点钟，这半点钟便是访友这一项活动所占的时间。**在某一个境界中，占若干连续的时间，若干人物有所活动，我们称为"一个场面"。**我国的旧剧里，一个人独唱独白或者几个人对唱对白，从登场到下场是一个场面；也有并不下场，只在台上来回走几趟，表示从此处到彼处的，这就是另换一个场面。西洋流入的新剧那就用分幕的方法，每一幕所表演的，限定为某一个境界、某一段时间内所发生的事情。这样的一幕正相当于我们所说的"一个场面"。

头绪较繁复的叙述文常须转换场面，换一句说，就是不止一个场面。试取《王三姑娘的死》一篇来看，就有五个场面：开头到王玉辉回家是一个场面；王玉辉在家与老孺人对话是一个场面；王玉辉在家候信息是一个场面；老孺人劝女儿到病倒回家是一个场面。末节得知死信是一个场面。不妨再取《王熙凤》一篇来看，篇中的境界是贾母的房，时间是黛玉初到贾家时，故全篇只是一个场面。

场面的转换必须提点清楚，否则便难使人明晓。譬如《王三姑娘的死》一篇中，第一场面到第二场面是顺转的，故用"一径来到家里"一语点明；第三场面、第四场面都是另起的，故一用"王玉辉在家"，一用"老孺人劝女儿"来提醒。若缺少了这等语句，岂不使人糊涂起来？写作叙述文缺少这等语句固是不大会有的事，但提点得不清楚，也就与缺少无异。怎样才算清楚呢？须境界与时间非常确定，让人物在其间活动，得以完成一个场面，才算清楚。

练习　试据《卖汽水的人》，除去它的记述的部分，作一篇简短的叙述文，所含场面需与原文同。

康桥的早晨

徐志摩

　　静极了，这朝来水溶溶的大道，只远处牛奶车的铃声，点缀这周遭的沉默。顺着这大道走去，走到尽头，再转入林子里的小径，往烟雾浓密处走去，头顶是交枝的榆荫，透露着漠楞楞的曙色；再往前走去，走尽这林子，当前是平坦的原野，望见了村舍，初青的麦田，更远三两个馒形的小山，掩住了一条通道。天边是雾茫茫的，尖尖的黑影是近村的教寺。听，那晓钟和缓的清音，这一带是此邦中部的平原，地形像是海里轻波，默沉沉的起伏；山岭是望不见的，有的是常青的草原与沃腴的田壤。登那土阜上望去，康桥只是一带茂林，拥戴着几处娉婷的尖阁。妩媚的康河也望不见踪迹，你只能循着那锦带似的林木，想象那一流清浅。村舍与树林是这地盘上的棋子，有村舍处有佳荫，有佳荫处有村舍。这早起是看炊烟的时辰：朝雾渐渐的升起，揭开这灰苍的天幕（最好是微霞后的光景），远近的炊烟，成丝的，成缕的，成卷的，轻快的，迟重的，浓灰的，淡青的，惨白的，在静定的朝气里渐渐的上腾，渐渐的不见，仿佛是朝来人们的祈祷，参差的羼入了天庭。朝阳是难得见的，这初春的天气。但它来时是起早人莫大的愉快。顷刻间这田野添深了颜色，一层轻纱似的金粉，糁上了这草，这树，这通道，这庄舍，顷刻间这周遭弥漫了清晨富丽的温柔。顷刻间你的心怀也分润了白天诞生的光荣。"春"！这胜利的晴空，仿佛在你的耳边私语。"春"！你那快乐的灵魂，也仿佛在那里回响。

康桥，Cambridge之译名，亦译剑桥，在英国伦敦东北约六十里。其地有剑桥大学，名闻世界。

徐志摩，名章垿，海宁人，曾肄业北京大学，留学欧美。以诗及散文名于时。一九三一年冬，因乘飞机失事，死于京平道中。所著有《志摩的诗》《巴黎的鳞爪》等。

语释 〔漠楞楞〕模糊不清貌。〔康河〕原名
Cam River，有名的剑桥大学正临康河。〔朝来
人们的祈祷〕基督教徒每日清晨祈祷上帝。〔朝
阳是难得见的，这初春的天气〕伦敦冬季及春初
多雾，所以难得见朝晨的太阳。

荷 塘 月 色

朱自清

　　沿着荷塘，是一条曲折的小煤屑路。这是一条幽僻的路；白天也少人走，夜晚更加寂寞。荷塘四面，长着许多树，蓊蓊郁郁的。路的一旁，是些杨柳，和一些不知道名字的树。没有月光的晚上，这路上阴森森的，有些怕人。今晚却很好。虽然月光也还是淡淡的。

　　路上只我一个人，背着手踱着。这一片天地好像是我的；我也像超出了平常的自己，到了另一世界里。我爱热闹，也爱冷静；爱群居，也爱独处。像今晚上，一个人在这苍茫的月下，什么都可以想，什么都可以不想，便觉是个自由的人。白天里一定要做的事，一定要说的话，现在都可不理。这是独处的妙处；我且受用这无边的荷香月色好了。

　　曲曲折折的荷塘上面，弥望的是田田的叶子。叶子出水很高，像亭亭的舞女的裙。层层的叶子中间，零星地点缀着些白花，有袅娜地开着的，有羞涩地打着朵儿的；正如一粒粒的明珠，又如碧天里的星星，又如刚出浴的美人。微风过处，送来缕缕清香，仿佛远处高楼上渺茫的歌声似的。这时候叶子与花也有一丝的颤动，像闪电般，霎时传过荷塘的那边去了。叶子本是肩并肩密密地挨着，这便宛然有了一道凝碧的波痕。叶子底下是脉脉的流水，遮住了，不能见一些颜色；而叶子却更见风致了。

　　月光如流水一般，静静地泻在这一片叶子和花上。薄薄的青雾浮起在荷塘里。叶子和花仿佛在牛乳中洗过一样；又像笼着轻纱的梦。虽然是满月，天上却有一层淡淡的云，所以不能朗照；但我以为这恰是到了好处——酣眠固不可少，小睡也别有风味的。月光是隔了树照过来的，高处丛生的灌木，落下参差的斑驳的黑影，峭楞楞如鬼一般；弯弯的杨柳的稀疏的倩影，却又像是画在荷叶上，塘中的月色并不均匀；但光与影有着和谐的旋律，如梵婀玲上奏着的名曲。

荷塘的四面，远远近近，高高低低都是树，而杨柳最多。这些树将一片荷塘重重围住；只在小路一旁，漏着几段空隙，像是特为月光留下的，树色一例是阴阴的，乍看像一团烟雾；但杨柳的丰姿，便在烟雾里也辨得出。树梢上隐隐约约的是一带远山，只有些大意罢了。树缝里也漏着一两点路灯光，没精打采的，是渴睡人的眼。这时候最热闹的，要数树上的蝉声与水里的蛙声；但热闹是它们的，我什么也没有。

朱自清，字佩弦，现代绍兴人。所著有《背影》《踪迹》等。

语释 〔蓊蓊郁郁〕形容树木的茂盛。〔无边〕无限的意思。〔田田〕古人形容许多莲叶浮出在水面上的形状，往往用田田二字；例如《江南曲》："江南可采莲，莲叶何田田。"〔旋律〕乐曲拿单一的声音，上下变动而进行，能够唤起一种感情的，叫作"旋律"。〔梵婀玲〕西洋乐器Violin之译音。

雕　刻

蔡元培

　　音乐、建筑皆足以表示人生观；而表示之最直接者为雕刻。雕刻者，以木、石、金、土之属刻之、范之，为种种人物之像者也。其所取材，率在历史之事实、现今之风俗，即有推本神话、宗教者，亦犹是人生观之代表云尔。

　　雕刻之术大别为二类。一浅雕、凸雕之属，像不离璞，仅以圻鄂起伏之文写示之者也、如山东嘉祥之汉武梁祠画像，及山西大同之北魏造像等属之。一具体之造像，雕刻之工面面俱到者也。如商武乙为偶人以像天神，秦始皇铸金人十二，及后世一切神祠、佛寺之像皆属之。

　　雕刻之精者：一曰匀称，各部分之长、短、肥、瘠互相比例，不违天然之状态也。二曰致密，琢磨之工无懈可击也。三曰浑成，无斧凿痕也。四曰生动，仪态万方，合于力学之公例，神情活现，合于心理学之公例也。

我国之以雕刻名者，为晋之戴逵。尝刻一佛像，自隐帐中，听人臧否，随而改之，如是者十年，厥工方就。然其像不传。其后以塑像名者，唐有杨惠之，元有刘元。西方则古代希腊之雕刻优美绝伦；而十五世纪以来，意、法、德、英诸国亦复名家辈出。吾人试一游巴黎之鲁佛尔及卢克逊堡博物院，则希腊及法国之雕刻术可略见一斑矣。

相传越王勾践尝以金铸范蠡之像，是为我国铸造肖像之始，然后世鲜用之。西方则自罗马时竞尚雕铸肖像，至今未沬。或以石，或以铜，无不面目逼真焉。

我国尚仪式，而西人尚自然，故我国造像，自如来袒胸、观音赤足仍印度旧式外，鲜不具冠服者。西方则自希腊以来，喜为倮像；其为骨骼之修广，筋肉之张弛，悉以解剖术为准。作者固不能不先有所研究，观者亦得为练达身体之一助焉。

语释〔范〕是模式的意思。模式各因其品质而不同：用土做模式的叫作"型"，用金作的叫作"熔"，用竹做的叫作"范"。现在都用"范"字来包括，所以有"模范""范型"等名称。这里是用为动词。〔率〕"大略"或"大概"的意思。〔推本〕追求来源的意思。〔云尔〕语末助词。和语体文结句的"啦"字差不多。〔像不离璞〕璞是未经雕琢的玉。"像不离璞"是说雕刻的像，并不脱离背景而独立，仍连缀在未凿的底版之上。〔圻鄂起伏〕圭壁雕刻的一面，线划隆起的纹，叫作"圻鄂"。"起伏"是凹凸不平的意思。〔汉武梁祠画像〕在山东嘉祥县的武宅山上。那地方有汉朝的从事（官名）武氏墓；墓前有石室；四壁刻古代的帝王、忠臣、义士、孝子、贤妇的像，旁边各识小字；也有刻着赞文的：共三石，每石分五层。武氏是谁，起初没有人知道，清人黄易访得残石，加以考证，知道是武斑的墓。〔北魏造像〕晋时拓跋珪自立为代王，国号魏，史称北魏（亦称后魏。386—534年）。建都平城，就是现在山西的大同县。魏朝的祖先，本有凿石为庙的风气，雕刻技术向来擅长，因此每一皇帝即位，便在都城近处的山冈建造石窟，就山崖雕刻佛像，年代愈久，雕刻愈多，遂成为中国有名的佛教艺术。现在山西大同县西三十里武周山云冈村的石窟，最为著名。〔具体之造像〕大体具备叫作"具体"。"具体之造像"，就是离璞独立，纯粹立体的造像。〔商武乙为偶人以像天神〕旧时传说，商朝的王叫武乙的，曾用土木塑为人形，称作"天神"。其详可参看《史记·殷本纪》。〔秦始皇铸金人十二〕秦始皇统一中国后，收天下的兵器，铸成金人十二，重各一千石，放在宫廷里。其详可参看《史记·秦始皇本纪》。金，金属的通称，并不专指黄金。〔无懈可击〕兵家行阵，布置周密，没有一处松懈可以使敌人乘虚而入的，叫作"无懈可击"。这里是形容雕工精致周密，没有破绽。〔仪态万方〕后汉张衡作《同声歌》，有"素女为我师，仪态盈万方"之句，本是形容女子庄严。现在用来比喻事物，有庄严繁复，不可形容的意思。〔力学〕物理学的一科。凡物变更其位置，叫作"运动"；运动的原因由于力，所以论运动的原因者，叫作"力学"。〔心理学〕研究人心的感觉、情意、欲望等各种现象之学，叫作"心理学"。〔戴逵〕字安道，晋铚县人，迁居剡县。他是一个艺术家，雕刻之外，还能写字、画画、弹琴。当时有一个武陵王闻得他善弹琴，便派人去请他，他当派来的人面前，把琴摔破了，说道："戴安道不是做王门伶人的！"〔臧否〕犹言"可否"，是批评好坏的意思。〔厥〕与"其"同。〔杨惠之〕唐朝开元（玄宗年号，713—741）时人。他和吴道玄同拜张僧繇为师，学画佛像，因为吴道玄的画名在他之上，他就改塑像，便成了有名的塑像家。〔刘元〕字秉元，元宝坻人。初为道士，后做官至秘书卿。以善塑佛像得名。〔希腊〕Hellas，罗马（Rome）称为厄力西（Greece），今欧洲南部的立宪王国。它的建国在公元前十五世纪。前五六世纪为全盛时代，文艺非常兴盛。到前146年属于罗马。456年入于土耳其（Turkey），1829年，离土耳其而独立。〔绝伦〕伦，是"类"或"比"的意思。

绝伦，等于说"无比"。〔十五世纪〕欧美各国，以一百年为一世纪。十五世纪，是指1401—1500年之时期。〔巴黎〕（Paris），法国的首都。〔鲁佛尔〕Musee du Louvre，巴黎的博物院。建筑于1204年，至1848年始完成。收藏美术品很丰富，可以说是全世界最大的博物院。〔卢克逊堡〕Musee du Luxembourg，也是巴黎的博物院。建筑于1615年，至1620年才完成。专收藏现存美术家的作品。〔一斑〕从管中窥豹，只见一处的斑纹；但亦可由一处而推及全体。所以略见大概，便叫作"一斑"。〔赵王勾践尝以金铸范蠡之像〕春秋时，范蠡佐越王勾践灭吴。吴国既灭，范蠡就航海而去，不知所终。勾践很想念他，用金铸成范蠡的像，以作纪念。事载《吴越春秋》。〔肖像〕用图画或雕刻的技术，所留下特定的人的形容的，叫作"肖像"。〔罗马〕欧洲的古国。地在现在的意大利。建国于公元前753年。公元1453年，为土耳其所灭。〔未沫〕等于说"未已"。〔逼真〕很像真的样子。〔仪式〕好像俗语说的"架子"。〔如来〕佛号。《金刚经》

说:"无所从来,亦无所去,故名如来。"〔观音〕菩萨名。本名观世音,唐人避唐太宗讳,遂简称"观音"。《法华经》说:"苦恼从生,一心称名;菩萨即是观其声音,皆得解脱,以是名观世音。"〔倮〕同"裸",赤体。〔修广〕长阔。〔张弛〕紧张放松。〔解剖术〕即研究生物体内部的解剖学。人体解剖尤为专门之学;分生理的解剖与病理的解剖。这里所说的解剖,实是身体组织。

新 生 活

胡 适

哪样的生活可以叫作新生活呢？

我想来想去，只用一句话，新生活就是有意思的生活。

你听了，必定又要问我，有意思的生活又是什么样子的生活呢？

我且先说一两件实在的事情做个样子，你就明白我的意思了。

前天你没有事做，闲得不耐烦了，你跑到街上一个小酒店里，打了四两白干，喝完了，又要四两，再添上四两。喝得大醉了，同张大哥吵了一回嘴，几乎打起架来。后来李四哥来把你拉开，你气忿忿的又要四两白干，喝得人事不知，幸亏李四哥把你扶回去睡了。昨儿早上，你酒醒了，大嫂子把前天的事告诉你，你懊悔得很，自己埋怨自己："昨儿为什么要喝那么多酒呢？可不是糊涂么？"

你赶上张大哥家去，作了许多揖，赔了许多不是，自己怪自己糊涂，请张大哥大量包涵。正说时，李四哥也来了，王三哥也来了。他们三缺一，要你陪他们打牌。你坐下来，打了二十圈牌，输了一百多吊钱。你回得家来，大嫂子怪你不该赌博，你懊悔得很，自己怪自己道："是呵，我为什么要陪他们打牌呢？可不是糊涂吗？"

诸位，像这样子的生活，叫作糊涂生活，糊涂生活便是没有意思的生活。你做完了这种生活，回头一想，我为什么要这样干呢？你自己也回不出究竟为什么。

诸位，凡是自己说不出"为什么这样做"的事，都是没有意思的生活。

反过来说，凡是自己能说得出"为什么这样做"的事，都可以说是有意思的生活。

生活的"为什么"就是生活的意思。

人同畜生的分别，就在这个"为什么"上。你到万牲园里去看那白熊，一天到晚摆来摆去不肯歇，那就是没有意思的生活。我们做了人，应该不要学那些畜生的生活。畜生的生活只是糊涂，只是胡混，只是不晓得自己为什么如此做。一个人的做事，应该件件问得出一个"为什么"。

我为什么要干这个？为什么不干那个？能回答得出，方才可算是一个人的生活。

我们希望中国人都能做这种有意思的生活。其实这种新生活并不难，只消时时刻刻问自己为什么这样做，为什么不那样做，就是我所说的新生活了。

诸位，千万不要说"为什么"这三个字是很容易的小事，你打今天起，每做一件事，便问一个为什么，为什么不把辫子剪了，为什么不把大姑娘的小脚放了，为什么大嫂子脸上搽那么多的脂粉，为什么出棺材要用那么多叫花子，为什么娶媳妇也用那么多叫花子，为什么骂人要骂他的爸妈。为什么这个，为什么那个——你试办一两天，你就觉得这三个字的趣味真是无穷无尽，这三个字的功用也无穷无尽。

诸位，我们恭恭敬敬的请你来试试这种新生活。

胡适，字适之，现代安徽绩溪人。他留学美国多年，受西洋"实验派哲学"的影响很深。所著有《中国哲学史大纲》《白话文学史》，其他散作也很多，大都收在《胡适文存》中。

语释　〔白干〕用高粱做的酒。北方人最喜欢喝。〔吵嘴〕就是南方人所说的"相骂"。〔大嫂子〕北方人对朋友的妻的称呼。〔包涵〕是容忍的意思。自己得罪了人，请对方原谅不计较，便说"请你包涵些"。〔吊〕北方人称一百钱为一吊。〔万牲园〕在北平西直门外。一名珊贝子花园，亦称三贝子花园。

一〇 写　境

　　前面曾经说过，"记叙文、叙述文所写是对于事物的觉知，解说文所写是对于事物的了解"。又说，"议论文是发表主张，使人信从的文字"。传达自己所了解的，发表自己所主张的，都是知识方面、理性方面的事。而记叙自己所觉知的，却大部是直觉方面、感情方面的事，四种文体显然分为两部，**它们的心理来源是各不相同的**。

　　前面又曾经说过，要把解说文、议论文写得明白正确，周妥适当，必须导源于丰富的知识和生活经验。所以写作解说文、议论文，其进境不得不与年龄和学历的增长相并行。若是不曾研究过关于雕刻的一切的，绝不能作《雕刻》那样的解说文。若是不曾担过责任、做过事务的，绝不能作《最苦与最乐》那样的议论文。但是，导源于直觉方面、感情方面的记叙文、叙述文，却不很受年龄和学历的限制；不识字，提不起笔来，当然没有办法，如果略有写作技能的话，年龄轻一点、学历差一点的人也可以写成很好的记叙文、叙述文。

因为**在感觉方面只论深切不深切**，而年龄轻、学历差的人，其感觉有时也会很深切的。小孩子对于父母兄妹，往往说出一些"至性语"，引动成人的赞叹。若是写录下来，不就是很好的文字么？

　　我们练习写作，应该有个次第。就上面所说的看，可知先当偏重于记叙文、叙述文，然后到解说文、议论文。前者只须求其深切；本讲义所说"存在东西、事情本身的材料，作者必须照实写下来"便是"切"，"依感觉到的写下来"便是"深"，都不是秘奥难以达到的境界。至于后者，必依赖着知识和经验的累积，这却不是一朝一夕的事了。可是我们看到许多青年所写的记叙文、叙述文，往往犯着空泛的毛病，尤甚的是记叙文记不清楚一件东西，叙述文叙不明白一件事情。这两种文体在实际生活上应用最繁，若不能写得像个样子，简直是一种重大的缺憾。希望读者多加注意，先把记叙文、叙述文写好。

　　最近我们读过《康桥的早晨》和《荷塘月色》两篇写景文字，写景文字当然是记叙文，不必细说。趁这机会，这一则文话就讲"写境"。为什么不说"写景"而说"写境"呢？景字带着风景佳胜的意味，又似偏于自然界方面，不及境字包括得广阔，凡是围绕在我们四周的都在其内。在实际生活上，我们要写风景佳胜的境界，也要写鄙陋不堪的境界；要写山水清幽属于自然界的境界，也要写人事纷纭属于繁复社会的境界。对于一条龌龊残败的小巷，一个聚集着数千万人的大会场，我们也有记述的需要。我们岂止要记述山水胜景呢？所以这里标举"写境"两字。

写境的第一要义是**决定取舍**。整个的境界包围着我们，仔细点认，有数不清的东西或人物，表现着各不相同的状态。这就是我们以前说过的"存在东西本身的材料"。若说把那些材料悉数记述，一件一个都不漏，那是无论如何办不到的。**只有先做一番取舍的工夫，要的要，不要的不要，才可下笔。**要不要又拿什么做标准呢？作者写一篇文字，一定有一个目的，凡是可以作为达到目的的帮助的，那就要，与达到目的并没关系的，那就不要：**把写作目的做取舍标准，实是非常自然的事。**空说似乎没有把握，我们且就例子来看。

《康桥的早晨》写着大道、铃声、小径、原野、村舍、麦田、小山、炊烟等等，材料是多极了，但并不曾写尽了周围的一切。这天早晨，岂没有像作者一样怀着兴致的人出来欣赏春晓景色的么？而作者绝不写遇见一个人。也许是真的没有遇见人，所以他不写，然而还有可以指出的：这天早晨，岂没有一只鸟儿在林野间飞翔、鸣转的么？可以推想而知，那是一定有的。而文字中绝不提及，至少鸟儿这一项材料被作者所"舍"了。他为什么要"舍"鸟儿这一项材料呢？这是有理由可以解说的。作者的写作目的在写出春晓的静趣，写出对于春的感觉，感觉又纯属"视觉"方面的。所以他专写眼里所看到的景物，只有"远处牛奶车的铃声"是例外；他写一切景物又都用"静物写生"的手法，便是写那袅动的炊烟，也只用"渐渐的上腾，渐渐的不见"两语，使人感到静寂之极。如果写了飞翔、鸣转的鸟儿，那就羼入了活动的东西，"听觉"方面的材料了，虽也没有什么大害处，但总觉与写作目的不甚相适应。假若写作目的变换，作要写出"听觉"方面的春的感觉，那么，鸟儿便是无论如何不容放过的材料，而现在这篇文字里所"取"的材料，说不定有好多项要被"舍"了。

　　写境的第二要义是**写自己所感觉的**，说得仔细一点，就是**对于围绕自己的境界，耳朵怎样听得就怎样写，眼睛怎样看见就怎样写，内心怎样感念就怎样写**。切不可这样想：当前的是春晓的郊野，以前有什么人也曾写过记述春晓的郊野文字的；因而便想借用其中的一两句甚至一两节。犯着这样的毛病的有那不高明的新闻记者，记述任何会场的情景，总是"到者数百人，某某某某演说，发挥颇为详尽"；还有那不肯多用一点心的小学生，你叫他写春景，他提起笔来就一个"桃红柳绿"。这样，"到者数百人……"成为记述会场的公式，"桃红柳绿"成为记述春景的公式，记叙文里倘若填满了一些公式，作者又何必多一番写录的工夫呢！抛弃那些公式，只算没有读过一篇记述会场、记述春景的文字；**完全信用自己的耳、目、心思，按照感觉到的来写，这才真个是写作文字，写作自己的并不假借的文字**。

《康桥的早晨》和《荷塘月色》都是能充分写出自己的感觉的，每一回描写，每一个比拟，每一处表现，没有假借，没有依傍，全从作者与境界"直接交涉"而来。试看"妩媚的康河也望不见踪迹，你只能循着那锦带似的林木，想象那一流清浅"；再看"月光如流水一般，静静地泻在这一片叶子和花上"。你一定赞赏他们的刻画入妙，感到深长的兴味。倘若进一步问，这些语句何以会见得佳胜呢？那就因为**作者感得到又写得出**之故。"感得到"原是不成问题的，只要将身临境，总会有所感到，只有多少、深浅的不同罢了。这就剩下"写得出"的问题。如果能屏弃公式，不用人家现成的写法，便开了"径写所感"的门。这时候但求文字没毛病，表达得明白，其成为佳篇是无疑的。

关于写境，这里举出两个要义而止，其他留待以后再谈。

柳宗元《至小邱西小石潭记》有"潭西南而望，斗折蛇行，明灭可见，其岸势犬牙差互，不可知其源"，描写远去的河流，神妙之极；我们身临平野，远望河流，常常见到此景，独柳氏感得到，写得出。"只能循着那锦带似的林木，想象那一流清浅"，被作者说破了，我们就觉得这样的境界也曾遇见过，独作者感得到，写得出。试问后者因袭着前者么？谁也知道并不的。二者同样是作者与境界"直接交涉"的结果，故同样是绝妙的文字。

题材是同类的（都是远去的河流），因为所感互异，写成文字就各不相同，但同样可以成为妙文，这是写境应直写所感的绝妙凭证。

练习　假如记述群众大会场的情况，写作目的在表现出会场中的热烈气氛，试问哪一些材料是你预备取的？

背　影

朱自清

　　我与父亲不相见已二年余了，我最不能忘记的是他的背影。

　　那年冬天，祖母死了，父亲的差使也交卸了，正是祸不单行的日子。我从北京到徐州打算跟着父亲奔丧回家。到徐州见着父亲，看见满院狼藉的东西，又想起祖母，不禁簌簌地流下眼泪。父亲道："事已如此，不必难过，好在天无绝人之路！"

　　回家变卖典质，父亲还了亏空；又借钱办了丧事。这些日子，家中光景很是惨淡，一半为了丧事，一半为了父亲赋闲。丧事完毕，父亲要到南京谋事，我也要回北京念书，我们便同行。

　　到南京时，有朋友约去游逛，勾留了一日；第二日上午便须渡江到浦口，下午上车北去。父亲因为事忙，本已说定不送我，叫旅馆里一个熟识的茶房陪我同去。他再三嘱咐茶房，甚是仔细，但他终于不放心，怕茶房不妥帖；颇踌躇了一会。其实我那年已二十岁，北京已来往过两三次，是没有什么要紧的了。他踌躇了一会，终于决定还是自己送我去。我两三回劝他不必去；他只说："不要紧，他们去不好！"

我们过了江，进了车站。我买票，他忙着照看行李。行李太多了，得向脚夫行些小费才可过去。他便又忙着和他们讲价钱。我那时真是聪明过分，总觉他说话不大漂亮，非自己插嘴不可，但他终于讲定了价钱；就送我上车。他给我拣定了靠车门的一张椅子；我将他给我做的紫毛大衣铺好坐位。他嘱我路上小心，夜里要警醒些，不要受凉。又嘱托茶房好好照应我。我心里暗笑他的迂；他们只认得钱，托他们真是白托！而且我这样大年纪的人，难道还不能料理自己么？唉，我现在想想，那时真是太聪明了！

我说道："爸爸，你走吧。"他望车外看了看，说："我买几个橘子去。你就在此地，不要走动。"我看那边月台的栅栏外有几个卖东西的等着顾客。走到那边月台，须穿过铁道，须跳下去又爬上去。父亲是一个胖子，走过去自然要费事些。我本来要去的，他不肯，只好让他去。我看见他戴着黑布小帽，穿着黑布大马褂，深青布棉袍，蹒跚地走到铁道边，慢慢探身下去，尚不大难。可是他穿过铁道，要爬上那边月台，就不容易了。他用两手攀着上面，两脚再向上缩；他肥胖的身子向左微倾，显出努力的样子。这时我看见他的背影，我的泪很快流下来了。我赶紧拭干了泪，怕他看见，也怕别人看见。我再向外看时。他已抱了朱红的橘子望回走了。过铁道时，他先将橘子散放在地上，自己慢慢爬下，再抱起橘子走。到这边时，我赶紧去搀他。他和我走到车上，将橘子一股脑儿放在我的皮大衣上。于是扑扑衣上的泥土，心里很轻松似的。过一会说："我走了；到那边来信。"我望着他走出去。他走了几步，回过头看见我，说："进去吧，里边没人。"等他的背影混入来来往往的人里，再找不着了，我便进来坐下，我的眼泪又来了。

近几年来，父亲和我都是东奔西走，家中光景是一日不如一日。他少年出外谋生，独立支持，做了许多大事。哪知老境却如此颓唐！他触目伤怀，自然情不能自已。情郁于中，自然要发之于外；家庭琐屑便往往触他之怒。他待我渐渐不同往日。但最近两年的不见，他终于忘却我的不好，只是惦记着我，惦记着我的儿子。我北来后，他写了一信给我，信中说道："我身体平安，唯膀子疼痛厉害，举箸提笔，诸多不便，大约大去之期不远矣。"我读到此处，在晶莹的泪光中，又看见那肥胖的，青布棉袍黑布马褂的背影。唉！我不知何时再能与他相见！

语释　〔差使〕在机关里服务的，叫作"当差使"。　〔北平〕现在北京的旧称。　〔徐州〕清徐州府治今江苏铜山县。民国废府留县，但一般人还是称着"徐州"的旧名。　〔狼藉〕散乱不整理。　〔簌簌〕泪流不止的样子。　〔赋闲〕失职无事，叫作"赋闲"。　〔南京〕当时国民政府首都的旧称。　〔浦口〕在江苏江浦县东北二十五里。民国元年，自辟为商埠。　〔踌躇〕不决的样子。　〔行些小费〕行，使用的意思。在规定应纳的费用之外再付出的钱，叫作"小费"。　〔月台〕

火车停车的地方都有月台。〔蹒跚〕行走时不很便捷的样子。〔搀〕扶。〔一股脑儿〕俗语，犹言"统统"。〔颓唐〕心情与境遇都不愉快满足之状。〔惦〕很厉害的牵记。〔大去〕去而不再返，叫作"大去"，就是死。

先妣事略

归有光

　　先妣周孺人，弘治元年二月十一日生。年十六来归。逾年生女淑静，淑静者大姊也。期而生有光。又期而生女子：殇一人，期而不育者一人。又逾年，生有尚，妊十二月。逾年，生淑顺。一岁，又生有功。

　　有功之生也，孺人比乳他子加健。然数颦蹙顾诸婢曰："吾为多子苦！"老妪以杯水盛二螺进，曰："饮此后，妊不数矣。"孺人举之尽，喑不能言。

　　正德八年五月二十三日，孺人卒。诸儿见家人泣，则随之泣，然犹以为母寝也，伤哉！于是家人延画工画，出二子命之曰："鼻以上画有光，鼻以下画大姊。"以二子肖母也。

　　孺人讳桂。外曾祖讳明；外祖讳行，太学生；母何氏。世居吴家桥，去县城东南三十里；由千墩浦而南，直港并小桥以东，居人环聚，尽周氏也。外祖与其三兄皆以赀雄，敦尚简实；与人姁姁说村中语，见子弟甥侄无不爱。

孺人之吴家桥，则治木棉；入城，则缉纑，灯火荧荧，每至夜分。外祖不二日使人问遗。孺人不忧米盐，乃劳苦若不谋夕。冬月炉火炭屑，使婢子为团，累累暴阶下。室靡弃物；家无闲人。儿女大者攀衣，小者乳抱，手中纫缀不辍。户内洒然。遇僮奴有恩；虽至棰楚，皆不忍有后言。吴家桥岁致鱼蟹饼饵，率人人得食。家中人闻吴家桥人至，皆喜。有光七岁，与从兄有嘉入学；每阴风细雨，从兄辄留有光意恋恋，不得留也。孺人中夜觉寝，促有光暗诵《孝经》。即熟读，无一字龃龉，乃喜。

孺人卒，母何孺人亦卒。周氏家有羊狗之痾，舅母卒，四姨归顾氏，又卒，死三十人而定；唯外祖与二舅存。

孺人死十一年，大姊归王三接，孺人所许聘者也。十二年，有光补学官弟子。十六年而有妇；孺人所聘者也。期而抱女。抚爱之，益念孺人，中夜与其妇泣。

追惟一二，仿佛如昨，余则茫然矣。世乃有无母之人，天乎痛哉！

归有光，字熙甫，明昆山人。他九岁就能做文章，但考试每不利，到晚年才成进士。官至南京太常寺丞。尝讲学于嘉定的安亭江上，学者称他为震川先生。所著有《震川集》。明朝从李梦阳、何景明等提倡摹仿秦汉文体以后，一般文人有意学古，所做文章，大都音调艰涩，不易诵读。有光对于当时流行的伪古文体很不满意，所以他做的文章，反覆条畅，没有摹秦仿汉的恶习。

语释 〔先妣〕是已经死了母亲的称谓。《礼记》里说："生曰父，曰母；死曰考，曰妣。"所以称已死的母亲为"先妣"。 〔孺人〕明清时职官妻七品以下封孺人。 〔弘治元年〕弘治，明孝宗年号。弘治元年，是 1488 年。 〔逾年〕隔一年。〔期〕一周年。 〔殇一人〕一个产出来就死了。〔期而不育者一人〕小孩子不能扶养长大，叫作

"不育"。这是说：一个满了周岁也死了。〔妊十二月〕怀了十二个月的胎。〔乳〕动词。哺乳的简称。〔数颦蹙顾诸婢曰〕常常皱着眉头对那些婢女说。〔妊不数矣〕不常常怀孕了。〔举之尽〕拿起来完全吃下去。〔喑〕失音。〔正德八年〕正德，明武宗年号，正德八年，当1513年。〔肖〕很像。〔讳〕《礼记》里说："卒哭乃讳。"所以从前人对已死的人不称名而称讳。〔外曾祖〕母亲的祖父。〔外祖〕母亲的父。〔太学生〕明朝制度，诸生品学兼优的，或举人会试不第的，都可以入国子监读书。国子监等于汉朝的太学，所以入国子监读书的称"太学生"，但从景泰四年（1453）以后，纳粟入官的亦可取得太学生的资格了。〔以赀雄〕以多财称。〔敦尚〕和"崇尚"的意思差不多。〔姁姁〕和蔼可亲的样子。〔之〕与"至"同。〔缉〕缉，接麻；纑，布缕。苏州一带称接麻的手工叫"接绩"。〔荧荧〕形容灯光的明亮不息。〔夜分〕夜半。〔问遗〕亲友相馈赠，叫作"问遗"。〔乃劳苦若不谋夕〕她勤劳辛苦的样子，几乎像过了早上不晓得晚上怎样的人。〔累累暴阶下〕暴，与"曝"同。这是说：把炭团一个个堆在阶前晒着。〔靡〕没有。〔乳抱〕在她怀中吸乳。〔纫缀〕补缀破绽的衣服。〔洒然〕清洁不扰杂的样子。〔棰楚〕用杖责打。〔致〕馈赠。〔从兄〕伯父或叔父的儿子，年纪比自己大的，称为"从兄"。〔恋恋〕依依不舍的样子。〔中夜觉寝〕半夜里醒来。〔孝经〕此书出于汉朝，记孔子告曾参孝道的话，凡十八章。〔龃龉〕不顺口。〔羊狗之疴〕怪异的病。羊狗之疴这句话，是从《汉书·五行志》上来的，大概是指由羊狗染疫而蔓延及于人的传染病。〔姨〕母亲的姐妹称"姨"。〔补学官弟子〕科举时代童生经学使考试及格，取入县学者，叫作"生员"，俗称"秀才"；故一般人又称新取之生员为"入学"。补学官弟子，就是"入学"的意思。〔妇〕自己的妻称"妇"。〔追惟〕追想。

乌　篷　船

周作人

子荣君：

　　接到手书，知道你要到我的故乡去，叫我给你一点什么指导。老实说，我的故乡，真正觉得可怀恋的地方，并不是那里；但是因为在那里生长，住过十多年，究竟知道一点情形，所以写这一封信告诉你。

　　我所要告诉你的，并不是那里的风土人情，那是写不尽的，但是你到那里一看也就会明白的，不必啰唆地多讲。我要说的是一种很有趣的东西，这便是船。你在家乡平常总坐人力车、电车，或是汽车，但在我的故乡那里这些都没有，除了在城内或山上是用轿子以外，普通代步都是用船。船有两种，普通坐的都是"乌篷船"，白篷的大抵作航船用，坐夜航船到西陵去也有特别的风趣，但是你总不便坐，所以我也就可以不说了。乌篷船大的为"四明瓦"（Sy-menngoa），小的为脚划船（划读如uoa）亦称小船。但是最适用的还是在这中间的"三道"，亦即三明瓦。篷是半圆形的，用竹片编成，中夹竹箬，上涂黑油；在两扇"定篷"之间放着一扇遮阳，也是半圆的，木作格子，嵌着一片片的小鱼鳞，径约一寸，颇有点透明，略似玻璃而坚韧耐用，这就称为明瓦。三明瓦者谓其中舱有两道，后舱有一道明瓦也。船尾用橹，大抵两支，船首有竹篙，用以定船。船头着眉目，状如老虎，但似在微笑，颇滑稽而不可怕，唯白篷船则无之。三道船篷之高大约可以使你直立，舱宽可以放下一顶方桌，四个人坐着打马将——这个恐怕你也已学会了罢？小船则真是一叶扁舟，坐在船底席上，篷顶离你的头有两三寸，你的两手可以阁在左右的舷上，还把手都露出在外边。在这种船里仿佛是在水面上坐，靠近田岸去时泥土便和你的眼鼻接近，而且遇着风浪，或是坐得少不小心，就会船底朝天，发生危险，但是也颇有趣味，是水乡的一种特色。不过你总可以不必去坐，最好还是坐那三道船罢。

你如坐船出去，可是不能像坐电车的那样性急，立刻盼望走到。倘若出城，走三四十里路（我们那里的里程是很短，一里才及英里三分之一），来回总要预备一天。你坐在船上，应该是游山的态度，看看四周物色，随处可见的山，岸旁的乌桕，河边的红蓼和白萍、渔舍，各式各样的桥，困倦的时候睡在舱中拿出随笔来看，或者冲一碗清茶喝喝。偏门外的鉴湖一带，贺家池、壶觞左近，我都是喜欢的，或者往娄公埠骑驴去游兰亭（但我劝你还是步行，骑驴或者于你不很相宜），到得暮色苍然的时候进城上都挂着薜荔的东门来，倒是颇有趣味的事。倘若路上不平静，你往杭州去时可于下午开船，黄昏时候的景色正最好看，只可惜这一带地方的名字都忘记了。夜间睡在舱中，听水声橹声、来往船只的招呼声以及乡间的犬吠鸡鸣，也都很有意思。雇一只船到乡下去看庙戏，可以了解中国旧戏的真趣味，而且在船上行动自如，要看就看，要睡就睡，要喝酒就喝酒，我觉得也可以算是理想的行乐法。只可惜讲维新以来这些演剧与迎会都已禁止，中产阶级的低能人别在"布业会馆"等处建起"海式"的戏场来，请大家买票看上海的猫儿戏。这些地方你千万不要去。——你到我那故乡，恐怕没有一个人认得，我又因为教书不能陪你去玩，坐夜船，谈闲天，实在抱歉而且惆怅，川岛君夫妇现在俙山下，本来可以给你介绍，但是你到那里的时候他们恐怕已经离开故乡了。初寒，善自珍重，不尽。

十五年一月十八日夜，于北京。

周作人，字启明，又字岂明。原籍绍兴，但他住在北平久了，所以自称北平人。他是现代有名的散文作家。所著有《自己的园地》《雨天的书》《谈龙集》《谈虎集》等。

语释 〔子荣〕是作者的朋友。〔我的故乡〕是指浙江的绍兴。〔啰唆〕说话多。〔西陵〕今名西兴，在钱塘江东岸。〔定篷〕船篷固定不能掀起的，叫作"定篷"。〔马将〕博戏的一种，现在很流行，也叫作"麻将"。〔阁〕同"搁"。〔英里〕一英里约合我国2.79395里。〔乌柏〕落叶亚乔木。高约二丈；叶卵形，端尖；夏月开小花，黄白色；秋末实熟。收其子制油，可为肥皂及蜡烛之原料。〔红蓼〕一年生草。多生于水边。叶味辛香，古人用以调味，后人但用为观赏品。种类甚多，花带红色的叫作红蓼。〔白萍〕隐花植物。生于浅水。四叶合成一叶，如田字，故又名"田字草"。茎细长，入于地中。叶柄甚长。近根处有极坚之囊状物，大如豆，中生孢子。〔偏门〕即常禧门，是绍兴西南面的城门。〔鉴湖〕在绍兴南三里。一名镜湖，又名长湖，又名庆湖。总纳县境三十六河之水。宋熙宁后，湖渐废为田。〔贺家池〕离偏门约七八里。唐玄宗赐贺知章镜湖剡州一曲，就是这地方，所以称为"贺家池"。〔壶觞〕村落名。离偏门约十余里。〔娄公埠〕出偏门十余里。到兰亭从娄公埠上岸。〔兰亭〕在绍兴西南二十七里。晋王羲之和许多朋友在这里修禊，羲之有《兰亭集序》，以记其事。〔薜荔〕亦名木莲。常绿灌木。茎长数尺。叶椭圆。花细，隐于花托中。实上锐下平如杯，内空色红，曝干捣碎，可作凉粉。〔杭州〕今浙江杭县，为清杭州府治。但一般人还是称着旧名。〔庙戏〕在神庙里做戏，叫作"庙戏"。〔迎会〕用着旌幡、斧钺等威仪，杂以箫鼓、杂戏把神迎出来，叫作"迎会"，亦称"赛会"。〔中产阶级〕介乎资产阶级与无产阶级之间的，叫作"中产阶级"，亦可称"小资产阶级"。〔布业会馆〕在绍兴城内的花巷地方。内设戏馆、书场、茶楼、酒肆等，和上海的游戏场差不多。〔海式〕"上海式"的简称。〔猫儿戏〕女子演的京戏。〔川岛〕也是作者的朋友。〔偁山〕在绍兴的道墟村。俗称"青山"。

—— 抒　怀

这一则文话标题是"抒怀",讲到一些抒写情怀的文字的写作。我们有时遭遇事故,一往情深,不能自已。情怀比较感觉复杂且深至,其与知识、理性异科,却和感觉相同。**单纯的情怀是没法抒写的,抒怀须依附于叙事;一方面叙事,一方面即所以抒写内在的情怀。**

《背影》和《先妣事略》都是抒怀的文字。前一篇的作者对于他的父亲,后一篇的作者对于他的母亲,都抱着深厚的爱的情怀。这种情怀用什么方法抒写呢?自不得不托于叙事。在叙述车站送别的场面上,在叙述母亲毕生的历史上,两个作者畅适地抒写了他们的情怀。假若不托于叙事,试问更有何法可以达到他们的目的?单单说"可爱可感念的父亲呀!""可爱可感念的母亲呀!",那是重叠写上一百句、一千句也不相干的,复杂、深至的情怀,岂是简单的一语所能抒写的呢?

作抒怀文字的要义大致和写境相同。抒怀须托于

叙事，被叙的事是材料，对于种种材料，事实不能完全收用，当然要有所取舍，取舍以有关于所抒的情怀与否为标准，这是一层。直写自己的情怀，越亲切越可贵，不要依傍现成的写法，不要使用那被人家说得烂熟了以致令人生厌的语句，这是又一层。

试将《背影》一篇作为实例来看。作者的父亲平时对作者谈话，岂可计数，而篇中引用的竟只有寥寥的几句，现悉抄录在这里。

1. "事已如此，不必难过，好在天无绝人之路！"

2. "不要紧，他们去不好！"

3. "我买几个橘子去。你就在此地，不要走动。"

4. "我走了，到那边来信！"

5. "进去吧，里边没人。"

6. 信中的话："我身体平安，唯膀子疼痛厉害，举箸提笔，诸多不便，大约大去之期不远矣。"

这些话语对于达到抒怀这一个目的都极有用处，所以作者取用了，叙入他的文字里。试想，逢到了母亲的丧事，又交卸了差使，正值极顶痛苦的时光，但对于簌簌下泪的儿子，却劝他"不必难过"，爱子之心何等深切。2 至 5 四句都是车站送别时说的话，儿子是二十岁的人，"北京已来往过两三次"了，却定要亲自送他，欲别不别，叮嘱再四，好像对待一个八九岁的小孩子，父性的自然流露何等真挚。爱子之心这样深切、父性流露这样真挚的父亲，其如何可爱、如何可怀念已不必多说，单单叙述他的这几句话，爱慕、怀念之情便充分抒写出来了，又加上信中的话，可爱、可怀念的父亲而在感叹自己的衰颓，儿子对他的爱慕、怀念自然越加深浓，更可不言而喻。善于取用材料，对于写作抒怀文字原来有这样的效用。

再看买票上车和买橘子的两节。在买票上车这一节里，作者直写当时对于父亲的言动感得"不漂亮"，"暗笑他的迂"。这样的直写，效果非常之大，"不漂亮"和"迂"，正是父亲时时处处当心着作者的表现，末了只加上"唉，我现在想想，那时真是太聪明了！"一句，便把无限的感激之情抒写了出来。在买橘子的一节里，作者把父亲怎样穿过铁道、跳下去、爬上去以及买了橘子艰苦地爬回来的一切动作细致地叙述着，这又是多么拙钝的举措，然而这里边蕴蓄着深厚的爱，就化而为神圣的、伟大的了。在作者自己一方面，却只叙述了两次的流泪，更没别的话。临到这样的场面，又有什么话可说呢？不特当时无话可说，作者每一次回忆起这一个场面时，将永远无话可说。所以，不说什么，单叙两次的流泪，正是直写感情的切当手法。

在实际生活上，需要作抒怀文字的时机很多，试从"决定取舍"和"直抒感情"这两点着手，看写下来的成绩如何。

《先妣事略》是一篇模范的抒怀文字。作者列叙母亲的琐事，显出她的完美的人格，从而抒写他的爱慕的情怀。叙事简而淡，用绘画来比方，可说是简笔的白描。"鼻以上画有光，鼻以下画大姊"，看来似是寻常语，然而与"然犹以为母寝也"同样是作叙述表达哀情，仔细玩味，必能辨知其胜处。试想死者在床，孩子却认为寻常就寝，同时孩子被牵引着作为写照的"模特儿"，此情此景，其何能堪！

叙述治木棉、缉纑，使婢子作炭团，这些都是具体的事实。具体的事实列举难尽，故又用"室靡弃物，家无闲人"两语，包括家政的井然有条。

作叙述文，这样的方法应知利用。

"世乃有无母之人"，若从理性方面想，真是可笑的话。但作者竟把它写下来，仿佛说世间不应当有无母之人；我们读了，非特不觉得它可笑，还要说这是从心的深处喷吐出来的"至性语"。可见抒怀文字的心理的来源自异，不能与诉诸理性的解说文、议论文相提并论的。六朝时有一首恋歌道：

打杀长鸣鸡，弹去乌臼鸟，

顾得连冥不复曙，一年都一晓。

可说是痴绝的话，然而正是深情的话，随便附记于此，供读者分解。

练习　作一篇抒怀的文字，题自定。

归 园 田 居

陶　潜

少无适俗韵，性本爱丘山。误落尘网中，一去三十年。羁鸟恋旧林，池鱼思故渊。开荒南野际，守拙归园田。方宅十余亩，草屋八九间。榆柳荫后檐，桃李罗堂前。暖暖远人村，依依墟里烟。狗吠深巷中，鸡鸣桑树颠。户庭无尘杂，虚室有余闲。久在樊笼里，复得返自然。

野外罕人事，穷巷寡轮鞅，白日掩荆扉，虚室绝尘想。时复墟曲中，披草共来往。相见无杂言，但道桑麻长。桑麻日已长，我土日已广。常恐霜霰至，零落同草莽。

种豆南山下，草盛豆苗稀。晨兴理荒秽，带月荷锄归。道狭草木长，夕露沾我衣。衣沾不足惜，但使愿无违。

久去山泽游，浪莽林野娱，试携子侄辈，披榛步荒墟。徘徊丘垄间，依依昔人居。井灶有遗处，桑竹残朽株。借问采薪者，"此人皆焉如"？薪者向我言，"死没无复余"。"一世异朝市"，此语真不虚。人生似幻化，终当归空无。

怅怅独策还，崎岖历榛曲。山涧清且浅，遇以濯我足。漉我新熟酒，只鸡招近局。日入室中暗，荆薪代明烛。欢来苦夕短，已复至天旭。

陶潜，一名渊明，字元亮，晋浔阳人。他曾做彭泽令，有一天，郡守派属官到县考察，照例县官要整衣束带，恭恭敬敬去接见。他就大不高兴，叹道："我怎能为五斗米的俸禄，弯着腰去见那乡里的小儿。"即日便丢官回转家乡。从此他便在家里饮酒赋诗，啸傲自在。刘宋元嘉中（427）病死。后人称他为靖节先生。他的作品，冲穆淡远，而妙造自然，没有一点做作，是中国最有名的自然派诗人。今存有《陶渊明集》。

语释 〔适俗韵〕韵,丰度,犹言"态度"。适俗韵,适合于世俗的态度。〔尘网〕尘,尘俗;仙佛之称入世,隐士之称宦途,都叫作"尘"。"尘网"就是世俗的束缚。〔羁鸟恋旧林〕羁旅在别处的鸟,依依不舍于旧时栖息的树林。〔池鱼思故渊〕住池塘里的鱼,常常想回到旧时的渊里去。〔开荒南野际〕在南面平野的地方开荒。〔守拙〕守拙的对面就是取巧。凡不愿投机取巧,和世俗竞争的,就叫作"守拙"。〔荫〕遮蔽。〔罗〕罗列。〔暧暧〕昏昧貌。这里是形容远望人家的村落不很分明的样子。〔依依墟里烟〕墟里,就是村落。依依,是形容远望人家村落里的炊烟,一缕一缕从烟突中喷出来的神气。〔虚室〕没有多大陈设的屋子。〔樊笼〕畜鸟的笼。〔罕人事〕少有和人家往来应酬等事情。〔穷巷寡轮鞅〕穷巷,深僻的巷。寡,少。鞅,系在马颈上的革,所以负轭者。〔白日掩荆扉〕白日,犹言"白天"。掩,关闭。荆扉,犹言"柴门":以柴为门,极言其朴陋。〔尘想〕世俗的念头，如功名、利欲等。〔霰〕雪珠。〔南山〕据《太平寰宇记》，南山即柴桑山。在今九江县西南九十里。〔晨兴理荒秽〕早上起来清理田里的杂草。〔带月荷锄归〕一直到月亮上了，才荷着锄带着月光回家。〔但使愿无违〕但教不违背我一向的志愿。〔浪莽〕广大貌。〔荒墟〕荒芜没有人居的旧村落。〔徘徊〕往复流连。〔丘垄〕坟墓。〔依依〕恋恋不舍的样子。〔借问〕找人去问，叫作"借问"。例如唐杜牧诗"借问酒家何处有"。〔采薪者〕刘柴的，即樵夫。〔此人皆焉如〕此地的人都到哪里去了。〔一世异朝市〕这是一句成语，意思是说，一代一代的朝市不同。〔怅怅独策还〕很无聊地一个人骑了马回来。〔崎驱历榛曲〕经过了许多高低不平荒芜曲折的路。〔涧〕山夹水叫作"涧"。〔漉我新熟酒，只鸡招近局〕把我的新熟的酒漉清了，又宰了一只鸡，招呼邻近的人来喝。局，一本作"属"。〔天旭〕天亮。

赤壁怀古

苏　轼

　　大江东去，浪淘尽千古风流人物。故垒西边，人道是三国周郎赤壁。乱石穿空，惊涛拍岸；卷起千堆雪。江山如画，一时多少豪杰。遥想公瑾当年：小乔初嫁了，雄姿英发。羽扇纶巾，谈笑间樯橹灰飞烟灭。故国神游，多情应笑我早生华发。人生如梦，一尊还酹江月。

　　赤壁，已见前《赤壁之战》注。

　　《念奴娇》，词牌名。从前有人填了一首词，题目叫作《念奴娇》，后人就依着他的格调去填，就把这"念奴娇"三字当作词牌了。

苏轼，字子瞻，宋眉州人。嘉祐进士。曾入史馆，因和王安石议论不合，贬为黄州刺史。筑室东坡，自号东坡居士。后召还，官至翰林学士、兵部尚书。他工于做文章，诗、词、书、画均有名。所著有《东坡全集》。

语释 〔大江东去〕大江，就是长江。东去，水向东面流去。 〔浪淘尽千古风流人物〕长江的浪，把古来的风流人物都淘汰光了。风流，是倜傥不群的意思。 〔故垒〕旧时的营墙。 〔三国周郎赤壁〕东汉亡后，魏蜀吴三国分立，号为三国。时代在 220—280 年。但赤壁之战，则在 208 年，还没有入于三国时代。周郎就是周瑜，当时因为他年纪轻，所以吴中人称他为周郎。详见前《赤壁之战》。 〔卷起千堆雪〕这一句是形容那长江的浪花。 〔公瑾〕周瑜的字。 〔小乔〕周瑜从孙策攻皖，得太尉（官名）乔玄的两个女儿，都很美貌，孙策就纳了那大的，周瑜纳了那小的，大的就叫作大乔，小的叫作小乔。 〔雄姿英发〕说周瑜当时的英雄气概非常发皇。 〔羽扇纶巾〕

羽扇，用鸟羽制的扇。纶巾，丝绶做的巾。三国时诸葛亮尝服纶巾，执羽扇，指挥军事，所以后人用羽扇纶巾来形容儒将风流。〔谈笑间樯橹灰飞烟灭〕樯，桅杆。这是说周瑜用火攻曹操军事，详见前《赤壁之战》。〔故国神游〕形不动而神至其处，叫作"神游"。这是说，现在游赤壁，仿佛是在游周郎和曹操当时的赤壁一样。〔华发〕发中白。〔一尊还酹江月〕把一杯酒倒在江里，请那映在江心里的月亮喝。尊与"樽"同。

七绝七首

杜 甫

岐王宅里寻常见，崔九堂前几度闻。

正是江南好风景，落花时节又逢君。

——《江南逢李龟年》

江月去人只数尺，风灯照夜欲三更。

沙头宿鹭联拳静，船尾跳鱼拨剌鸣。

——《漫成一绝》

二月已破三月来，渐老逢春能几回！

莫思身外无穷事，且尽生前有限杯。

——《漫兴绝句九首》(录三首)

糁径杨花铺白毡，点溪荷叶叠青钱。

笋根稚子无人见，沙上凫雏傍母眠。

——同上

肠断江村欲尽头，杖藜徐步立芳洲。

颠狂柳絮随风去，轻薄桃花逐水流。

——同上

巢燕养雏浑去尽，江花结子已无多。

黄衫年少来宜数，不见堂前东逝波。

——《少年行二首》（录一首）

前年渝州杀刺史，今年开州杀刺史。

群盗相随剧虎狼，食人更肯留妻子？

——《三绝句》（录一首）

诗有"绝句"一体：四句为一首，或用平韵，或用仄韵。每句五个字的叫作"五绝"；每句七个字的叫作"七绝"。

杜甫（712—770），字子美，唐襄阳人，居杜陵。早年家里很贫，奔波吴越齐鲁之间。玄宗时，他献《三大礼赋》，玄宗叫他做右卫率府胄曹，那是一个闲曹小官。肃宗时，他做左拾遗，因事被罢黜；不久就起用他做工部员外郎；所以后人称他为杜拾遗，或杜工部。他是唐朝的大诗人，和李白齐名，人称"李杜"。

语释　〔岐王宅里寻常见〕唐睿宗的儿子李范，封岐王。这是说：在岐王的宅子里常常碰到的。〔崔九堂前几度闻〕唐安喜人崔湜的弟弟崔涤，排行第九，故称为崔九。崔涤一向和唐玄宗很亲密，玄宗教他做秘书监；在宫里自由出入，是一个受皇帝宠幸的臣子。这是说：在崔涤的堂前，几次听到过李龟年唱的曲子。〔江南〕长江以南的地方，称为江南。〔李龟年〕唐玄宗的乐工。他很受唐玄宗的宠幸；自从安禄山造反以后，便流落在江南。〔沙头宿鹭联拳静〕水旁之地叫作沙。鹭，水鸟名。一名鹭鸶，羽纯白，亦称白鹭。颈和脚都很长；脚青色；嘴长二三寸；顶有白毛颇长；肩背胸部亦生长

毛；栖息水边，捕食鱼类。联拳，屈曲貌；形容鹭
的静宿。〔拨剌〕鱼跳上水面时的声音。〔漫成
一绝〕随意写成的诗，叫作"漫成"。一绝，是绝句
一首的省称。〔二月已破三月来〕破是破残的意思。
这是说：二月已经快过完，三月就在眼前了。〔杯〕
指酒杯。〔《漫兴》〕随意趁着兴子写的诗，叫作
"漫兴"。〔糁径杨花铺白毡〕糁，洒布的意思，径
是小路。这是说：落下来的杨花，洒布在路旁，像
铺了一块白毡。〔点溪荷叶叠青钱〕荷叶在溪水上
面，像叠着的青钱一样。〔笋根稚子无人见〕旧注
都说稚子就是指着笋。或以为稚当作"雉"；雉性
本善伏，而雉子更幼小，所以伏在笋根边，也不会
被人发现。照字面看来，稚子和下句的"凫雏"相
对，似以改作"雉子"为是。〔凫雏〕凫，鸟名，
状似鸭而小，俗呼野鸭。常栖息湖泽中。鸟之子都
叫作雏。〔肠断江村欲尽头〕在江村的尽头远望。
触景生感，不觉有些凄惶起来，所以说"肠断"。
〔杖藜徐步立芳洲〕杖，持杖。藜，用藜茎做的杖。
生满花草的水边称为芳洲，例如唐崔灏诗："芳草萋
萋鹦鹉洲。"这是说：携着藜杖慢慢地走到水边去立

着闲眺。〔柳絮〕柳花结实以后，其种子上带有丛毛，随风堕落，飞散如絮，故称柳絮。〔浑去尽〕浑，助词。浑去尽，是说完全去光了。〔黄衫〕是唐朝时候少年人穿的华服。〔数〕读为入声，作频数解。〔东逝波〕水波不断地向东流去；所以拿来譬喻时间的过去之速，并且一去不复回。〔《少年行》〕行，是古乐府体的一种。但这首是七绝，并不是乐府体。因为中有"黄衫年少来宜数"之句，就题为《少年行》。〔前年渝州杀刺史，今年开州杀刺史〕渝州，今四川巴县。开州，今四川开县。刺史，是一州的长官。唐朝以州统县，所以唐朝的刺史，和清朝的知府一样，和民国十六年以前的道尹差不多。唐自安禄山造反以后，蜀中到处都是盗匪，常常有攻杀刺史的事情，但因道路阻隔，消息不通，所以盗杀渝开两州刺史事，正史上没有记载。又这首诗押的是仄声韵。开头两句都是平平平平仄仄仄，和寻常七绝的句法不同，可以说是变体。〔剧虎狼〕剧，作"甚"解。剧虎狼，是说甚于虎狼。〔《三绝句》〕题名《三绝句》，就是三首绝句诗，但这里只选一首。

154

词 四 首

辛弃疾

菩 萨 蛮

书江西造口壁

郁孤台下清江水，中间多少行人泪。西北望长安，可怜无数山。青山遮不住，毕竟东流去。江晚正愁余，山深闻鹧鸪。

南 歌 子

山中夜坐

世事从头减，秋怀澈底清。夜深犹送枕边声，试问清溪，底事未能平？月到愁边白，鸡先远处鸣。是中无有利和名，因甚山前未晓有人行？

生 查 子
有觅词者为赋

去年燕子来，绣户深深处，花径得泥归，都把琴书污。今年燕子来，谁听呢喃语？不见卷帘人，一阵黄昏雨。

水调歌头
醉 吟

四坐且勿语，听我醉中吟。池塘春草未歇，高树变鸣禽。鸿雁初飞江上，蟋蟀还来床下，时序百年心。谁要卿料理，山水有清音。欢多少，歌长短，酒浅深，而今已不如昔，后定不如今。闲处直须行乐，良夜更教秉烛，高会惜分阴。白发短如许，黄菊倩谁簪？

辛弃疾（1140—1207），字幼安，号稼轩，宋历城人。宋朝南渡以后，他做承务郎，累迁至枢密都承旨，事迹详见《宋史》本传。所著有《稼轩长短句》十二卷。词从苏轼开创了新境界，到辛弃疾，这一派才发展到最高的顶峰。他有的是豪壮的热情、高旷的胸怀，加以丰饶多态的人生经历，所以写出来的词，竟使我们不容易选取一两个形容词称说他的风格。在文学进展的一点上看，他是苏轼的继承者，但同时是完成苏轼的使命者，所以他的词比苏轼更为美备。

语释 〔《菩萨蛮》〕唐朝有女蛮国入贡，那使者的打扮像菩萨，人家都叫他"菩萨蛮"，当时的优伶就制成《菩萨蛮》一曲；后人依曲填词，便成为词牌名。 〔造口〕今名皂口镇，在江西万安县西南六十里，有皂口溪水从此流入赣江。宋高宗初年，金人追隆祐太后到造口，就是这个地方。〔郁孤台〕在江西赣县西南，即贺兰山，隆阜郁然孤起，故又名郁孤台。赣江经郁孤台北流入万安县。 〔长安〕"长安"是京都的代替词，宋室初都汴梁，今河南开封县。 〔鹧鸪〕鸟名。形似鹑，稍大。其鸣声好像在说"行不得也哥哥"。〔《南歌子》〕也是唐人制的曲名，后人依曲填词，有单调双调之分，这首是双调。 〔底事〕何事。 〔《生查子》〕也是唐人制的曲名，后人依曲填词，便成为词牌名。 〔有觅词者为赋〕作诗称"赋诗"，填词亦可称"赋词"。这是说：有人来索我的词，特地替他填一首。 〔呢喃〕燕语声。 〔《水调歌头》〕唐朝的大曲有歌头，后人截取歌头，另填新词，便造成了这个词牌名。〔四坐且勿语，听我醉中吟〕这一首词大都运用现成的语句，而加以变化。这两句是仿晋陆机《吴趋行》"四座并清听，听我歌吴趋"。 〔池塘春草未歇，高树变鸣禽〕这两句是用刘宋谢灵运《登池上楼》诗"池塘生春草，园柳变鸣禽"的成句而加以变化。高树变鸣禽，是说各种的鸟，先后飞来在高树上叫。 〔鸿雁初飞江上〕鸿雁于秋天飞来江南，所以《礼记·月令》说："季秋之用，

158

鸿雁来宾。"〔蟋蟀还来床下〕《诗·豳风·七月》篇说:"十月蟋蟀,入我床下。"〔时序百年心〕这是用唐杜甫《春日江村》诗中的成句。时序,就是节令。百年,犹言一生;譬如说"百年心事有谁知",就是"一生心事有谁知"。这首词从"池塘春草未歇"到"蟋蟀还来床下",是写春夏秋冬四季节令的变换,"时序百年心",是说因节令的变换引起平生的感触。〔谁要卿料理,山水有清音〕卿,对人的称谓。料理,犹言照料;如《世说新语》说:"汝若为选官,当好料理此人。"又如《晋书·王徽之传》记桓冲对徽之说:"卿在府日久,比当相料理。""山水有清音"是引用晋左思《招隐诗》中的成句。这两句的意思,在说明他寄情于山水之间,用不到旁人替他照料世俗间的事情。〔良夜更教秉烛〕《古诗》:"昼短苦夜长,何不秉烛游!"秉烛,犹言"持烛"。〔高会〕盛会。〔黄菊倩谁簪〕请人家代做事情叫"倩"。簪,插戴。当时风俗,每于阴历的九月九日,头上插了菊花去登高,见《乾淳岁时记》。

一二 诗 和 词

最近我们读了一些诗和词，这一次谈话就把"诗和词"作题目。

什么是"诗"呢？想来有许多人要这样问。这个问题不是一句简括的话能够回答的；有许多人给诗立下定义，说诗是什么东西，或者说怎样的东西叫作诗，但是他们都不免有着漏洞。现在我们不想给诗立下定义，只简略地描摹出"诗"和"文"不同的情形。领悟了这个不同的情形，自己再去潜心体会，那就会一次比一次了解诗这样东西了。

"诗"和"文"不同之点，最显著的在各语字数的均等与否，诗是均等的，文是不均等的（诗中有些歌、行等，以及近时流行的新体诗的一部分，各语字数并不均等，文中有些骈文，各语字数绝对均等，但一般地看，总是诗均等而文不均等）。如《归园田居》各首每语都是五字，《七绝七首》每语都是七字。此外有每语四字的，《诗经》里大部分都是。又有三字、六字的。不过五字、七字的最为通常。

其次，诗的特殊之点是"押韵"（只有近时流行的新体诗的一部分是不押韵的）。押韵通常在偶数语的末一字。如《归园田居》的第一首，押韵的是"山""年""渊""田""间""前""烟""颠""闲""然"，都是偶数语的末一字。《江南逢李龟年》的"闲"和"君"，《漫成一绝》的"更"和"鸣"，也是偶数语的末一字。《漫兴》第一首除了偶数语末一字"回""杯"之外，还有第一语末一字"来"也押韵，这处所是可押可不押的，第二、第四语末一字却非押不可。

　　什么叫作"韵"呢？现在说起来是很容易明白的。许多的字，凡韵母相同的称为同韵字，如山、年、渊、田、间、前、烟、颠、闲、然十个字，它们的韵母都是 an，所以它们是同韵字，又如鞅、想、往、长、广、莽六个字，它们的韵母都是 ang，所以它们是同韵字。依此类推，什么字和什么字同韵，只须口头辨别，便可了然。至此，什么叫作"押韵"也可不言而喻。押韵，不就是说把一些同韵字用在一定的处所（通常是偶数语末）么？

　　字数均等和押韵极有便利之处。分开来说，**在吟咏的人方面便于上口，便于记忆，在听受的人方面便**

于领会，也便于记忆。试听各处流行的民歌大多数是字数均等的押韵的，小孩子也欢喜吟唱字数均等的押韵的歌词，就可领悟诗所以要字数均等和押韵的道理。不但我国如此，便是外国的诗也有同样情形。可见**这样的要求是出于人类声音、语言之自然的**。

为便于上口、便于领会、便于记忆计，字数均等和押韵之外，还有一个要求，便是**"音节和谐"**。这是照顾到每一语的每一字去了，不比押韵只限于语末的一字。**一语里的各个字如果声调不同，错综地排列着，那一语便是音节和谐的**。试吟咏：

岐王宅里寻常见，
崔九堂前几度闻。
正是江南好风景，
落花时节又逢君。

谁都会感觉它的音节和谐。但是，试验"溪西鸡齐啼"一语，那就感觉它拗强而急促，几乎不能认为上得口的语句。这无非因为这一语五个字声调相同，韵母又不相同，音节上绝无错综变化，故而也无所谓和谐。

又，我们说一句话，有自然的顿挫，如说"我这里有一本红封面的书"，依自然的顿挫是"我这里——有——一本——红封面的书"；如果说作"我这——里有一——本红封——面——的书"，那就不合自然的顿挫，别人就听不明白了。诗的每一语里，当然也有顿挫。因为字数有限，所以顿挫有定；假如逸出定则，就失却音节的和谐了。大概五字语的顿挫是"××——××——×""××——×——××"，七字语的顿挫是"××——××——××——×""××——××——×——××"，试把读过的几首诗的每一语吟咏，就可辨知。任取一语，改易它的顿挫，使不合于定则，上口时就觉拗强难读。如"少无——适俗——韵"，若改为"少小时——不俗"，"岐王——宅里——寻常——见"，若改为"在——岐王家——常遇见"，还能够吟咏么？所以，"少小时不俗""在岐王家常遇见"那样的语句是不能入诗的，依它们的顿挫，音节太不和谐了。

到这里，读者或许要想，凡各语字数均等、押韵、音节和谐的文字，大概总是诗了。**其实未必**。从前私塾里有一种启蒙课本叫作《神童诗》，开头四句道："天子重英豪，文章教尔曹。万般皆下品，唯有读书高。"以上面的几个条件论，可说无一不合。但是这不能算诗，只是一种宣传用的歌诀。又如"四角号码"的《笔画歌》："一横二垂三点捺，点下带横变零头；叉四插五方块六，七角八八小是九。"也颇合于条件。但是这也不能算诗，只是一种传习用的歌诀。歌诀须便于上口、便于领会、便于记忆，故与诗同其形式。**我们要记着有许多的文字是与诗同其形式的，然而它们并不是诗。**

那么，诗的所以为诗当然还有别的要点了。

试看《归园田居》的第一首。开头四语说自己不谐于尘俗；五、六两语说鸟和鱼尚恋故居，言外的意思是人尤其切盼归居园田；七至十二六语说决意归去和园田的布置；十三至十六四语说园田的景物；末四语说田园生活的闲适之趣：**这些语句是集中于一点的，换句话说，这些语句是由一个灵魂统摄着的，那就是作者的畅然自适的情怀。**语句譬如颜料，画家用颜料描写出胸中的感兴，**诗人用语句发抒出蕴蓄的情怀。虽说发抒，但说出来的又往往不及不说出来的那样多，**

说了一部分，留着其他的部分叫人去想。就如"暧暧远人村，依依墟里烟"两语，只十个字罢了，试凝神细想，便觉气象万千；田野的平远，村舍的丛集，林木的蓊翳，人物的出没，这些不是都会想起来的么？作者身处这境界之中，对境生情，胸中将如何畅然自适，不是也会想起来的么？再试看《江南逢李龟年》。一、二两语说从前的会遇；三、四两语说现在相逢的时与地：这些语句被作者的欣喜而又惆怅的情怀统摄着。其中不说出来而想得出来的意思也不少，地点是风景佳胜的江南，时令是春光老去的落花时节，对手是盛时常得会遇而现在流落江南的歌人，感今怀昔，欣喜与惆怅杂糅，执手殷勤，迥异于寻常的知交，这些不都是言外的意思么？诗和抒怀文相近而并非同一的东西，就在于**诗的每一语纯为发抒某种情怀而存在**；并且，**它常含着不说出来的"言外意"，留给人家去想**。

现在设一个浅近的例，以说明作诗的动机。某天，某地方有群众的大集会，我去参加。群众的情形怎样，会场秩序怎样，谁当众演说，说的什么话，群众对谁的话最满意，有怎样的表示，对于这些，我都看得清楚，记得明白：这样的时候，我可以作一篇叙述文，把这些写录下来，给人家看。但是，如果当开会的时候，我听见群众的呼号有海涛涌起的气势，我看见全场的举起的手摇动着有如海涛的鼓荡，我深深感动，觉得自己是"群众之海"里的一滴水，自己与别人是分不开来的一个整体了：这样的时候，我就想作诗，我要把这时候的情怀发抒出来，我要把它吟咏。我也许不记会场的景物和演说词的内容，而单把海涛的动荡与呼啸做材料。这样的作法是绝对容许的，因为诗是"每一语纯为发抒某种情怀而存在的"，又是"常含着不说出来的'言外意'的"一种文字。

我们再讲"词"。什么是"词"呢？回答这问题只需简单的一句话，**"词"就是"诗"**。从前人曾有许多分辨"词"和"诗"的话，但都是很难捉摸的、近于玄妙的，我们可以不讲。**二者间显著的分别只是体裁的不同**。诗通常是各语字数均等的，如前面所说；词却大多数是不均等的。每一词调的最初原来编有曲谱，可以歌唱。后人填词，不依曲谱，只依旧词的字数和各字的声调，旧词各语字数不均等，新词也就照样地不均等；词又称"长短句"，就是为此。除了这一点，押韵，音节和谐，词都和诗相同。

现在举一例，以明词和诗只是体裁上有所不同。唐杜牧的《清明》道：

清明时节雨纷纷，
路上行人欲断魂。
借问酒家何处有？
牧童遥指杏花村。

这里各句字数均等，我们说这是诗。但是有人更改它的句读，成为：

清明时节雨，
纷纷路上行人
——欲断魂！
借问酒家何处？
有牧童遥指杏花村。

这不就是词了么？（这里是说它腔调像词，并不说它合于某一词调）

辛弃疾《书江西造口壁》一词，读者或许觉得它的意义难以捉摸，现在简略的讲述一下。这首词作于造口。宋朝南渡初，金人追隆祐太后的御舟，到江西造口，不及而还：这在注释里已经讲过，岂但隆祐太后而已，为避金人的侵略，人民仓皇南渡经过这里的，自也不在少数。**作者想到避难者颠沛流离的情形，"家国之感"便一发而不可遏止，这就是写作这首词的动机。**他说，江水里头大概有许多眼泪，是颠沛流离的"行人"掉下来的吧。行人来到这里，为困顿而掉泪，也为伤感而掉泪，也许一江的水全是眼泪吧。在这里向西北眺望长安（这"长安"是京都的代替词，宋朝南渡以前的京都是汴梁，就是现在河南开封县），可怜只看见云山重叠；虽然明知道无数的山以外有长安在那里，但是望都望不见，莫说回到那里去了。行人这样想时，恐怕更要流泪不止吧。青山遮不住江水，江水毕竟东流而去；犹如造口江岸留不住行客，行客毕竟南向奔窜，各自去寻避难之所。此情此景，已够怅惘，又正是傍晚时候，暮色渐合，更动愁怀，而山深处又传来鹧鸪的鸣声，寂寞凄凉，谁还受得住呢！——这词里没有"呜呼""噫嘻"等字眼，也没有"国难临头""民族危机"等语句。但当时仓皇南渡的"行人"看到了，一定被引起甚深的同感，不自禁地说："的确有这样的感触，被作者完全表现出来了。"就是时代不同的我们，只要知道当时的史实，看到这词也会起"心的共鸣"。**诗词具有感染性，其感染以详知作者当时的环境与心情而加强，于此可见。**

练习　读了辛弃疾词四首，把自己的感想写下来。

致 胡 适 书
——关于《我的儿子》
汪长禄

　　昨天上午我同太虚和尚访问先生，谈起许多佛教历史和宗派的话，耽搁了一点多钟的工夫，几乎超过先生平日见客时间的规则五倍以上，实在抱歉得很。后来我和太虚匆匆出门，各自分途去了。晚边回寓，我在桌子上偶然翻到最近《每周评论》的文艺那一栏，上面题目是"我的儿子"四个字，下面署了一个"适"字，大约是先生做的。这种议论我从前在《新潮》《新青年》各报上面已经领教多次，不过昨日因为见了先生，加上"叔度汪汪"的印象，应该格外注意一番。我就不免有些意见，提起笔来写成一封白话信，送给先生，还求指教指教。

大作说："树本无心结子，我也无恩于你。"这和孔融所说的"父之于子当有何亲……""子之于母亦复奚为……"差不多同一样的口气。我且不去管他。下文说的"但是你既来了，我不能不养你教你，那是我对人道的义务，并不是待你的恩谊。"这就是做父母一方面的说法。换一方面说，做儿子的也可模仿同样口气说道："但是我既来了，你不能不养我教我，那是你对人道的义务，并不是待我的恩谊。"那么两方面凑合起来，简直是亲子的关系，一方面变成了跛形义务者，他一方面变成了跛形的权利者，实在未免太不平等了。平心而论，旧时代的见解，好端端生在社会一个人，前途何等遥远，责任何等重大，为父母的单希望他做他俩的儿子，固然不对。但是照先生的主张，竟把一般做儿子的抬举起来，看作一个"白吃不回账"的主顾，那又未免太"矫枉过正"罢。

现在我且丢却亲子的关系不谈，先设一个譬喻来说。假如有位朋友留我在他家里住上若干年，并且供给我的衣食，后来又帮助我的学费，一直到我能够独立生活，他才放手。虽然这位朋友发了一个大愿，立心做个大施主，并不希望我些须报答，难道我自问良

171

心能够就是这么拱拱手同他离开便算了吗？我以为亲子的关系，无论怎样改革，总比朋友较深一层。就是同朋友一样平等看待，果然有个鲍叔再世，把我看作管仲一般，也不能够说"不是待我的恩谊"罢。

大作结尾说道："我要你做一个堂堂的人，不要你做我的孝顺儿子。"这话我倒并不十分反对。但是我以为应该加上一个字，可以这么说："我要你做一个堂堂的人，不单要你做我的孝顺儿子。"为什么要加上这一个字呢？因为儿子孝顺父母，也是做人的一种信条，和那"悌弟""信友""爱群"等等是同样重要的。旧时代学说把一切善行都归纳在"孝"字里面，诚然流弊百出。但一定要把"孝"字"驱逐出境"，划在做人事业范围以外，好像人做了孝子，便不能够做一个堂堂的人。换一句话，就是人若要做一个堂堂的人，便非打定主意做一个不孝之子不可。总而言之，先生把"孝"字看得与做人的信条立在相反的地位。我以为"孝"字虽然没有"万能"的本领，但总还够得上和那做人的信条凑在一起，何必如此"雷厉风行"，硬要把他"驱逐出境"呢？

前月我在一个地方谈起北京的新思潮，便联想到先生个人身上。有一位是先生的贵同乡，当时插嘴说道："现在一般人都把胡适之看作洪水猛兽一样，其实适之这个人旧道德并不坏。"说罢，并且引起事实为证。我自然是很相信的。照这位贵同乡的说话推测起来，先生平日对于父母当然不肯做那"孝"字反面的行为，是决无疑义了。我怕的是一般根底浅薄的青年，动辄抄袭名人一两句话，敢于扯起幌子，便"肆无忌惮"起来。打个比方，有人昨天看见《每周评论》上先生的大作，也便可以说道："胡先生教我做一个堂堂的人，万不可做父母的孝顺儿子。"久而久之，社会上布满了这种议论，那么任凭父母老病冻饿以至于死，却可以不去管他了。我也知道先生的本意无非看见旧式家庭过于"束缚驰骤"，急急地要替他调换空气，不知不觉言之太过，那也难怪。从前朱晦庵说得好，"教学者如扶醉人"，现在的中国人真算是大多数醉倒了。先生可怜他们，当下告奋勇，使一股大劲，把他从东边扶起，我怕是用力太猛，保不住又要跌向西边去。那不是和没有扶起一样吗？万一不幸，连性命都要送掉，那又向谁叫冤呢？

　　我很盼望先生有空闲的时候，再把那"我的父母"

四个字做个题目，细细的想一番。把做儿子的对于父母应该怎样报答的话（我以为一方面做父母的儿子，同时在他方面仍不妨做社会上一个人），也得咏叹几句，"恰如分际"，"彼此兼顾"，那才免得发生许多流弊。

民国八年，胡适做了一首诗，题为《我的儿子》，在北京的《每周评论》上发表。那首诗是：

我实在不要儿子，儿子自己来了。"无后主义"的招牌，于今挂不起来了。

譬如树上开花，花落偶然结果。那果便是你，那树便是我。树本无心结子，我也无恩于你。

但是你既来了，我不能不养你教你，那是我对人道的义务，并不是待你的恩谊。

将来你长大时，莫忘了我怎样教训儿子：我要你做一个堂堂的人，不要你做我的孝顺的儿子。

他的朋友汪长禄见了，很不以为然，就写一封信和他辩论。胡适也有一封回信。这两封辩论的信，后来都收入《胡适文存》（第一集）中。

语释　〔太虚和尚〕现在有名的佛教徒。俗姓吕，浙江崇德人。〔宗派〕宗教的派别。譬如佛教里面有禅宗、律宗、净土宗等等派别。〔叔度汪汪〕后汉慎阳人黄宪，字叔度。郭泰尝说："叔度汪汪若千顷波，澄之不清，淆之不浊。"〔孔融〕字文举，后汉人。他是孔子的后裔。献帝时做北海相，后被曹操所杀。孔融尝说："父之于子，当有何亲，论其本意，实为情欲耳。子之于母，亦复奚为，譬如寄物瓶中，出则离矣。"曹操杀他时，把这几句话也列在罪状中。〔矫枉过正〕枉，邪曲。邪曲的东西想方法使他正直，就叫作"矫枉"。但矫枉过了正直的度数，便又邪曲了。所以不得其中的，便称为"矫枉过正"。〔鲍叔〕春秋齐大夫鲍叔牙，亦简称鲍叔。他和管仲很要好，把管仲荐给桓公。管仲尝说："生我者父母，知我者鲍子。"〔管仲〕字仲父，春秋齐桓公的贤相。〔悌弟〕兄弟间互相敬爱。〔雷厉风行〕雷厉，疾猛的意思。凡做事猛进不已，就叫作"雷厉风行"。

〔北京的新思潮〕北京，今称北平。自五四运动以后，青年对于中国旧有的文化，根本怀疑起来，主张创造新文化来代替旧文化。这种反对旧文化创造新文化的思想和行动，成为不可遏制的潮流，就叫作新思潮。当时因为北京是首都，有国立的北京大学，所以努力于新文化运动的知识分子，都聚集在北京；出版物如《新青年》《新潮》《每周评论》，或在北京编辑，或在北京出版，北京就成为新思潮的发源地。〔扯起幌子〕幌子，就是酒店的招子。北方人把事物专饰外观的，叫作"扯幌子"或称"装幌子"。〔肆无忌惮〕放肆无顾忌。〔束缚驰骤〕束缚他不许奔放，含有束缚他活动的天性的意思。〔朱晦庵〕就是宋朝的朱熹，见《宋九贤遗像记》注。〔咏叹几句〕就是说，写几句诗。因为《诗序》里有过这样的话："诗者，志之所之（同至）也。在心为志，发言为诗。情动于中而形于言；言之不足故嗟叹之，嗟叹之不足，故永（同咏）歌之；永歌之不足，不知手之舞之、足之蹈之也。"〔恰如分际〕在一定的范围里发表他最适当的意见，既不过分，亦无不及，便是这里所说的"恰如分际"。

答 汪 长 禄 书
——关于《我的儿子》
胡 适

前天同太虚和尚谈论，我得益不少。别后又承先生给我这封很诚恳的信，感谢之至。

"父母于子无恩"的话，从王充、孔融以来，也很久了。从前有人说我曾提倡这话，我实在不能承认。直到今年我自己生了一个儿子，我才想到这个问题上去。我想这个孩子自己并不曾自由主张要生在我家，我们做父母的不曾得他的同意，就糊里糊涂的给了他一条生命。况且我们也并不曾有意送给他这条生命。我们既无意，如何能居功？如何能自以为有恩于他？他既无意求生，我们生了他，我们对他只有抱歉，更不能有"市恩"了。我们糊里糊涂的替社会上添了一个人，这个人将来一生的苦乐祸福，这个人将来在社会上的功罪，我们应该负一部分责任。说得偏激一点，我们生一个儿子就好比替他种下了祸根，又替社会种下了祸根。他也许养成坏习惯，做一个短命浪子；他也许更堕落下去，做一个军阀派的走狗。所以我们"教他养他"，只是我们自己减轻罪过的法子，只是我们种下祸根之后自己补过弥缝的法子。这可以说是恩典吗？

我所说的，是从做父母的一方面设想的，是从我个人对于我自己的儿子设想的，所以我的题目是"我的儿子"。我的意思是要我这个儿子晓得我对他只有抱歉，决不居功，决不市恩。至于我的儿子将来怎样待我，那是他自己的事。我决不期望他报答我的恩，因为我已宣言无恩于他。

先生说我把一般做儿子的抬举起来，看做一个"白吃不还账"的主顾。这是先生误会我的地方。我的意思却同这个相反。我想把一般的做父母的抬高起来，叫他们不要把自己看做一种"放高利债"的债主。

先生又怪我把"孝"字驱逐出境。我要问先生，现在"孝子"两个字究竟还有什么意义？现在的人死了父母都称"孝子",孝子就是居父母丧的儿子（古书称为"主人"），无论怎样忤逆不孝的人，一穿上麻衣，带上高梁冠，拿着哭丧棒，人家就称他做"孝子"。

我的意思以为古人把一切做人的道理都包在孝字里，故战阵无勇，莅官不敬等等都是不孝。这种学说，先生也承认他流弊百出。所以我要我的儿子做一个堂堂的人，不要他做我的孝顺儿子。我的意想，以为"一个堂堂的人"，决不至于做打爹骂娘的事，决不至于对他的父母毫无感情。

但是我不赞成把"儿子孝顺父母"列为一种"信条"。易卜生的《群鬼》里有一段话很可研究：（《新潮》第五号页八五一）

（孟代牧师）你忘了没有，一个孩子应该爱敬他的父母？

（阿尔文夫人）我们不要讲得这样宽泛。应该说："欧士华应该爱敬阿尔文先生（欧士华之父）吗？"

这是说，"一个孩子应该爱敬他的父母"是耶教一种信条，但是有时未必适用。即如阿尔文一生纵淫，死于花柳毒，还把遗毒传给他的儿子欧士华，后来欧士华毒发而死。请问欧士华应该孝顺阿尔文吗？若照中国古代的伦理观念自然不成问题。但是在今日可不能不成为问题了。假如我染着花柳毒，生下儿子又聋又瞎，终身残废，他应该爱敬我吗？又假如我把我的儿子应得的遗产都拿去赌输了，使他衣食不能完全，教育不能得着，他应该爱敬我吗？又假如我是卖国主义者，做一国一世的大罪人，他应该爱敬我吗？

至于先生说的，恐怕有人扯起幌子，说："胡先生教我做一个堂堂的人，万不可做父母的孝顺儿子。"这是他自己错了。我的诗是发表我生平第一次做老子的感想，我并不曾教训人家的儿子！

总之，我只说了我自己承认对儿子无恩，至于儿子将来对我作何感想，那是他自己的事，我不管了。

先生又要我做"我的父母"的诗。我对于这个题目，也曾有诗，载在《每周评论》第一期和《新潮》第二期里。

语释 〔王充〕字仲任，后汉上虞人。所著有《论衡》三十卷。《论衡》的《物势篇》里有这样的话："夫天地合气，人偶自生也，犹夫妇合气，子则自生也，夫妇合气，非当时欲得生子，情欲动而合，合而生子矣。"〔市恩〕见好于人，犹俗语说"讨好"。 〔高梁冠〕帽子上的横脊叫作梁。高梁冠，丧帽。 〔战阵无勇，莅官不敬等等都是不孝〕《礼记·祭义》篇曾子说："居处不庄，非孝也；事君不忠，非孝也；莅官不敬，非孝也；朋友不信，非孝也；战阵无勇，非孝也。"阵字古但作陈。 〔易卜生的《群鬼》〕Ibsen Henrik（1828—1906），挪威有名的戏剧作家。《群鬼》是易卜生作的剧本，原名为 Ghosts。全剧分三幕。叙述一个寡妇叫作阿尔文夫人的，住在挪威的一个乡村里，她的丈夫阿尔文，十年以前已经去世了。阿尔文在世时，非常放荡。有过一次，她为阿尔文行为荒唐，背着他逃到她曾经恋慕过的孟代牧师那里。孟代牧师教训她一顿，劝她回去。从此以后，她尽做妻子职务，服从她丈夫的命令。后来她生下一个儿子，名叫欧士华。她恐怕儿子在家里学了父亲的坏榜样，所以到了七岁，便把他送到巴黎去。她丈夫死后，她特地捐了许多钱，造一所孤儿院，作她亡夫的纪念。她叫欧士华回来参与孤儿院落成的典礼。谁知欧士华从胎里得了他父亲的梅毒的遗传，变成一种腐脑症，回家没几天，遗传病发作，脑子坏了，竟成为疯子。〔"一个孩子应该爱敬他的父母"是耶教一种信条〕基督教亦称耶稣教，简称耶教。耶教的摩西《十诫》第五诫，就说"当孝敬父母"。〔伦理观念〕对于人伦道德的观念。〔我对于这个题目，也曾有诗〕这是指他做的《十二月一日奔丧到家》的那首诗。那首诗后来收在《尝试集》里，现在照录在下面：

往日归来，才望见竹竿尖，才望见吾村，便心头乱跳，遥知前面，老亲望我，含泪相迎。

"来了？好呀！"——更无别话，说尽心头欢喜悲酸无限情。

偷回首，揩干泪眼，招呼茶饭，款待归人。

今朝，——

依旧竹竿尖，依旧溪桥。——

只少了我的心头狂跳！——

何消说一世深恩未报！

何消说十年来的家庭梦想，都一一云散烟消！——

只今日到家时，更何处能寻他那一声"好呀，来了"！

李成虎小传

玄　庐

李成虎于一八五四年生在浙江萧山东乡衙前村农家，生时正是太平天国洪秀全定都南京下令解放奴婢禁止娼妾第二年。他有一个同胞兄弟叫作成蛟，比他小三岁。他底父亲叫作李发，在他幼时就死了。成虎同弟成蛟，都是他母亲在兵乱中讨饭养活的。

成虎和他底弟成蛟同在患难中长大，同理他父亲底农业，后来都娶了亲，一家很亲爱的。成虎三十八岁时（1891）生了一个女儿；四十八岁时（1901）生了一个男儿，名叫张保，五十四岁时（1907）又生了一个女儿。他底弟因为没有子女领了一个别家的男孩子做儿子，成虎就大不高兴他弟弟的行为；后来看到那领来的侄子，也能很勤奋地帮做农作，于是才回复他和成蛟的友爱。

成虎一生最悲痛的事，便是从战乱中乳养他的母亲一直和他劳动到死；成虎一生最信仰的人，便是和他表同情的玄庐。玄庐和成虎同村，平时很少会面，一九二一年四月间，成蛟因为有人收去他弟兄俩底菜子不给价，托他田主转托玄庐代讨这笔账，无如收菜子的，因生意蚀本，亏欠了许多家种菜子的农人底钱，分文也还不出；成蛟既托了玄庐，于是被赊去菜子账的都来托玄庐，成虎因此三天两头和玄庐会面，而会面时又正遇着一班都是同村或邻村的农人，大家谈起累年作农苦况来，于是玄庐发起了组织农民协会底动议。不多几日，因为欠菜子账的实在没钱还，而各家租赁的田上都急得等施肥料要钱，玄庐便拿了一笔钱出来，如数给了他们；给钱时，玄庐对他们说："这笔钱本来不是我的，还是你们种我底田的还来的租，就是你们农人自己的血汗，现在只好算农人帮助农人，不好算我帮助你们。"一般照账分钱的都一注注高高兴兴地分了去，独成虎捧着四十块钱伤起心来，两眼注视着钱，眼泪就跟着滴到钱上，哽咽地说了一声"我看得这注钱心痛"。

一九二一年十月十八，衙前农民协会第一次开大会了；成虎这天很兴奋地一早到街上招呼赴市的农人，说："今天有三先生（衙前农民都叫玄庐为三先生）演讲，我是听过他几次的，他底话句句不错，大家都该去听听。"那天玄庐演说的，是农民有组织团体的必要，在听众赞叹声中，成虎却笼着生掌钉疮的左手，目灼灼地一声也不响。有时立起身来，用严重的态度维持听众秩序。

此后，附近几十里农民，渐渐地有点通消息了，接连在山北、塘头等处，开了几次演说会，听众也骤增了，农民协会筹备会底计划也发动了。同年十一月二十四日衙前农民协会居然筹备完成，发布宣言和章程了。李成虎便当选为委员，又被选为议事员。

衙前农民协会既成立，绍兴、萧山各处相应而起的八十多村，纷纷向衙前农民协会索取章程，而衙前所印刷的几千份章程，早就散布完了，无以应别处的需要；每天总有几百人，聚到衙前来索取章程，而且要求见三先生底面。其时章程正在再版，玄庐又在浙议会出席，李成虎连日对他们说："你们要章程，章程已经去印了，我们印好就分送给你们。你们要会见三先生，以为这件事是三先生发起的，其实这件事正是我们自己身上的事，并不是三先生一人底事，你们只要一村村自去团结，团结好了再说话，用不着发哄！”

衙前农民协会决议还租成数“三折”了，于是各处同声相应“还三折”，田主们登时大起恐慌，于是大地主联结起来勾通官吏，小地主四出侦查农民协会底状况。

绍兴庆场农人发生打伤田主的事实了。这就是萧、绍一般地主和文武官吏得到的唯一证据，他们便要照这个证据来宣告农民协会死刑。

十二月十八日，各村农民协会开联合会于衙前东岳庙，李成虎在街上招待各村赴会的代表，刚到了一百三十多人时，驻扎绍兴的陆军旅部专轮开到一连，协同同时开到的警察、警备队，将东岳庙包围；捕去了项家村农民协会代表陈晋生，以及衙前龙泉阁书报社底管理员，又捕去联合会打算除名的单和澜；此外受枪刺击伤的农民三人，搜去各村农民协会委员名册。

从此以后，凡在各村农民协会册上有名的，都东逃西窜。成虎底儿子对他说：“别人进农民协会，依旧得闲做工，独你把身子都送给协会了吗？怎么你整天价连饭都忙到没工夫吃？现在事体败了，你还是避避开罢！"成虎说："你懂什么？这正是我该做的。大不了，头落地就完了，怕什么？"

十二月二十七，李成虎正在田上耙泥，被萧山县密警捕去。他被捕时，有人从田上唤他到家的，他看见来的是要捕他的人，他把锄头一放，鞋袜一穿，团围身一系，毡帽一戴，烟管一提，说："去便去，有什么！"五尺多高老健的身躯，爽爽荡荡同着差役下船去了。

成虎到县时，县知事庄纶仪问他在农民协会的么。他说："我是衙前农民协会底议事员，我是主张组织农民协会的，我是还三折租的提议者，怎么？"知事庄纶仪说："好，好！好一个农民协会议事员，我赏你两副脚镣！来！钉上镣，收监去……哼！本县送你到省，还要你底性命！哼！"李成虎入狱了。

一九二二年一月二十四，他底儿子张保，到狱里去探望他，他病了，闭眼不作声。许久，他微微张开眼看他底儿子，说："其余没有人了么？"他说了这一句话，从此就把农民组织团体的事交与现在世界上一般的农民了！这是同日下午两点钟的事。

成虎死后，县知事庄纶仪要他儿子盖指摹具结领尸，他身上的衣服和带的棉被，多被牢卒剥夺了，他尸身回到衙前，只剩一套空壳破棉袄裤，迎接他的只是嘿然无声雨点似的愤泪，酸泪，血泪。

他生平没有照过相，剑龙在尸床上写了一张下来，使世界上留他一个为多数幸福而牺牲者最后的影子。

"其余没有人了么？"他在二月一号上衙前凤凰山长休息去了！

　　玄庐姓沈，名定一，字剑侯，玄庐是他的号，浙江萧山人。他在清朝曾做过知县，入民国后，被举为浙江省议会议长。民国十三年国民党改组，他就加入了国民党。他是一个大地主，但很表同情于农民运动。民国十九年，在他的故乡萧山衙前村被人暗杀。

语释〔太平天国〕清道光三十年（1850），洪秀全在广西桂平的金田村起兵，明年（咸丰元年）攻陷永安，建国号为太平天国，自称天王。

〔洪秀全定都南京〕洪秀全，广东花县人。他相信督基教，取基督教的教旨，自创一教，名为"上帝教"，教会叫作"三点会"，广西一带的百姓很相信他。道光二十七年到二十八年，广西大饥荒，土匪蜂起，地主阶级设团练以自卫，就和上帝教中人起了冲突，教徒们亦团结以相抵抗，但官厅一味袒护地主阶级，曾把洪秀全拘禁起来。过了几年，洪秀全就起兵。咸丰三年，攻陷南京，定为国都。〔底〕用在两个名词中间的介词。〔剑龙〕玄庐的儿子。

荆 轲 传

司马迁

　　荆轲者，卫人也，其先乃齐人。徙于卫，卫人谓之庆卿；而之燕，燕人谓之荆卿。荆卿好读书击剑，以术说卫元君，卫元君不用。其后秦伐魏，置东郡，徙卫元君之支属于野王。

　　荆轲尝游过榆次，与盖聂论剑，盖聂怒而目之。荆轲出，人或言复召荆卿，盖聂曰："曩者吾与论剑有不称者，吾目之。试往，是宜去，不敢留。"使使往之主人，荆卿则已驾而去榆次矣。使者还报；盖聂曰："固去也，吾曩者目摄之。"

　　荆轲游于邯郸，鲁句践与荆轲博，争道。鲁句践怒而叱之，荆轲嘿而逃去，遂不复会。

　　荆轲游既至燕，爱燕之狗屠及善击筑者高渐离。

荆轲嗜酒，日与狗屠及高渐离饮于燕市。酒酣以往，高渐离击筑，荆轲和而歌于市中，相乐也，已而相泣；旁若无人者。荆轲虽游于酒人乎！然其为人，沈深好书；其所游诸侯，尽与其贤豪长者相结。其之燕，燕之处士田光先生亦善待之，知其非庸人也。

居顷之，会燕太子丹质秦，亡归燕。燕太子丹者，故尝质于赵，而秦王政生于赵，其少时与丹骧。及政立为秦王而丹质于秦。秦王之遇燕太子丹不善，故丹怨而亡归。归而求为报秦王者，国小，力不能。其后秦日出兵山东以伐齐、楚、三晋，稍蚕食诸侯，且至于燕。燕君皆恐祸之至。太子丹患之，问其傅鞠武。武对曰："秦地遍天下，威胁韩、魏、赵氏，北有甘泉谷口之固，南有泾渭之沃，擅巴汉之饶，右陇蜀之山，左关殽之险，民众而士厉，兵革有余。意有所出，则长城之南，易水以北，未有所定也，奈何以见陵之怨，欲批其逆鳞哉？"丹曰："然则何由？"对曰："请入图之。"

居有间，秦将樊於期得罪于秦王，亡之燕，太子受而舍之。鞠武谏曰："不可。夫以秦王之暴而积怒于燕，足为寒心。又况闻樊将军之所在乎？是谓委肉当饿虎之蹊也，祸必不振矣。虽有管晏，不能为之谋也。愿太子疾遣樊将军入匈奴以灭口。请西约三晋，南连齐楚，北购于单于，其后乃可图也。"太子曰："太傅之计，旷日弥久，心惛然恐不能须臾。且非独于此也，夫樊将军穷困于天下，归身于丹，丹终不以迫于强秦而弃所哀怜之交，置之匈奴。是固丹命卒之时也，愿太傅更虑之。"鞠武曰："夫行危欲救安，造祸而求福，计浅而怨深，连结一人之后交，不顾国家之大害，此所谓资怨而助祸矣。夫以鸿毛燎于炉炭之上，必无事矣。且以雕鸷之秦，行怨暴之怒，岂足道哉？燕有田光先生，其为人知深而勇沈，可与谋。"太子曰："愿因太傅而得交于田先生可乎？"鞠武曰："敬诺。"

出见田先生，道太子愿图国事于先生也。田光曰："敬奉教。"乃造焉。太子逢迎，却行为导，跪而蔽席。田光坐定，左右无人，太子避席而请曰："燕秦不两立，愿先生留意也。"田光曰："臣闻骐骥盛壮之时，一日而驰千里；至其衰老，驽马先之。今太子闻光盛壮之时，不知臣精已消亡矣。虽然，光不敢以图国事，所善荆卿可使也。"太子曰："愿因先生得结交于荆卿可乎？"田光曰："敬诺。"即起趋出。太子送至门，戒曰：“丹所报先生所言者，国之大事也。愿先生勿泄也！”田光俛而笑曰：“诺。”

偻行见荆卿曰：“光与子相善，燕国莫不知。今太子闻光壮盛之时，不知吾形已不逮也。幸而教之曰：‘燕秦不两立，愿先生留意也。’光窃不自外，言足下于太子也，愿足下过太子于宫。”荆轲曰：“谨奉教。”田光曰：“吾闻之，长者为行，不使人疑之。今太子告光曰：‘所言者国之大事也，愿先生勿泄。’是太子疑光也。夫为行而使人疑之，非节侠也。”欲自杀以激荆卿，曰：“愿足下急过太子，言光已死，明不言也。”因遂自刎而死。荆轲遂见太子，言田光已死，致光之言。太子再拜而跪，膝行流涕，有顷而后言曰：“丹所以诫田先生毋言者，欲以成大事之谋也。今田先生以死明不言，岂丹之心哉！”

荆轲坐定，太子避席顿首曰：“田先生不知丹之不肖，使得至前，敢有所道，此天之所以哀燕而不弃其孤也。今秦有贪利之心，而欲不可足也，非尽天下之地，臣海内之王者，其意不厌。今秦已虏韩王，尽纳其地；又举兵南伐楚，北临赵。王翦将数十万之众距漳邺，而李信出太原云中。赵不能支秦，必入臣；入臣则祸至燕。燕小弱，数困于兵；今计举国不足以当秦。诸侯服秦，莫敢合从。丹之私计愚以为：诚得天下之勇士使于秦，窥以重利，秦王贪，其势必得所愿矣。诚得劫秦王使悉反诸侯侵地，若曹沫之与齐桓公，则大善矣。则不可，因而刺杀之。彼秦大将擅兵于外，而内有乱，则君臣相疑，以其间，诸侯得合从，其破秦必矣。此丹之上愿，而不知所委命，唯荆卿留意焉。"久之，荆轲曰："此国之大事也；臣驽下，恐不足任使。"太子前顿首固请毋让，然后许诺。于是尊荆卿为上卿，舍上舍，太子日造门下，供太牢具；异物间进，车骑美女，恣荆轲所欲，以顺适其意。

久之，荆轲未有行意。秦将王翦破赵，虏赵王，尽收入其地；进兵北略地至燕南界。太子丹恐惧，乃请荆轲曰："秦兵旦暮渡易水，则虽欲长侍足下，岂可得哉？"荆轲曰："微太子言，臣愿谒之。今行而无信，则秦未可亲也。夫樊将军，秦王购之金千斤，邑万家。诚得樊将军首与燕督亢之地图，奉献秦王，秦王必说见臣；臣乃得有以报。"太子曰："樊将军穷困来归丹，丹不忍以己之私而伤长者之意，愿足下更虑之！"

荆轲知太子不忍，乃遂私见樊於期曰："秦之遇将军，可谓深矣。父母宗族，皆为戮没。今闻购将军首金千斤、邑万家，将奈何？"於期仰天太息流涕曰："於期每念之，常痛于骨髓，顾计不知所出耳。"荆轲曰："今有一言可以解燕国之患，报将军之仇者，何如？"於期乃前曰："为之奈何？"荆轲曰："愿得将军之首以献秦王，秦王必喜而见臣。臣左手把其袖，右手揕其匈；然则将军之仇报，而燕见陵之愧除矣。将军岂有意乎？"樊於期偏袒扼腕而进曰："此臣之日夜切齿腐心也，乃今得闻教。"遂自刭。太子闻之，驰往伏尸而哭，极哀。既已不可奈何，乃遂盛樊於期首函封之。

于是太子豫求天下之利匕首，得赵人徐夫人匕首，取之百金；使工以药焠之，以试人，血濡缕，人无不立死者。乃装为遣荆卿。

燕国有勇士秦舞阳，年十三杀人，人不敢忤视。乃令秦舞阳为副，荆轲有所待，欲与俱。其人居远未来，而为治行。顷之，未发，太子迟之，疑其改悔，乃复请曰："日已尽矣，荆卿岂有意哉？丹请得先遣秦舞阳。"荆轲怒，叱太子曰："何太子之遣！往而不反者竖子也。且提一匕首，入不测之强秦，所以留者，待吾客与俱。今太子迟之，请辞决矣。"遂发。

太子及宾客知其事者，皆白衣冠以送之，至易水之上。既祖取道；高渐离击筑，荆轲和而歌，为变徵之声；士皆垂泪涕泣。又前而为歌曰："风萧萧兮易水寒；壮士一去兮不复还。"复为羽声慷慨，士皆瞋目，发尽上指冠。于是荆轲就车而去，终已不顾。

遂至秦，持千金之资币物，厚遗秦王宠臣中庶子蒙嘉。嘉为先言于秦王曰："燕王诚振怖大王之威，不敢举兵以逆军吏，愿举国为内臣，比诸侯之列，给贡职如郡县，而得奉守先王之宗庙。恐惧不敢自陈，谨斩樊於期之头及献燕督亢之地图函封。燕王拜送于庭，使使以闻大王。唯大王命之！"秦王闻之，大喜，乃朝服设九宾，见燕使者咸阳宫。

荆轲奉樊於期头函，而秦舞阳奉地图匣以次进。至陛，秦舞阳色变振恐，群臣怪之。荆轲顾笑舞阳，前谢曰："北蕃蛮夷之鄙人，未尝见天子，故振慑。愿大王少假借之，使得毕使于前。"秦王谓轲曰："取舞阳所持地图！"轲既取图，奏之。秦王发图，图穷而匕首见。因左手把秦王之袖，而右手持匕首揕之。未至身，秦王惊，自引而起，袖绝。拔剑，剑长，操其室。

时惶急，剑坚故，不可立拔。荆轲逐秦王，秦王环柱而走。群臣皆愕，卒起不意，尽失其度。而秦法：群臣侍殿上者，不得持尺寸之兵，诸郎中执兵皆陈殿下，非有诏召不得上。方急时，不及诏下兵，以故荆轲乃逐秦王，而卒惶急无以击轲，而以手共搏之，是时，侍医夏无且以其所奉药囊提荆轲也。秦王方环柱走，卒惶急不知所为。左右乃曰："王负剑！"负剑，遂拔以击荆轲，断其左股。荆轲废，乃引其匕首以擿秦王，不中，中铜柱。秦王复击轲，轲被八创。轲自知事不就，倚柱而笑，箕踞以骂曰："事所以不成者，以欲生劫之，必得约契以报太子也。"于是左右既前杀轲，秦王不怡者良久。已而论功，赏群臣及当坐者各有差，而赐夏无且黄金二百镒。曰："无且爱我，乃以药囊提荆轲也。"

于是秦王大怒，益发兵诣赵，诏王翦军以伐燕。十月而拔蓟城。燕王喜太子丹等，尽率其精兵东保于辽东。秦将李信追击燕王急，代王嘉乃遗燕王喜书曰："秦所以尤追燕急者，以太子丹故也。今王诚杀丹献之秦王，秦王必解，而社稷幸得血食。"其后李信追丹，丹匿衍水中。燕王乃使使斩太子丹，欲献之秦，秦复进兵攻之。后五年，秦卒灭燕，虏燕王喜。

其明年，秦并天下，立号为皇帝。于是秦逐太子丹荆轲之客，皆亡。高渐离变名姓，为人庸保，匿作于宋子。久之，作苦；闻其家堂上客击筑，彷徨不能去。每出言曰："彼有善有不善。"从者以告其主，曰："彼庸乃知音，窃言是非。"家大人召使前击筑，一坐称善，赐酒。而高渐离念久隐，畏约无穷时；乃退，出其装匣中筑与其善衣，列容貌而前。举坐客皆惊，下与抗礼，以为上客，使击筑而歌，客无不流涕而去者。宋子传客之。闻于秦始皇，秦始皇召见。人有识者，乃曰："高渐离也。"秦皇帝惜其善击筑，得赦之，乃矐其目。使击筑，未尝不称善，稍益近之。高渐离乃以铅置筑中，复进得近，举筑扑始皇帝，不中。于是遂诛高渐离，终身不复近诸侯之人。

鲁句践已闻荆轲之刺秦王；私曰："嗟乎惜哉！其不讲于刺剑之术也！甚矣吾不知人也！曩者吾叱之，彼乃以我为非人也。"

《史记》，汉司马迁撰。司马迁字子长，左冯翙夏阳人，生于龙门（在汉左冯翊夏阳县北；今山西河津县、陕西韩城县之间）。他的父亲司马谈，做太史令。谈死，他继承父亲遗业，着手编撰《史记》。后为救李陵事触武帝之怒，下狱，受腐刑。受刑以后，武帝又叫他做中书令。那时候他已一变而为宦官，精神上感到十分的苦痛，但他仍含耻忍辱，努力把《史记》编撰成书。《史记》凡一百三十卷，分本记、年表、书、世家、列传五种体例。这篇是从《刺客列传》里节选的。

语释 〔卫〕国名。周封康叔于卫；最盛时，有今河北濮阳县以西至河南汲县、沁阳县各地。战国末年，卫国土地削小，只剩濮阳一带的地方了。〔齐〕国名。周封太公于齐；战国时为其臣田氏所篡，有今山东益都以西至历城、聊城之间，北至河北景沧诸县，东南至海各地。〔之〕作"至"字解。〔卫元君〕卫国第四十一代的国主。那时候卫已贬号称"君"。当时卫国介于秦、魏之间，卫元君是魏国的女婿，他仗着魏国的势力做卫君。〔秦〕国名。周封伯益之后于秦，战国时为强国，有现在陕西省的地方。〔魏〕国名。春秋时晋封毕万于魏，其后列为侯国，有今河南北部山西西南部的地方。〔东郡〕今河北大名县、山东聊城县一带，及山东长清县以西的地方。治濮阳，就是卫国的国都。〔野王〕今河南沁阳县。〔榆次〕今山西榆次县。〔是宜去，不敢留〕就是说：荆轲该早走了，绝不敢再留在这里。〔使使往之主人〕派一使者到荆轲的逆旅主人那里去。〔固去也，吾曩者目摄之〕曩者犹言"前者"。摄与"慑"通，威吓的意思。这是说：他不敢不去的，因为吾前次曾怒目威吓他。〔邯郸〕当时是赵国的国都。故城在今河北邯郸县西南十里，俗呼为赵王城。〔鲁句践〕句，读为"勾"。姓鲁，名勾践。〔争道〕这是在赌博时大家争先的意思。〔嘿〕与"默"同。〔狗屠〕以杀狗为业者。〔筑〕古乐器，今已失传。据《格致镜原》所载，筑的形状像琴，十三弦，项细，肩圆。〔酒酣以往〕饮酒微醉以后。〔荆轲虽游于酒人乎〕荆轲虽然和那些喝酒的人在一起放荡呵！〔沈深〕沉着深刻。〔诸侯〕封建时代的国君，称为诸侯。这里是说所游的侯国。〔处士〕隐居不仕的人。〔居顷之〕住了有一些时候。〔会太子丹质秦，亡归燕〕刚刚碰巧叫作"会。"太子丹，燕王喜的儿子。战国时弱国怕强国侵伐，往往派遣太子或贵臣去做质信。逃回来叫作"亡归"。〔故尝质于赵〕从前曾经质在赵国。〔秦王政生于赵〕秦王政就是后来的秦始皇。秦王政的父亲庄襄王子楚，质在赵国，有阳翟地方的大商人吕不韦，把一个已经怀孕的歌女送给他，就生了秦王政。〔与丹驩〕和丹很要好，驩与欢同。〔楚〕国名。周封熊绎于楚。春秋战国时，有今两湖、两江、浙江及河南南部的地方。〔三晋〕春秋时，赵、魏、韩三氏仕晋为卿，其后分晋，各自立国，是为"三晋"。有今山西、河南、及河北西南部的地方。〔蚕食〕拿蚕的食叶来比喻侵蚀他国的土地。〔傅〕即太傅，傅导太子的官。〔甘泉谷口〕甘泉，山名。在今陕西淳化县西北。谷口，地名。在陕西泾阳县西北。〔南有泾渭之沃〕泾渭，两水名。泾水源出甘肃化平县西南大关山麓，东流至泾川县，入陕西，东南流经长武、邠县、醴泉、泾阳、高陵，入于渭。渭水源出甘肃渭源县西北乌鼠山，东流至清水县，入陕西境，北纳泾水，东入黄河。秦都咸阳，在泾渭之此；秦王政元年（前246），凿泾水为渠，灌溉田野。因此秦国愈富饶，所以这里说"地有泾渭之沃"。〔擅巴汉之饶〕据而有之叫作"擅"。今四川巴中及陕西汉中一带，在当时为富饶之区。〔右陇蜀之山〕泛指咸阳以西陇蜀一带的山险。〔左关殽之险〕指咸阳以东的函谷关及殽山等险要。〔兵革〕兵器甲胄。〔长城之南，易水以北〕易水，源出河北易县西，东流至定兴县西南，合于拒马河。燕国在长城之南，易水之北。〔见陵〕犹说"见欺"。就是被人欺侮。〔批其逆鳞〕古时传说，龙的喉下有逆鳞，倘人用手批着它的逆鳞，它就会动怒杀人（见《韩非子》）。所以这里用来比喻秦国强暴，不可抵抗。〔请入图之〕等我进去慢慢地想法。〔居有间〕过了一些时候。〔亡之燕〕逃到燕国。〔受而舍之〕收容了他，给他馆舍住。〔足为寒心〕这是说：这桩事的前途很危险，想起来连心血都会冷的。

〔委肉当饿虎之蹊〕把肉放在饿虎所经过的地方。〔不振〕不可救。振，就是救的意思。〔管晏〕管仲、晏婴。都是春秋时齐国的贤臣。〔疾遣樊将军入匈奴以灭口〕赶快把樊将军遣到匈奴去，以灭去秦国的口实。匈奴，北狄之一种，当时据有内外蒙古。〔北购于单于〕匈奴的王称单于。这是说：和北方的匈奴连合起来。购与"媾"通，就是联合的意思。〔旷日弥久〕旷废时日，而且太久长了。〔心惛然恐不能须臾〕我心里很烦闷，怕一刻都不能等待呢。惛读为"昏"。〔更虑之〕再替我想一下。〔雕鸷〕都是凶猛的鸟。〔勇沈〕勇敢沉着。〔乃造焉〕就到太子那里去。〔逢迎〕接待的意思。〔却行为导〕一退一却地走着，做客人的引导。〔避席〕古人铺席于地，各人坐一席，对人表示敬意时，起立避原位，叫作"避席"。〔骐骥〕良马名。〔驽马〕下劣的马。〔俛〕与"俯"同。〔偻行〕弯着背走。〔光窃不自外，言足下于太子也〕足下是称人的敬辞，现在书信中还通用着。这里是说：我不自以为是局外人，就把你介绍给太子了。〔愿足下过太子于宫〕希望你到太子宫里走一遭。〔非节侠也〕不是有节操的侠客。〔孤〕古无父称"孤"。但当时太子丹的父亲燕王喜尚在，不应称孤。此孤字当作孤立无助解。〔王翦〕秦国的名将。〔将〕率领的意思。〔漳邺〕指今河南临漳县一带地。漳水在河南临漳县境；古邺地亦在今河南临漳县。〔太原〕秦郡名。今山西中部及东部之地。〔云中〕秦郡名。统阴山以南，今山西的左云、怀仁、右玉以北，绥远旧绥远道各县及蒙古鄂尔多斯左翼、喀尔喀右翼、四子部落各旗，皆其地。〔不能支〕无力抵抗。〔必入臣〕就是说：赵不能抵抗秦，则必臣服于秦。〔合从〕战国时，苏秦主张燕、赵、韩、魏、齐、楚同盟拒秦，叫作"合从"。从，读为纵横之"纵"。合南北叫作"纵"，联东西叫作"横"；当时又有张仪主张联六国以事秦，一纵一横，就叫作"合纵连横"。〔窥以重利〕把重利去诱惑他。〔劫〕用威吓的手段强迫人承认条件叫作"劫"。〔曹沫之于齐桓公〕春秋时，鲁将曹沫与齐师战，三次都失败，后齐鲁开和平会议，曹沫在会议席上持匕首劫齐桓公，桓公就当场允许把占领的鲁地都还给鲁国。〔则〕作"即"字解。〔上愿〕最高的希望。〔不知所委命〕不晓得可以委托哪一个。〔尊荆卿为上卿〕尊荆轲做上客。〔舍上舍〕把最上等的馆舍给他住。〔太牢〕牛羊豕三牲，称为"太牢"。〔微太子言，臣愿谒之〕即使没有你的话，我也要来拜谒你了。〔信〕信物。〔督亢〕燕国最肥美的地方，就是现在河北涿县东南的督亢坡。〔说〕与"悦"同。〔购〕犹现在说的"悬赏缉拿"。〔揕其匈〕揕，"扰"之借字。作刺击解。匈，同"胸"。〔偏袒扼腕〕袒露一臂，用左手紧握着右臂的下端，表示愤怒坚决的意思。〔切齿腐心〕愤恨得咬紧牙齿，几乎连心都快腐烂了。一说，腐读为"拊"，腐心，说是椎胸。切齿椎胸，都是愤恨达于极点时的表示。〔自刭〕自己用刀割颈，叫作"自刭"。〔匕首〕最短的剑，其首如匕，所以叫作"匕首"。〔徐夫人〕徐姓，夫人名。〔使工以药焠之〕使工人用毒药染在匕首上。〔血濡缕〕血出仅足以沾濡丝缕。〔人不敢忤视〕人家不敢用不顺的眼光去看他。〔治行〕整理行装。〔顷之未发〕等待了一回，还没有动身。〔何太子之遣！往而不反者竖子也〕竖子，犹言"小子""童子"，此指秦舞阳。这两句的意思是说：为什么太子要这样打发！这竖子少不更事，如果打发他去，那决定是一去不回的。〔既祖取道〕饯行叫作"祖"。这里是说：已经饯了行，将取道入秦。〔变徵之声〕五声宫与商，商与角，徵与羽，相去各一律；至角与徵，羽与宫，相去乃二律。相去一律，那音节很和缓；相去二律，那音节便远了；所以角徵之间，近徵收一声，比徵音稍低，便叫作"变徵"。变徵之声很凄凉。〔羽声慷慨〕羽，五音之一，其声悲壮。慷慨，悲壮激昂貌。〔发尽上指冠〕形容盛怒时的神气。〔中庶子〕官名。掌教诸侯卿大夫的庶子。〔给贡职如郡县〕贡职，犹言"贡献"。这是说：燕国愿臣服于秦，纳贡献和郡县一样。〔设九宾〕古时朝会大典，则设九宾。九宾，就是王畿以外的九服——侯服、甸服、男服、采服、卫服、蛮服、夷服、镇服、藩服——派来的使者。但当时的秦国哪里会有九宾呢？这是做《史记》的有意夸饰，形容秦王召见荆轲时的特别铺张。〔咸阳宫〕秦孝公迁都咸阳后所建，在今陕西长安县东。〔奉〕读为"捧"。〔函〕匣子。〔陛〕阶。〔震慑〕恐惧貌。〔愿大王少假借之，使得毕使于前〕希望大王宽恕他一些，使他能在大王前尽了使者的任务。〔图穷〕当时秦王把地图揭开来看；图穷，就是说，把地图揭到末了。〔自引而起〕自己跳了起来。〔剑长，操其室〕操，作捏字解。刀剑壳子叫作"室"。这是说：秦王想拔剑，剑很长，用一手先捏着他的壳子。〔时惶急，剑坚故，不可立拔〕那时候心里又十分惶急，竟不能立刻把剑拔出来。〔卒起不意，尽失其度〕卒，仓猝的意思。这是说，事起仓猝，许多臣子都料不到有这意外的变故，全失了常态。〔兵〕兵器。〔储郎中执兵皆陈殿下〕郎中，宿卫之官。侍卫们所带的兵器都放在殿下。〔诏〕皇帝的命令叫作"诏"。〔而以手共搏之〕大家举空手来打荆轲。〔侍医夏无且以其所奉药囊提荆轲也〕侍医，侍奉在皇帝左右的医生，夏无且把所捧的药囊来投击荆轲。

〔负剑〕把剑负在背上拔。〔掷〕与"掷"同。〔箕倨〕古人席地而坐，无椅凳之类；坐时两足向后，两膝跪着，便是表示恭敬的样子。若两足向前，则手揉膝，形如箕状，便叫作"箕倨"，这便是傲慢不恭敬的样子。〔事所以不成者，以欲生劫之，必得约契以报太子也〕我所以不能成功，只因为想要留着你的生命，用威吓手段得到你的契约，好去回报太子。〔于是左右既前杀荆轲〕于是侍卫们便上前把荆轲杀了。〔不怡〕心里不爽快。〔当坐者〕应当被牵连有罪的。〔各有差〕各有差等，就是赏赐和惩罚各有多少轻重之不同。〔镒〕二十四两为一镒。〔拔蓟城〕把城头攻下来叫作"拔"。蓟故城在今河北大兴县西南。〔辽东〕今辽宁东南境。〔代王嘉〕前213年，秦灭赵，赵公子嘉自立为代王，屯兵上谷（今察哈尔省怀来县），和燕合兵抗秦。〔社稷幸得血食〕社稷，土谷之神；古诸侯建国，必立社稷。古取血膋（肠间的脂肪叫作膋）以祭，故称享祭为"血食"。又古时灭掉一国，便把这一国的社稷废掉。社稷幸得血食，就是说国家侥幸不被灭掉。〔衍水〕现在辽宁的太子河。〔后五年秦卒灭燕〕前227年荆轲刺秦王，明年，燕杀太子丹，至前222年秦灭燕，距太子丹的被杀刚五年。〔庸保〕庸，与"佣"同，佣保，就是现在所谓"雇工"。〔宋子〕县名。故城在今河北赵县北二十五里。〔彷徨〕犹言徘徊，依依不能舍的样子。〔家大人〕一家的尊长。〔一坐〕满坐的宾客。〔畏约无穷时〕畏约，犹言畏缩；不敢出头露面的意思。无穷时，犹言无尽时。〔下与抗礼〕下堂来和他行平等的相见礼。〔上客〕上等的宾客。〔传客之〕轮流请他做宾客。〔惜〕作"爱"字解。〔重赦之〕特别饶赦他。〔瞎其目〕弄瞎他的眼睛。〔私曰〕私下里对人说。〔彼乃以我为非人也〕犹言，彼乃以我为非其人也，这里省去一"其"字。

一三　辩　　论

　　最近读了两篇议论文，一是《致胡适书》，一是《致汪长禄书》，顺便再来讲一点关于议论文的话。像这两篇议论文，与一般的议论文有点儿不同。一般的议论文并不对固定的某人说话，凡是阅读文字的人就是作者要同他说话的对象。譬如你作一篇主张对日宣战的文字，你就是对看到这篇文字的任何人说话。现在这两篇议论文，作者要同他说话的对象却是固定的，《致胡适书》是专对胡适说话，《致汪长禄书》是专对汪长禄说话。说得更切当一点，这样的议论可以称为"辩论"。**辩论是根据自己的主张，就对方的意见加以剖析、讨论，并使对方信从的一种行为。**这与一般议论文的自己设立疑难自己给予解答有点儿相同；不过，自己设立疑难，不出自己的思想范围，人家来相辩论，那就方面更广，或许出乎意外也未可知。在实际生活上，我们常常碰到需要辩论的时机，即使不为着读文和作文，也该对于辩论这事情留心才是。

　　一般人辩论，往往忘记了辩论的本旨，单靠一腔意气，专想折服对方。**辩论的本旨原来在求一个是非**；甲要同乙辩论，并不因为对方是乙的缘故，却因为乙的意见，在甲认为不甚妥当的缘故。这样说来，**辩论不该离开对方的意见而另生枝节是显然可知的**。但是，人心常不能平静无所偏倚，或为着私人的利害，或为着识力的短浅，虽不能捉住对方意见的缺漏，也觉得非同他辩论一番不可。这就不得不蔓延到歪斜的方向去。如与人辩论哲学上的问题，却列举对方做官时的劣迹，大骂一顿；与人辩论知行难易的学说，却说对方在小学里就是劣等生，在中学、大学里又留过多少回的班：这样的事情是我们时常见到的。如果辩论的目的在乎快意，那自然无妨如此。如果不在快意而在求一个是非，那么，这样地干简直是南辕北辙。即使对方的意见确然不对，你并不从正面把它辨正，又怎么会产生出对的意见来？对方对于你的胡闹的辩论，绝对不肯心折是当然的；旁人听了这样的辩论或者看了这样的辩论文字，也会觉得徒乱人意，毫无实际。所以，论到效果可说等于零。**我们倘若同人家辩论，最须切戒的就是不要犯了这样的恶习。我们要认清辩论的本旨在求一个是非，除了根据自己的主张，就对**

方的意见剖析、讨论之外，不应发表多余的意思，吐露不必要的话语。

试看我们说起的两篇议论文，就是能够守着这样的范围的。两个作者各有自己的主张：《致胡适书》的作者主张亲子关系"总比朋友较深一层"，孝字"总还够得上和那做人的信条凑在一起"；《致汪长禄书》的作者主张对于儿子"只有抱歉，决不居功，决不市恩"，不要把"儿子孝顺父母列为一种信条"。自己方面的主张这样，对方的主张却是那样，他们就通信辩论起来。两人都不牵连到题外的枝节：一个就儿子方面说，以为父母对儿子爱护抚育，极费心力，儿子对父母自宜感激深恩，致其厚爱；又一个就父母方面说，以为父母对儿子教养偶有不慎，便使儿子终身吃亏，并使社会也受到影响，所以只有小心谨慎，求免于过失，深恩是无论如何说不到的；一个说孝顺父母和做一个堂堂的人并不冲突，不妨认为做人的一种信条；又一个说孝顺父母和做一个堂堂的人固然不冲突，但如果列为信条，就仿佛说对于荒唐的父母也得孝顺，这是大有流弊的。这样正规地辩论，结果，彼此当可得到进一步的了解，**只因观点不同，所以持论互异；**

倘若互换观点，就儿子方面说的改为就父母方面说，就父母方面说的改为就儿子方面说，主张恐怕要和论敌相同吧。我们在旁读了这两封信，的确曾起了这样的想头。

正规地辩论的文字可以使对方了解，由反驳转而为信从，最低限度也可以把自己的主张申说得更明白一点。随便瞎扯的辩论文却只能引起人家的嗤笑与厌恶，实际效果是一点也没有的。

练习　如果与人家辩论而失败了，自己的主张确已被证明绝无成立的理由，这当儿应该怎样（这里不单就作文的事情说，乃就日常生活说）？

孔 乙 己

鲁 迅

　　鲁镇的酒店的格局，是和别处不同的：都是当街一个曲尺形的大柜台，柜里面预备着热水，可以随时温酒。做工的人，傍午、傍晚散了工，每每花四文铜钱，买一碗酒——这是二十多年前的事，现在每碗要涨到十文——靠柜外站着，热热的喝了休息；倘肯多花一文，便可以买一碟盐煮笋，或者茴香豆做下酒物了。如果出了十几文，那就能买一样荤菜；但这些顾客，多是短衣帮，大抵没有这样阔绰。只有穿长衫的，才踱进店面隔壁的房子里，要酒要菜，慢慢地坐喝。

　　我从十二岁起，便在镇口的咸亨酒店里当伙计，掌柜说，样子太傻，怕侍候不了长衫主顾，就在外面做点事罢。外面的短衣主顾，虽然容易说话，但唠唠叨叨缠夹不清的也很不少。他们往往要亲眼看着黄酒从坛子里舀出，看过壶子底里有水没有，又亲看将壶子放在热水里，然后放心：在这严重监督之下，羼水也很为难。所以过了几天，掌柜又说我干不了这事。幸亏荐头的情面大，辞退不得，便改为专管温酒的一种无聊职务了。

我从此便整天的站在柜台里，专管我的职务。虽然没有什么失职，但总觉有单调，有些无聊。掌柜是一副凶脸孔，主顾也没有好声气，教人活泼不得；只有孔乙己到店，才可以笑几声，所以至今还记得。

孔乙己是站着喝酒而穿长衫的唯一的人。他身材很高大；青白脸色，皱纹间时常夹些伤痕；一部乱蓬蓬的花白的胡子。穿的虽然是长衫，可是又脏又破，似乎十多年没有补，也没有洗。他对人说话，总是满口之乎者也，教人半懂不懂的。因为他姓孔，别人便从描红纸上的"上大人孔乙己"这半懂不懂的话里，替他取下一个绰号，叫作孔乙己。孔乙己一到店，所有喝酒的人便都看着他笑，有的叫道："孔乙己，你脸上又添上新伤疤了！"他不回答，对柜里说："温两碗酒，要一碟茴香豆。"便排出九文大钱。他们又故意的高声嚷道:"你一定又偷了人家的东西了!"孔乙己睁大眼睛说:"你怎么这样凭空污人清白……""什么清白?我前天亲眼见你偷了何家的书,吊着打。"孔乙己便涨红了脸,额上的青筋条条绽出,争辩道:"窃书不能算偷……窃书!读书人的事,能算偷么!"接连便是难懂的话,什么"君子固穷"什么"者乎"之类,引得众人都哄笑起来:店内外充满了快活的空气。

听人家背地里谈论,孔乙己原来也读过书,但终于没有进学,又不会营生;于是愈过愈穷,弄到将要讨饭了。幸而写得一笔好字,便替人家钞钞书,换一碗饭吃。可惜他又有一样坏脾气,便是好喝懒做。坐不到几天,便连人和书籍纸张笔砚,一齐失踪。如是几次,叫他钞书的人也没有了。孔乙己没有法,便免不了偶然做些偷窃的事。但他在我们店里,品行却比别人都好,就是从不拖欠;虽然间或没有现钱,暂时记在粉板上,但不出一月,定然还清,从粉板上拭去了孔乙己的名字。

孔乙己喝过半碗酒,涨红的脸色渐渐复了原,旁人便又问道:"孔乙己,你当真认识字么?"孔乙己看着问他的人,显出不屑置辩的神气。他们便接着说道:

"你怎的连半个秀才也捞不到呢?"孔乙己立刻显出颓唐不安模样,脸上笼上了一层灰色,嘴里说些话;这回可是全是之乎者也之类,一些不懂了。在这时候,众人也都哄笑起来:店内外充满了快活的空气。

在这些时候,我可以附和着笑,掌柜是决不责备的。而且掌柜见了孔乙己,也每每这样问他,引人发笑。孔乙己自己知道不能和他们谈天,便只好向孩子说话。有一回对我说道:"你读过书么?"我略略点一点头。他说:"读过书……我便考你一考。茴香的茴字,怎么写的?"我想,讨饭一样的人,也配考我么?便回过脸去,不再理会。孔乙己等了许久,很恳切的说道:"不能写罢?……我教给你,记着?这些字应该记着。将来做掌柜的时候,写账要用。"我暗想我和掌柜的等级还很远呢,而且我们掌柜也从不将茴香豆上账;又好笑,又不耐烦,懒懒的答他道:"谁要你教,不是草头底下一个来回的回字么?"孔乙己显出极高兴的样子,将两个指头的长指甲敲着柜台,点头说:"对呀对呀!……回字有四样写法,你知道么?"我愈不耐烦了,努着嘴走远。孔乙己刚用指甲蘸了酒,想在柜上写字,见我毫不热心,便又叹一口气,显出极惋惜的样子。

有几回，邻舍孩子听得笑声，也赶热闹，围住了孔乙己。他便给他们茴香豆吃，一人一颗。孩子吃完豆，仍然不散，眼睛都望着碟子。孔乙己着了慌，伸开五指将碟子罩住，弯腰下去说道："不多了，我已经不多了。"直起身又看一看豆，自己摇头说："不多不多！多乎哉？不多也。"于是这一群孩子都在笑声里走散了。

孔乙己是这样的使人快活，可是没有他，别人也便这么过。

有一天，大约是中秋前的两三天，掌柜正在慢慢的结账，取下粉板，忽然说："孔乙己长久没有来了，还欠十九个钱呢！"我才也觉得他的确长久没有来了。一个喝酒的人说道："他怎么会来？……他打折了腿了。"掌柜说："哦！""他总仍旧是偷。这一回，是自己发昏，竟偷到丁举人家里去了。他家的东西，偷得的么？""后来怎么样？""怎么样？先写服辩，后来是打，打了大半夜，再打折了腿。""后来呢？""后来打折了腿了。""打折了怎样呢？""怎样？……谁晓得？许是死了。"掌柜也不再问，仍然慢慢的算他的账。

中秋过后，秋风是一天凉比一天，看看将近初冬；我整天的靠着火，也须穿上棉袄了。一天的下半天，没有一个顾客，我正合了眼坐着。忽然间听得一个声音："温一碗酒。"这声音虽然极低，却很耳熟。看时又全没有人，站起来向外一望，那孔乙己便在柜台下对了门槛坐着。他脸上黑而且瘦，已经不成样子，穿一件破夹袄，盘着两腿，下面垫一个蒲包，用草绳在肩上挂住；见了我，又说道："温一碗酒。"掌柜也伸出头去，一面说："孔乙己么？你还欠十九个钱呢！"孔乙己很颓唐的仰面答道："这……下回还清罢。这一回是现钱，酒要好。"掌柜仍然同平常一样，笑着对他说："孔乙己，你又偷了东西了！"但他这回却不十分分辩，单说了一句"不要取笑！""取笑？要是不偷，怎么会打断腿？"孔乙己低声说道："跌断，跌，跌……"他的眼色，很像恳求掌柜，不要再提，此时已经聚集了几个人，便和掌柜都笑了。我温了酒，端出去，放在门槛上。他从破衣袋里摸出四文大钱，放在我手里，见他满手是泥，原来他便用这手走来的。不一会，他喝完酒，便又在旁人的笑声中，坐着用这手慢慢走去了。

自此以后，又长久没有看见孔乙己。到了年关，掌柜取下粉板说："孔乙己还欠十九个钱呢！"到第二年的端午，又说："孔乙己还欠十九个钱呢！"到中秋可是没有说，再到年关也没有看见他。

我到现在终于没有见——大约孔乙己的确死了。

从前私塾里的小学生开始练习写字，是在印着红字的纸上依样描画的，那纸上印的便是"上大人孔乙己"等二十余字，所以"上大人孔乙己"，差不多大家从小就念熟了的。这篇小说的主角姓孔，人家因为他说起话来，满口之乎者也，教人半懂不懂，便把这半懂不懂的"孔乙己"三字，替他取起一个绰号。

鲁迅姓周，名树人，现代浙江绍兴人，鲁迅是他的笔名。他曾在北京教育部任职多年，历任北京大学、厦门大学、广州中山大学等校教授。所作小说，大都是描写辛亥革命前后的时代背景，所著小说集有《呐喊》《彷徨》等。

语释 〔鲁镇〕是作者假设的地名。 〔茴香豆〕加茴香煮熟的豆。茴香即莳萝，俗称"小茴香"。一年生草；高二三尺；叶细如丝；夏开小黄花；瓣内曲；实椭圆微扁；子大如黍粒，黑褐色，气味香辣，用以调味，亦可入药。本产于波斯，今广东有之。 〔君子固穷〕这是《论语》里载孔子在陈绝粮时说的话。 〔进学〕科举时代凡小考录取入府县学肄业的，叫作进学。 〔秀才〕小考录取入县学的生员叫作秀才。 〔颓唐〕丧气貌。〔多乎哉？不多也〕这是套《论语·子罕章》孔子说"君子多乎哉，不多也"的口气。 〔举人〕科举时乡试中式，叫作"举人"。 〔服辩〕做错了事情，被人家拿着把柄，无法申辩，只得依着对方的意思，写下下次不敢再犯的书面凭据，叫作"服辩"。

大 泽 乡

M.D.

算来已经是整整的七天七夜了，这秋季的淋雨还是索索地下着。昨夜起，又添了大风。呼呼地吹得帐幕像要倒塌下来似的震摇。偶而风势稍杀，呜呜地像远处的悲笳，那时候，被盖住了的猖獗的雨声便又突然抬头，腾腾地宛然是军鼓催人上战场。

中间还夹着一些异样的声浪：是尖锐的，凄厉的，有曲折抑扬，是几个音符组成的人们说话似的声浪。这也是两三天前和大风大雨一同来的，据说是狐狸的哀嗥。

军营早已移到小丘上。九百戍卒算是还能够困一堆干燥的稻草，只这便是那两位终天醉成泥猫的颟顸军官的唯一韬略。

军官呢，本来也许不是那样颟顸的家伙。纵然说不上身经大小百余战，但是他们的祖若父，却是当年铁骑营中的悍将，十个年头的纵横奋战扫荡了韩、赵、魏、楚、燕、齐，给秦王政挣得了统一的天下；他们在母亲肚子里早已听惯了鼙鼓的声音，他们又在戎马仓皇中长大，他们是将门之后，富农世家，披坚执锐做军人是他们的专有权，他们平时带领的部卒和他们一样是富农的子弟，或许竟是同村的儿郎，他们中间有阶级的意识做联络。然而现在，他们却只能带着原是"闾左贫民"的戍卒九百，是向来没有当兵权利的"闾左贫民"，他们富农素所奴视的"闾左贫民"，没有一点共同阶级意识的"部下"！

　　落在这样生疏的甚至还有些敌意的环境中的他们俩，恰又逢到这样闷损人的秋霖，不知不觉便成为酒糊涂；说是"泥猫"，实在已是耗子们所不怕的"泥猫"。

　　半夜酒醒，听到那样胡笳似的风鸣，军鼓似的雨响，又感得砭骨似的秋夜的寒冷，这两位富农之子的军官恍惚觉得已在万里平沙的漠北的边疆。闻说他们此去的目的地叫作什么渔阳。渔阳？好一个顺口的名儿！知否是大将军蒙恬统带三十万儿郎到过的地方？三十万雄兵都不曾回来，知否是化作了那边的青磷蔓草哟！

想不得！酒后的愁思，愈抽愈长。官中的命令是八月杪到达防地，即今已是八月向尽，却仅到这大泽乡，而又是淫淫秋雨阻道。误了期么？有军法！

听说昨天从鱼肚子里发现一方素帛，朱书三个字"陈胜王"！

陈胜？两屯长之一是叫作陈胜呀。一个长大的汉子，总算是"闾左贫民"中间少有的堂堂仪表。"王"怎么讲？

突然一切愁思都断了线。两军官脸色变白，在凄暗的灯火下抬起头来，互找着对方的眼光。压倒了呜咽的风声，腾腾的雨闹，从远远的不知何处的高空闯来了尖厉的哀嗥。使你窒息，使你心停止跳跃，使你血液凝冻，是近来每夜有的狐狸叫，然而今番的是魔鬼的狐狸叫，是要撕碎你的心那样的哀嗥。断断续续地，是哭，是诉，是吆喝。分明还辨得出字眼儿的呀。

"说是'大楚兴'啰？"

"又说'陈胜王'！"

面面觑着的两军官的僵硬的舌头怯生生地吐出这么几个字。宿酒醒了，陈胜的相貌在两位军官的病酒的红眼睛前闪动。是一张多少有点皱纹的太阳晒得焦黑的贫农的面孔。也是这次新编入伍，看他生得高大，这才拔充了屯长。敢是有几斤蛮力？不懂兵法。

想来陈胜倒不是怎样可怕，可怕的是那雨呀！雨使他们不能赶路，雨使他们给养缺乏；天哪，再是七日七夜的雨，他们九百多人只好饿死了。在饿死的威吓下，光景是什么事都干得出来的罢？

第二天还是淋雨。躲在自己帐里的两位军官简直不敢走动，到处可以碰着怀恨的狞视。营里早就把鱼鳖代替了米粮。虽然是一样的装饱了肚子，但吃得太多的鱼鳖的兵士们好像性格也变成鱼鳖去了。没有先前那么温顺、那么沉着。骚动和怨嗟充满了每个营房。

"怎么好？走是走不得，守在这里让水来淹死！"

"整天吃鱼要生病的哪！"

"木柴也没有了。今天烧身子下面垫的稻草，明天烧什么？吃生鱼罢？我们不是水獭。"

"听说到渔阳还有两三千里呢？"

"到了渔阳还不是一个死！"

死！这有力的符咒把各人的眼睛睁大了。该他们死？为什么？是军法。因为不是他们所定的军法，所以该他们死哟！便算作没有这该死的军法，到了渔阳，打败了匈奴，毕竟于他们有什么好处？他们自己本来也是被征服的六国的老百姓，祖国给予他们的是连年的战争和徭役，固然说不上什么恩泽，可是他们在祖国里究竟算是"自由市民"，现在想来，却又深悔当年不曾替祖国出力打仗，以至被掳为奴，唤作什么"闾左贫民"，成年价替强秦的那些享有"自由市民"一切权利的富农阶级挣家私了。到渔阳去，也还不是捍卫了奴视他们的富农阶级的国家，也还不是替军官那样的富农阶级挣家私，也还不是拼着自己的穷骨头硬教那些向南方发展求活路的匈奴降而为像他们一样的被榨取的"闾左贫民"么？

从来不曾明晰地显现在他们意识中的这些思想，现在却因为阻雨久屯，因为每天只吃得鱼，因为没有了木柴，更因为昨夜的狐狸的怪鸣，便像潮气一般渗透了九百戍卒的心胸。

鱼肚子里素帛上写的字，夜半风声中狐狸的人一样话语的鸣噪，确也使这九百人觉得诧异。然而仅仅是诧异罢了。没有幻想。奉一个什么人为"王"那样事的味儿，他们早已尝得够了。一切他们的期望是挣断身上的镣索。他们很古怪地确信着挣断这镣索的日子已经到了。不是前年的事么：东郡地方天降一块石头，上面七个字分明是"始皇帝死而地分！"。平舒华山之阴，素车白马献璧的神人不是也说"明年祖龙当死"吗？当死者，既已死了，"地分"，应验该就在目前罢！

想起自己有地自己耕的快乐，这些现做了戍卒的"闾左贫民"便觉到只有为了土地的缘故才值得冒险拼命。什么"陈胜王"，他们不关心；如果照例得有一个"王"，那么这"王"一定不应当是从前那样的"王"，一定得首先分给他们土地，让他们自己有地自己耕。

风还是虎虎地吹着，雨还是腾腾地下着。比这风雨更汹涌的，是九百戍卒的鼓噪，现在是一阵紧一阵地送进两位军官的帐幕。

觉得是太不像样，他们两位慢慢地踱出帐幕来，打算试一试他们的"泥猫"的威灵了。

他们摆出照例的巡视营帐的态度来。这两位的不意的露脸居然发生了不意的效果，鼓噪声像退落的潮水似的一点一点低下去了。代替了嘴巴，戍卒们现在是用眼睛。两位军官成了眼光的靶子。可不是表示敬意的什么"注目礼"，而是憎恨的、嘲笑的，"看你怎么办！"本来未始不准备着接受一些什么"要求"，什么"诉说"，或竟是什么"请示进止"——总之，为了切望减少孤独之感便是"当面顶撞"也可以欢迎的他们俩，却只得到了冷淡和更孤独。他们不是两位长官在自己部下的营帐内巡视，他们简直是到了异邦，到了敌营，到了只有闪着可怖的眼光的丘墟中。

是黄河一样的深恨横断了部下的九百人和他们俩！没有一点精神上的联系。九百人有痛苦、有要求、有期望，可是绝对不愿向他们俩声诉。

最后，两位军官站在营外小丘顶巅，装作瞭望地势。

大泽乡简直成为"大泽"了。白茫茫的水面耸露出几簇茅屋，三两个村夫就在门前支起了渔网。更有些水柳的垂条，卖弄风骚地吻着水波。刚露出一个白头的芦花若不胜情似的在水面颤抖着。天空是铅色，雨点有簪子那样粗，好一幅江村烟雨图呵。心神不属地看着的两位军官猛觉得有些异样的味儿兜上心窝来了。是凄凉，也是悲壮！未必全是痴呆的他们俩，从刚才这回的巡视看出自己的地位是在"死线"上，"死"这有力的符咒在他们灵魂里发动了另一种的力量，他们祖若父血液中的阶级性突然发酵了。他们不能束手困在这荒岛样的小丘上让奴隶们的复仇的洪水来将他们淹死，他们必得试一试最后的挣扎！

"看出来么，不是我们死，便是他们灭亡！"

"先斩两屯长？"

"即无奈何，九百人一齐坑哟！"

先开口的那位军官突然将右臂一挥，用重浊的坚决的声调说了。

"谁，给我们掘坑？"

不是异议，却是商量进行手续，声音是凶悍中带沉着。

"这茫茫的一片水便是坑！"

跟着这答语，下意识地对脚下那片大水望了一眼，军官之一是得意的微笑了；然而笑影过后，阴森更甚。拿眼睃着他的同伴，发怒似的咬着嘴唇，然后轻声问：

"我们有多少心腹？"

呵，呵，心腹？从来是带惯了子弟兵的这两位，今番却没有一个心腹。战国时代做了秦国的基本武力的富农阶级出身的军人，年来早就不够分配；实在是大将军蒙恬带去的人太多了。甚至像"屯长"那样的下级兵官也不得不用阶级不同的"闾左贫民"里的人了。这事件的危险性现在却提出在这两位可怜的军官前要求一个解答。

"皇帝不该征发贱奴们来当兵的！"

被问住了拿不出回答来的那位军官恨恨地说，顿然感到祖若父当日的黄金时代已成过去，永远成为过去了。

"何尝不是呵！自从商君变法以来，我们祖宗是世世代代执干戈捍卫社稷的；做军人是光荣的职务，岂容'闾左'的贱奴们染指！始皇帝殡天后，法度就乱了，叫贱奴们也来执干戈，都是贼臣赵高的主意哪！赵高，他父母也是贱奴！"

"咳，'倒持太阿，授人以柄'——这就是！"

因为是在大泽乡的小丘上，这两位军官敢于非议朝政了。然而话一多，勇敢乐观的气氛就愈少。风是刮得更大了。总有七分湿的牛皮甲，本来就冰人，此时则竟是彻骨的寒冷。忍着冻默然相对，仰起脸来让凉雨洒去了无赖的悲哀罢！乡关在何处？云山渺远，在那儿西天，该就是咸阳罢？不知咸阳城里此时怎样了呵！羽林军还是前朝百战的儿郎。但是"闾左"的贱奴们的洪水太大了，太大了，咸阳城不免终究要变成大泽乡罢！

回到自己帐幕内的两位军官仍和出去时一样地苦闷空虚，嗒然若丧。他们这阶级的将要没落的黑影，顽固地罩在他们脸上。孤立、危殆、一场拼死活的恶斗，已是不成问题的铁案，问题是他们怎样先下手给敌人一个不意的致命伤。

——先斩两屯长？

——还有九百人呢？

——那，权且算作多少有一半人数是可以威吓利诱的罢？

——收缴了兵器，放起一把火罢？

当这样的意念再在两位军官的对射的目光中闪着的时候，帐外突然传来了这么不成体统的嚷闹：

"守在这里是饿死……到了渔阳……误期……也是死……大家干罢，才可以不死……将官么……让他们醉死！"

接着是一阵哄笑，再接着便是嘈嘈杂杂听不清的话响。

两军官的脸色全变了，嘴唇有些抖颤。交换了又一次的眼色，咬嘴唇，又竖起眉毛，统治阶级的武装者的他们俩全身都涨满了杀气了，然而好像还没有十分决定怎么开始应付，却是陡地一阵夹雨的狂风揭开了帐门，将这两位太早地并且不意的暴露在嚷闹的群众的眼前了。面对面的斗争再没有拖延缓和的可能！也是被这天公的多事微微一怔的群众朝着帐内看了。是站着的满脸通红怒眉睁目的两个人。但只是"两个"人！

"军中不许高声！左右！拿下扰乱营房的人！"

拔出剑来的军官大声吆喝，充着屯长之一叫作吴广的走过来了。

回答是几乎要震坍营帐那样的群众的怒吼声。也有兵器在手的"贱奴"们今番不复驯顺！像野熊一般跳起来的吴广早抢得军官手里的剑，照准这长官拦腰一挥。剩下的一位被发狂似的部下按住，歪牵了的嘴巴只泄出半声哼。

地下火爆发了！从营帐到营帐，响应着"贱奴"们挣断铁链的巨声。从乡村到乡村，从郡县到郡县，秦皇帝的全统治区域都感受到这大泽乡的地下火爆发的剧震。即今便是被压迫的贫农要翻身！他们的洪水将冲毁始皇帝的一切贪官污吏，一切严刑峻法！

风是凯歌，雨是进击的战鼓，弥漫了大泽乡的秋潦是义举的檄文；从乡村到乡村，郡县到郡县；他们九百人将尽了历史的使命，将燃起一切茅屋中郁积已久的忿火！

始皇帝死而地分！

大泽乡，在安徽宿县南。秦二世皇帝元年（前209），发闾左贫民（注详后）九百人戍守渔阳；屯在大泽乡地方，预备出发，刚刚碰着大雨，道路不通，预算等天晴出发，到得渔阳，已经过应该赶到的期限了。照军法，过期到的，都要处死刑。当时里面有两个屯长叫作陈胜吴广的，便私下商量道："现在我们逃到别处，也是免不了一死，造反，即使失败，也不过是一个死，同样死，还是造反而死的好。"于是陈胜吴广便把那带领戍卒的军官杀了，在大泽乡起兵造反。不久，四方都响应起来，秦朝就此灭亡。《史记》有《陈涉世家》，把这桩事记得很详尽。这篇小说，就是描写陈胜吴广在大泽乡起义的情形，所以题名《大泽乡》。

M.D. 是这篇小说作者笔名的英文简写。大概作者不愿意把真姓名写出来时，便用这种简写的方法。

语释〔淋雨〕淋，亦可写作"霖"。大雨不停，叫作"淋雨"。〔悲笳〕笳，本是胡人所用的乐器，当时用为军乐。笳的声音很悲，所以称为"悲笳"。〔颠顸〕不明事理。〔韬略〕古时兵书有《六韬》《三略》，故称用兵的谋略为"韬略"。〔若〕与"及"字同。〔十个年头的纵横奋战扫荡了韩、赵、魏、楚、燕、齐〕秦始皇十七年（前230），灭韩，十九年灭赵，二十二年灭魏，二十四年灭楚，二十五年灭燕，二十六年灭齐，刚刚十个年头。〔秦王政〕即秦始皇。〔鼙鼓〕行军时用的鼓。〔戎马仓皇〕戎马，犹言"兵马"。仓皇，匆促纷乱之貌。〔披坚执锐〕披着甲胄，执着兵器。〔闾左贫民〕闾左，闾门之左，秦制，豪家贵族居闾右，贫民奴隶居闾左。〔闷损人的秋霖〕使人感觉着烦闷的秋雨。〔耗子〕北方人称鼠为耗子。〔渔阳〕秦郡名，在今河北密云县西面。〔蒙恬〕秦朝的名将，尝带三十万兵北伐匈奴。〔杪〕木的末端叫作"杪"，所以凡尽头都称杪，如"岁杪""月杪"。〔淫淫〕雨不止貌。〔陈胜王〕陈胜用素帛写"陈胜王"三字，放在鱼的腹中，戍卒们买鱼烹食，发现鱼腹中有这样一方素帛，大家奇怪起来。〔是近来每夜有的狐狸叫〕陈胜又教吴广到附近的丛祠里，夜里点了一盏鬼火一般的灯笼，在那里学着狐狸哀嗥的声音，断断续续地喊出"大楚兴""陈胜王"等字眼，借以煽惑戍卒们。〔大楚兴〕楚国有一个名将叫项燕，被秦将王翦所杀，楚人很哀怜他，或以为他是逃走了的，还没有死；陈胜打算冒着楚将项燕的名义起兵造反，所以用这个口号。〔东郡地方天降一块石头〕秦始皇三十六年（前211），有流星坠在东郡的地方（流星坠地，便是一块石头了），有人在石上刻"始皇帝死而地分"七个字，见《史记·秦始皇本纪》。东郡，今河北大名、濮阳及山东聊城一带地。〔平舒华山之阴，素车白马献璧的神人不是也说"明年祖龙当死"吗〕《史记·秦始皇本纪》说："（三十六年）秋，使者从关东夜过华阴平舒道，有人持璧遮使者曰：'为我遗滈池君。'因言曰：'今年祖龙死。'使者问其故，忽不见。"明年，始皇崩。平舒在陕西华阴县西北。山北为阴，平舒在地华山之阴。祖就是"始"，龙是皇帝的象征，祖龙就是"始皇帝"的隐语。〔洪水〕这篇中洪水两字都用以形容奴隶们起来反抗时的危险性，并不是指当时久雨积成的大水。〔战国时代〕前403年，韩、赵、魏三家分晋，与秦、楚、齐、燕共为七国，从此到秦并六国，其间都是战国时代。〔征发〕征集夫役及军需品，叫作征发。这时是说聚集贫民去当兵。〔商君变法〕商君即商鞅，因封于商，故称商君。秦孝公用商鞅，定变法之令。详可看《史记》卷六十七《商君列传》。〔社稷〕见前《荆轲传》注。古时灭国则变置其社稷，故以社稷二字为国家的代称。〔殡天〕不敢直说皇帝死，所以用"殡天"两字来替代。〔赵高〕赵高，秦始皇时做车府令，始皇崩，赵高秘不发丧，伪造始皇的诏书，杀始皇的长子扶苏，而立少子胡亥，是为二世皇帝。赵高自为丞相，大权都在他手里。赵高本是宦者，出身微贱，所以下面说："赵高，他父母也是贱奴！"〔倒持太阿，授人以柄〕太阿，剑名，把剑倒捏，便是授人以柄。柄作权柄解，这是一句双关的成语。〔羽林军〕皇帝的卫兵。羽林军的名称起于汉武帝时，在秦朝是没有的，作者偶然记差了。〔嗒然若丧〕颓唐丧气的样子。《庄子·齐物论》篇说："南郭子綦隐机而坐，仰天而嘘，嗒焉似丧其耦。"〔铁案〕事情确凿，无可翻易，叫作"铁案"。〔地下火爆发了〕奴隶们郁积已久的忿火，一旦爆发，就像地下火爆发一般。〔凯歌〕军行得胜时所唱的歌。〔秋潦〕秋天的大雨。

做 了 父 亲

谢六逸

"抱着小西瓜上下楼梯","小手在打拳了",妻怀孕到第八个月时,我们常常这样说笑。妻以喜悦的心情,每日织着小绒线衣。她对于第一个婴儿的出产,虽不免疑惧,但一想到不久摇篮里将有一个胖而白的乖乖,她的母性的爱是很能克制那疑惧的。有时做活计太久了,她从疲倦里也曾低微地叹息,朝着我苦笑。除此之外,她不因身体的累坠,而有什么不平。在我是第一次做父亲,对于生产这事,脑里时时涌现出奇异的幻想,交杂着恐怖与怜惜。将来妻临盆时,这小小的家庭,没有一个年老的人足以托靠,母亲远在千里,岳母又不住在一处,我越想越害怕起来,怕那挣扎与呻吟的声音。不出两个月,那新鲜的生命,将从小小的土地里迸裂出来，妻将受着有生以来的剧痛，使我暗中流泪。我在妻的怀孕时期的前半，为了工作的关系，曾离开了家，在旅中唯一的安慰妻的法术，就是像新闻特派员似的写了长篇通信寄回。写信时像写小说一样地描写着，写满了近十页的稿纸，意思是使她接着我的一封信，可以慢慢地看过半天或一天。忖度那信要看完时，接着又写第二封信寄去。过了两个礼拜，我必借故跑回家来一次。到妻怀孕的第七个月时，我索性硬着头皮辞职回家来了。回来以后，我搜集了不少的关于妊娠知识的外国文书籍，例如《孕妇的知识》《初产的心得》之类。依照书里的指示，对妻唠叨着必须这么那么的。我怕妻不肯信我这临时医生的话，要说什么时必定先提一句"书里说的……""书里说的……"这样可以使妻不至于提出异议。后来说多了，我的话还没有出口，妻就抢先说："又是书里说的么？"我们是常常说笑，并且希望肚里的是一个女孩子，但是我暗中仍是异常的感伤，我的恐怖似乎比妻厉害些。我每天默念着，希望妻能够安产，小孩不管怎样都行。真是"日月如梭"，到了十月二十六日（1927）的上午四时，天还没有亮，我听着妻叫看护妇的声音，我醒了。她对我说，有了生产的征候。我的心跳着，赶快到岳母家里去。这时街上的空气很清新，女工三三两两地谈笑走着，卖蔬菜的行贩正结队赶路，但我犹如在山中追逐鹿子的猎人，无心瞻望四围的景色。我通知了岳母，又去请以前约定好了的医生。回到家里，阵痛还没有开始。过了一刻，医生来了，据说最快还须等到今天夜里，并吩咐不要性急。下午三时以后，"阵痛"攻击我的妻了，大约是十分钟一次。我跑去打了五次电话，跑得满头是汗。唉唉，这是劳康（Laocoon）的苦闷的第一声了。妻自幼是养育在富裕的家庭里，但自从随着我含辛茹苦之后，一切劳作苦痛都习惯了。她的腹部虽是剧痛，她却撑持着下床步行，不愿呻吟一声。岳母用言语安慰她。我只有坐在房后的浴室流着泪。这一夜医生宿在家里，等候到翌日的下午五时，妻舍弃了无可衡量的血液与精神，为这条小小的生命苦斗着，经验了有生以来的神圣的灾难，于是我们有了一向希望着的女孩子了。"人生恋爱多忧患，不恋爱亦忧患多"是一点不差的。我们的静寂的家庭，自此以后，增加了新鲜的力量，同时，使我们手忙脚乱起来。最苦的是母亲，日夜忙着哺乳，一会儿褓褓，一会儿洗浴。又因为素性酷爱清洁，卧在床上也得指点女佣洒扫；又须顾虑着每日的饮食。弥月以后，肌肉瘦削了不少，以前的衣服，穿在身上，宽松了许多；脸上泛着的红色，只有在浴后才可以得见。在这时，我最怕看我妻的后影。妻的专长是钢琴（Piano）和英语，出了学校，对于自己所学的，没有放弃，现在可不行了。那些 *Maiden's Prayer*、*Lohengrin* 的调子是没有多弹奏的余裕了。我本来也想使自己的日常生活近于理想一点，就是起床、运动、思考、读书、著述、散步的生活，但是孩子来了，一切的理想都被打碎了。我们的实际生活，不能不随着改变了。每天非听啼声不可，非忍受着一切麻烦的琐事不可了。女孩子是有了，可是还没有名字，照着通例，总是叫她作毛头（头发是那么的黑而长），但妻说照这样叫下去不行，必须请祖母给她起一个名字。我赶快写信去禀告在家乡的母亲。过了许久，便接着了母亲亲笔写成的回信，信里附着一张长方形的红纸，用工楷的字体，写着几行字。上面是"祖母年近六旬，为孙女题字，乳名宝珠，学名开志"。在旁边注着两行小字，是"吾家字派为二十字：天光开庆典，祖荫永新昭，学士经书裕，名家信义超"。这些尊重家名的传统习俗，我是忘记得干干净净了，可是我还记得这是祖父在日所规定的，足敷二十代人之用。我的父亲是"天"字一辈，我是"光"字，所以祖母替孙女起名，一定要有一个"开"字的。我们接到祖母的信时，十分的欢喜感激。并且这个名字，我们是很中意。别人为女孩子起名，多喜欢用"淑""芬""贞""兰"等含有分辨性别的字，"开志"这个名称，看不出有故意区分性别之意，所以我们很欢喜。有了名字，可是我们已经叫惯她作毛毛或是宝宝了，"开志"的名称，不过是偶然一用。宝宝到了第七个月时，真是可爱，她的面貌的轮廓渐渐清晰起来了。细长而弯的眉毛，漆黑的眼珠，修而柔的眼毛，还有鼻子，像她的母亲；嘴的轮廓、肤色、笑涡像父亲。志贺直哉氏在《到网走去》一篇小说里，说孩子能将不同的父母的相貌，融合为一，觉得惊奇，在我也有同感。到了第十三个月，因为奶妈的奶不足，我们便替她离了乳，到了今天，她的年岁是整整的三十七个月了。这其间，她会开口叫妈妈，叫阿爸，她会讲许多话，会唱几首歌，我写这篇短文时，她是在我的身旁聒噪了。宝宝的笑声啼声就是我们的"神"，我们的宗教。她的睡颜，她的唇、颊、头发、小手，使我们感到这是"智慧"的神。她有许多玩具，满满地装在小竹箱里。我们的家距淞沪火车路线很近，她看惯了火车的奔驰，听惯了火车的笛声，火车变成了她的崇拜物。在我的观察，她以为火车是最神奇的东西，为什么跑得这样快，为什么头上有两只大眼睛，为什么发怒似的叫号。她崇拜火车，爱慕火车。崇拜爱慕的结果，把我的书从书架上搬下来，选出厚而且巨的，如大字典之类做火车头，其他的小型的书当车身，苹果两个权做火车眼睛。在许多玩具之中，她顶喜欢的是"车"的一类。她有了三轮的脚踏车，小汽车，装糖果的小电车，日本人做的人力车的模型，独轮车的模型。除了玩具，她最喜欢模仿父亲看书或看报，画报是她的爱人，尤其是东京《读卖新闻》附刊的漫画。她一个人睡在藤椅上，成一个"大"字形，两手举起报纸，嘴里叽里咕噜。不知念些什么，看去她是十分的欢喜。在最近，她每天对母亲唠叨着说："毛毛长长大大（杜杜）了，好去读书了。"她有了幼稚园读本，有了儿童画报，有了不碎石板和石笔，这些东西安放的位置，偶然被女佣移动一下，她就大声地叫喊。宝宝又爱散步，在秋天，总是每天两次，由我牵着小手到公园去，天寒了，午饭后，领着在并木道旁闲踱着，她的嘴里温着歌，路上散着黄色的落叶，日光从树梢筛在地上，一个大黑影和一个小黑影一高一低的彳亍着，于是我觉得这里也有"人生"。宝宝自己有她的歌，在二十五个月以后，便自作自唱起来。她的歌，我都记在日记里，例如："乌乌乌乌火车，叮当叮当电车。"（在我们的屋后，有火车走过，她与火车最熟。有一天同母亲到百货店里去了回来。便独语似的念出这两句。）"鸟鸟飞，鸟鸟飞，鸟鸟飞飞。"（到外祖母家去，见小娘舅养着的金丝雀逃走了，回来便这么唱。）"洋团团是要困困了，毛毛唱唱侬。"（母亲唱歌催她睡觉，她照样去催眠洋团团）到了今年（1930），宝宝的智慧又进一步了。夏天买了叫叫虫来，挂在树枝上，一连几天都没有叫，我们说叫叫虫不会叫了。宝宝听了就唱着："叫叫虫，不会叫，买得来，啥用场。"见了木匠来家里修门，唱的是："木匠师父交关好，是我好朋友；做出物事交关好，是我好朋友。"夜里睡觉时，脱了衣服，口里念着："耶稣慈悲，牧师听我，夜里保护我困觉，亚们！"（这是母亲教的，但无什么宗教的意味。有时白昼也大声地唱着，自己拍着小手。）宝宝的智慧是一天比一天增进了，这使我们担心着将来的教育问题。在我个人，是怀疑国内的一切学校教育的，宝宝现在是三十七个月了。附近虽有幼稚园，经我们去参观以后，便不放心送她进去。将来长大时，在上海地方，我们也不会知道哪一所女子中学是优良的。听人说，甚至于有借办女子学校为名，而与政客官僚结纳，替他们介绍一两个女学生，因此募款自肥的。教会办的女子学校更不行，平时拿"耶稣"来骗人，记得几句死板板的英语。他们的宗旨不外是想培养"名媛"，预备在"时装展览会"里穿上所谓"时装"，替富商大贾们做"衣架子"（比以manequin girl 为职业的还要无自觉）。继而她们的芳容在上海的乌七八糟的"画报"上登载出来，大概就会有达官贵人、欧美博士之流来跪着求婚的。接着就是举行"文明结婚"仪式，请"局长""要人"们来证婚，来宾有千人之众。汽车，金刚石，锦绣断送了一生。在教会女校毕业出来的人，大多数以这条"出路"为她们的最高的理想。上海的女子教育我是根本地摈斥的。再说，像我们这一阶级的人，能否供应一个女孩子多念几年书，也没有把握。所以我们对于自己的女孩子的教育计划，是想由我们自己的力量，将她培养成为一个"自由人"，成为一个强健耐劳的女性。我们想就孩子的年龄（四岁到二十五岁），分做五个教育时期。按期把识字、写字（毛笔与钢笔）、儿歌、童话、儿童剧、运动（特别注重）、作文、散文、小说、诗歌、数学、阅报、自然科学与社会科学的常识、历史地理的知识、筋肉劳动（特别注重）、各国革命史、人类劳动史、外国语言文字、专门技能的学习（特别注重，但以筋肉劳动者为限，使她能在农村或工厂生活）等等教她。过了二十五年，她可以到社会的漩涡里去冲击了。假使我有一天能勉励脱离这 salary man 的生活，也许我还能做一个打铁的工人。到了那时，我便能将我的手腕磨炼得粗厚些。靠着我的双腕，使我们的宝宝在精神和肉体两方面都健全地养育起来，让她做一个"自由人"，做一个"勇者"，我们的宝宝呀！

谢六逸，现代贵州贵阳人。日本早稻田大学本科毕业。现为上海复旦大学教授。所著有《茶话集》《水沫集》《日本文学》《农民文学》《神话学》等。

语释　〔活计〕女子在家庭里做的工作，像织布、缝衣等等俗称"活计"。　〔临盆〕旧法，女子分娩时用脚盆一类的东西来盛受那新生下来的婴儿，所以俗称分娩为"临盆"。　〔唠叨〕多说话。〔日月如梭〕这是一句成语，说日子的过去，和织布时梭的往来一般快。　〔阵痛〕阵，次数；例如"一阵风""一阵雨"。女子分娩前，腹部必作若干次剧痛，称为"阵痛"。　〔劳康〕Laocoon 的音译。希腊神话中人物。他的雕刻像有蛇缠身，象征父性的烦恼。　〔人生恋爱多忧患，不恋爱亦忧患多〕这两句似出于作者自造，但日本菊池宽所作的长篇小说常有此种境界。　〔最苦的是母亲〕这母亲是指那婴儿的母亲，即作者的妻。　〔襁褓〕本是婴儿用的袱被，但这里作为动词用。　〔弥月〕诞生后刚满一月。　〔*Maiden's Prayer*〕意译为"处女的祈祷"，西洋名曲之一。　〔*Lohengrin*〕德国音乐家瓦格纳（Wagner）所作歌剧之一。现在结婚仪式中新夫妇入礼堂时所奏之乐，即此歌剧中的一段。〔志贺直哉〕现代日本小说家，生于1883年。他所著的小说《到网走去》，经周作人译成华文，收入现代《日本小说集》(商务书馆出版)。〔淞沪火车路线〕从上海开到吴淞的火车路线。〔东京《读卖新闻》〕东京，日本的国都。《读卖新闻》，在东京出版的一种日报，现在还照常出版。〔漫画〕不限定题材，一时兴到而画成的画。倘用文字来比拟，漫画好像"随笔"。〔并木道〕两旁种着树的人行道。〔温〕复习。〔啥用场〕有什么用。〔交关好〕就是说"甚好"或"非常好"。交关，上海一带的土话。〔牧师〕耶稣教的传教师。西名为Pastor。〔亚门〕Amen的音译。其意思是"心愿如此"。耶教徒祈祷时常常念的。〔名媛〕有名的美女子。〔Manequin girl〕Manequin，本是指画家、雕刻家的人体模型，或洋服店里的胸体模型。近来欧美的大商店，往往用女子招徕主顾，例如出售衣服的商店，雇用美貌女子，当着主顾试穿各种时式的衣服，使他们随意选择，或竟穿了时式衣服坐在橱窗里做招牌，凡以此为职业的女子，就称为 Manequin girl。〔乌七八糟〕杂乱无次序的意思，也是上海一带的土话。〔文明结婚〕结婚不用旧时的仪式，俗称"文明结婚"。〔教会〕耶稣教徒聚集的团体。〔Salary man 的生活〕靠月薪维持生活的叫作"Salary man 的生活"。

牵 牛 花

叶绍钧

　　手种牵牛花接连有三四年了。水门汀地没法下种，种在十来个瓦盆里。泥是今年又明年反复着用的，无从取得新的来加入。曾与铁路轨道旁边种地的那个北方人商量，愿出钱向他买一点，他不肯。

　　从城隍庙的花店买了一包过磷酸骨粉掺和在每一盆泥里，这算代替了新泥。

　　瓦盆排列在墙脚，从墙头垂下十条麻线，每两条距离七八寸，让牵牛的藤蔓缠绕上去。这是今年的新计划，往年是把瓦盆摆在三尺光景高的木架子上的。这样，藤蔓很容易爬到了墙头；随后长出来的互相纠缠着因自身的重量倒垂下来，但末梢的嫩条便又蛇头一般仰起向上伸，与别组的嫩条纠缠，待不胜重量时便重演那老把戏；因此，墙头往往堆积着繁密的叶和花，与墙腰的部分不相称。今年从墙脚爬起，沿墙多了三尺光景的路程，或者会好一点；而且，这就将有一垛完全是叶和花的墙。

藤蔓从两瓣子叶中间引申出来以后，不到一个月工夫，爬得最快的几株将要齐墙头了。每一个叶柄处生一个花苞，像谷粒那样大，便转黄萎去。据几年来的经验，知道起头的一批花苞是开不出来的；到后来发育更见旺盛，新的叶蔓比近根部的肥大，那时的花苞才开得成。

今年的叶格外绿，绿得鲜明；又格外厚，仿佛丝绒裁剪成的。这自是过磷酸骨粉的功效。他日花开，可以推知将比往年的盛大。

但兴趣并不专在看花。

种了这小东西，庭中就成为系人心情的所在，早上才起，工毕回来，不觉总要在那里小立一会儿。那藤蔓缠着麻线卷上去，嫩绿的头看似静止的，并不动弹；实际却无时不回旋向上，在先朝这边，停一歇再看，它便朝那边了。前一晚只是绿豆般大一粒的嫩头，早起看时，便已透出二三寸长的新条，缀着一两张满被细白绒毛的小叶子，叶柄处是仅能辨认形状的小花苞，而末梢又有了绿豆般大一粒的嫩头。有时认着墙上的斑驳痕想，明天未必便爬到那里吧；但出乎意外，明晨已爬到了斑驳痕之上；好努力的一夜工夫！"生之力"不可得见，在这样小立静观的当儿，却默契了"生之力"了。渐渐地，浑忘意想，复何言说，只呆对着这一墙绿叶。

即使没有花，兴趣未尝短少；何况他日开花，将比往年的盛大呢？

　　　　牵牛花，一年生的蔓草。叶有三尖，互生。夏日开花，花色不一，花冠像漏斗；早刻花开，受着日光便萎了。

语释 〔水门汀〕Cement 译音的。一种建筑材料，以黏土与苛性石灰相和，烧成硬块，再用机器磨成粉末，用时加入细沙，以水拌匀，干后就坚硬和石一般。 〔城隍庙〕亦称邑庙。向在上海县城内（上海县城拆除已久，现在的民国路、中华路，

就是从前的城址）。庙内有东西二园：东园的假山
颇有名；西园是明允庵豫园旧址。园中摊肆林立，
每天游客很多。　〔过磷酸骨粉〕骨灰的主成分为
磷酸钙，不溶于水；加硫酸于骨灰，则成过磷酸
钙及硫酸钙的混合物，作粉末状，易溶于水，可
作肥料，俗称过磷酸骨粉。　〔绿豆〕很像赤小豆，
茎高尺余，秋季开小花，实绿褐色，可作食品。

一四 小 说

最近我们读了《孔乙己》和《大泽乡》两篇，这两篇都是小说。小说，这个名称颇有引人的力量，一般的人都欢喜看小说。什么是小说呢？不妨在此简略地谈谈。

小说所叙的必然是一件或者一串的事情，就文体论，自是叙述文。**小说里必然有一个或者多数的人物，**做事情的发动者、支持者和完成者。这不用详细指说，读者只消翻检《孔乙己》和《大泽乡》，自己就可以寻到证明。

这样说时，或许有人要问："那么，小说和传记不就是同类的东西么？像《李成虎传》和《荆轲传》，里边也有人物，也有事情，为什么不称为小说呢？"

回答这问题并不难。**传记的材料是被事实所限定的**，必须传记中人有过这回事，起过这样想头，方才可以写入传记。**小说的材料却是悉凭作者取舍的**，有的小说完全由想象构成，便是用事实做蓝本的小说，也尽可掺入想象的成分。所以，**从材料的来源说，小**

说和传记就显然不同。

若再根究这不同的所以然，**就得说到写作目的的不同。传记，**看字面就可以知道，**目的在把其人其事记录下来，故非"传真求信"不可。**小说的目的却在**表达出作者所见于人生的、社会的某种意义，故任何材料得以自由驱遣。**用绘画来比方，传记犹之写生法，务求妙肖，小说犹之写意法，意在笔外。

《李成虎传》目的在记录李成虎，《荆轲传》目的在记录荆轲，所以这两篇不是小说而是传记，现在已很明白了。那么，《孔乙己》和《大泽乡》即是小说，两位作者所见于人生的、社会的意义是什么呢？《孔乙己》是怜悯这个被侮辱的人么？《大泽乡》是同情于那些"闾左贫民"么？如果这样想，就浅看了这两篇了。读书而无所成，颓唐到偷人家的东西，却又说"君子固穷"；对于自己的知书识字，不乏矜夸的意思；在被打折了腿之后，仍旧耽着一碗酒的享乐，同时给自己辩解说："跌断，跌，跌……"这些里边蕴蓄着深浓的人生味。作者感到了这人生味，引起了用文字来把它捉住的感兴，于是写下这篇《孔乙己》。另一位作者呢，他从《大泽乡》这个故事里悟出了阶级不同的军官和"闾左贫民"在秋雨征途中所起的不同的心理变化，引起了用文字来把它捉住的感兴，于是写下这篇《大泽乡》。

李成虎和荆轲的故事也未尝不可作小说，如果作者从他们的故事里有什么意义见到的话；若仅只把其人其事记录下来，让人家知道世间有其人其事像《李成虎传》和《荆轲传》的样子，那就是传记——前面已经说过了。

常常有人这样说："某事新奇可喜，某事变幻曲折，都是绝好的小说材料。"这表示他们对于小说抱着一种不正确的见解。他们以为小说的任务就是记录事情，故认新奇可喜、变幻曲折的事情为小说的好材料。有一些作者犯着同样的错误，他们说："我这小说完全依据事实，并非凭空造作的。"取他们的小说来看，只是叙述文而已。

必须叙述文里含着作者所见于人生的、社会的某种意义（主要在"含着"，明白说出与否倒没有关系），方才是小说。至于材料，真实的故事也好，虚构的故事也好，只消表达得出那所谓某种意义——这里，真实的故事并不特别可贵。

小说大概可分为两种。**其一用归纳的方法**，就是作者先从现实里去看出意义来，然后，或者就把现实的事情、人物记录下来，使人家看了，也看出作者所看出的那点意义，或者另造事情、人物，作为材料，使那点意义格外明显。《孔乙己》就是此种。**又其一用演绎的方法**，就是作者先有了一种意义，然后创造事情、人物来寄托它，使人家看了，也悟出作者所见到的那点意义。《大泽乡》就是此种。

　　关于小说的写作有所谓"写实主义"，一般的误会就从这名词引起。**其实写实主义并非照录故事，作成一些叙述文的意思；乃是把所以寄托意义的事情和人物写得如同真实的一般，使人家不起"不切实际"的感觉。**

　　作者所看出的、悟到的意义，有的是读者平日也曾经验过，但并不清楚地留存在意识里的，及被作者提明，有如搔着了痒处，寻得了故物，欣快无穷。有的是读者平日虽不曾经验过，但一经提及，便能深切地理解的，所谓"一见如故"，正可以形容读了这种小说以后的欣快。所以，**小说的作者和读者由所见于人生的、社会的某种意义而发生关联；一边作，一边**

读，都是严肃认真的事。有些人不明白这一点，把写作小说看作游戏的事，拿起一本小说来读的时候，又说"我借此消遣消遣"，其作不好、读不好是当然的。

现在青年颇欢喜作小说，他们作成了小说，自己发布刊物，或者投到报社、杂志社去。但是，大多数的小说仅是叙述文而已。有志作小说的人首先应该自问："我这小说不仅是叙述文么？"更可以换一句话自问："我这小说除了记叙一些事情、人物之外还有自己的什么意义含着在、寄托着在里头么？"能够这样，至少不会把自己的一篇叙述文误称作小说了。

至于所见的意义的深浅、广狭，那是因各个作者的经验、识力而不同的。各人的生活互异（包括物质生活和精神生活），各人可就自己所见的意义写作小说。技法自也各有不同，把各种技法排比起来，就成"小说法程"之类的书籍。但看了"小说法程"不一定作得好小说。作者当写作的时候，若能注意于"怎样才能把自己所见的意义表达出来？"，便比较接近成功之门了。

练习　试自认定拟表达某种意义，作小说一篇。

闻歌有感

夏丏尊

"一来忙，开出窗门亮汪汪；二来忙，梳头洗面落厨房；三来忙，年老公婆送茶汤；四来忙，打扮孩儿进书房；五来忙，丈夫出门要衣裳；六来忙，女儿出嫁要嫁妆；七来忙，讨个媳妇成成双；八来忙，外孙剃头要衣装；九来忙，捻了数珠进庵堂；十来忙，一双空手见阎王。"

十一岁的阿吉和六岁的阿满又在唱这俗谣了。阿满有时弄错了顺序，阿吉给伊订正。妻坐在旁边也陪着伊们唱。一壁拍着阿满，诱伊睡熟。

这俗谣是我近来在伊们口上时常听到的，每次听到，每次惆怅，特别在那夏夜的月下，我的惆怅更甚。据说，把这俗谣输入我家来的，是前年一个老寡妇的女佣。那女佣的从何处听来，是不得而知了。

几年前，我读了莫泊桑的《一生》，在女主人公的一生的经过，感到不可言说的女性的世界苦。好好的一个女子，从嫁人，生子，一步一步地陷入到"死"的口里去，因了时势和国土，其内容也许有若干的不同，但总逃不出那自然替伊们预先设好了平板的铸型一步。怪不得贾宝玉在姊妹嫁人的时候要哭了！

《一生》现在早已不读，并且连书也已散失不在手头了，可是那女性的世界苦的印象，仍深深地潜存在我心里，每于见到将结婚或是结婚了的女子，将有儿女或是已有了儿女的女子，总不觉要部分地复活。特别地每次听到这俗谣的时候，竟要全体复活起来。这俗谣竟是中国女性的"一生"！是中国女性一生的铸型！

我的祖母，我的母亲，已和一般女性一样都规规矩矩地忙了一生，经过了这些平板的阶段，陷到死的口里去了！我的妹子，只忙了前几段，以二十七岁的年纪，从第五段一直跳到第十段，见阎王去了！我的妻正在一段一段地向这方向走着！再过几年，眼见得现在唱这歌的阿吉和阿满也要钻入这铸型去！

记得，有一次，我那气概不可一世的从妹对我大发挥其毕生志愿时，我冷笑了说：

"别做梦罢！你们反正是要替孩子抹尿屎的！"

从妹那时对于我的愤怒，至今还记得。后来伊结婚了，再后来，伊生子了，眼见伊一步一步地踏上这阶段去！什么"经济独立""出洋求学"，等等，在现在的伊，也已如春梦浮云，一过便无痕迹。我每见了伊那种憔悴的面容，及管家婆的像煞有介事的神情，几乎要忍不住下泪，可是伊却反不觉什么。原来"家"的铁笼，已把伊的野性驯服了！

易卜生在《海得加勃勒》中，借了海得的身子，曾表示过反对这桎梏的精神。苏特曼在《故乡》中也曾借了玛格娜的一生，描写过不甘被这铁笼所牢缚的野性。无论世间难得有这许多的海得、玛格娜样的新妇女，即使个个都是，结果只是造成了第三性的女子，在社会看来也是一种悲剧。国内近来已有了不少不甘为人妻的"老密斯"，和不愿为人母的新式夫人。女性的第三性化，似已在中国的上流社会流行开始了！如果给托尔斯泰或爱伦开伊女史见了，不知将怎样叹息啊！

贤妻良母主义，虽为世间一部分所诟病，但女性是免不掉为妻与为母的。说女性于为妻与为母以外还有为人的事则可以，说女性即为了人就无须为妻为母，绝不成话。既须为妻为母，就有贤与良的理想的要求，所不同的只是贤与良的内容解释罢了。可是无论把贤与良的内容怎样解释，免不掉是一个重大的牺牲，逃不出一个"忙"字！

自然所加给女性的担负，真是严酷，《创世记》中上帝对于第一对男女亚当夏娃的罚，似乎待女性的比待男性的苛了许多。难道真是因为女性先受了蛇的诱惑的缘故吗？抑或是女性真由男性的肋骨造成，根本上地位价值不及男性？

中馈、缝纫、奉夫、哺乳、教养……忙煞了不知多少的女性。在个人自觉不发达的旧式女性，一向沉没在自然的盲目的性意识里，千辛万苦，大半于无意识中经过着，比较地不成问题。所最成问题的是个人自觉已经发展的新女性。个人主义已在新女性的心里占着势力了，而性的生活及其结果，在性质上与个人主义却绝对矛盾。这性与个人主义的冲突，就是构成女性世界苦的本质。故愈是个人自觉发达的新女性，其在运命上所感到的苦痛也应愈强。国内现状沉滞麻木如此，离所谓"儿童公育""母性拥护"等种种梦想的设施，还是很远很远，无论在口上笔上说得如何好听，女性在事实上还逃不掉家庭的牢狱。今后觉醒的女性，在这条满了铁蒺藜的长路上，将怎样去挣扎啊！

叫新女性把个人的自觉抑没了来学那旧式女性的盲目的生活，减却自己苦痛吗？社会上大部分的人们，也许都在这样想。什么"女子教育应以实用为主"，什么"新式女子不及旧式女子的能操家政"等种种的呼声，都是这思想的表示。但我们断不能赞成此说，旧式女性因少个人的自觉，千辛万苦，都于无意识中经过，所感到的苦痛，不及新女性的强烈。这种生活，自然是自然的，可是与普通的生活界有何两样！如果旧式女性的生活可以赞美，那么动物的生活该更可赞美了。况且旧式女性也未始不感到苦痛，这俗谣中所谓"忙"，不都是以旧式女性为立场的吗？

一切问题不在事实上，而在对于事实的解释上，女性的要为妻为母是事实，这事实所给予女性的特别麻烦，因了知识的进步及社会的改良，自然可除去若干，但断不能除去净尽。不，因了人类欲望的增加，也许还要在别方面增加现在所没有的麻烦。说将来的女性可以无苦地为妻为母，究是梦想。

我不但不希望新女性把个人的自觉抑没，宁希望新女性把这才萌芽的个人的自觉发展强烈起来，认为为妻为母是自己的事，把家庭的经营，儿女的养育，当作实现自己的材料，一洗从来被动的屈辱的态度。为母固然是神圣的职务，为妻是为母的预备，也是神圣的职务，为母为妻的麻烦，不是奴隶的劳动，乃是自己实现的手段，应该自己觉得光荣优越的。

"我有男子所不能做的养小孩的本领！"

这是斯德林堡某作中女主人公反抗丈夫时所说的话。斯德林堡一般被称为女性憎恶者，但这句话，却足为女性吐气的，我们的新女性，应有这自觉的优越感才好。

苦乐不一定在外部的环境，自己内部的态度常占着大部分的势力。有花草癖的富翁，不但不以晨夕浇灌为苦，反以为乐，而在园丁却是苦役。这分别全由于自己的与非自己的上面，如果新女性不彻底自觉，认为为妻为母都不是为己，是替男子作嫁，那么即使社会改进到如何的地步，女性面前也只有苦，永无可乐的了。

心机一转，一切就会变样。《海上夫人》中爱丽妲因丈夫梵格尔许伊自决去留，说"这样一来，一切事都变了样了"！就一变了从前的态度，留在梵格尔家里，死心塌地做后妻、做继母。这段例话，通常认为自由恋爱的好结果，我却要引了作为心机一转的例。梵格尔在这以前，并非不爱爱丽妲，可是为妻为母的事，在爱丽妲的心里，总是非常黯淡。后来一转念间，就"一切都变了样了"！所谓"烦恼即菩提"，并不定是宗教上的玄谈啊！

妇女解放的声浪，在国内响了好几年了。但大半都是由男子主唱，且大半只是对于外部的制度上加以攻击。我以为真正妇女问题的解决，要靠妇女自己设法，好像劳动问题应由劳动者自己解决一样。而且单从外部的制度下攻击，不从妇女自己的态度上谋改变，总是不十分有效的。老实说：女性的敌，就在女性自身！如果女性真已自己觉到自己的地位并不劣于男性，且重要于男性，为妻，产儿，养育，是神圣光荣的事务，不是奴隶的役使，自然会向国家社会要求承认自己的地位价值，一切问题，应早经不成问题了的。唯其女性无自觉，把自己神圣的奉仕，认作屈辱的奴隶的勾当，才致陷入现在的堕落的地位。

有人说，女性现在的堕落，是男性多年来所驯致的。这话当然也不能反对。但我以为无论男性如何强暴，女性真自觉了，也就无法抗衡。但看娜拉啊！真有娜拉的自觉和决心，无论谁做了哈尔茂，亦无可奈何。娜拉的在以前未能脱除傀儡衣装，并不是由于哈尔茂的压迫，乃是娜拉自身还缺少自觉和决心的缘故。"小松鼠""小鸟儿"等玩弄的称呼，在某一意义上，可以说是娜拉所甘心乐受，自己要求哈尔茂叫伊的啊！

正在为妻为母和将为妻为母的女性啊！你们正"忙"着，或者快要"忙"了。你们在现在及较近的未来，要想不"忙"，是不可能的。你们既"忙"了，不要再因"忙"反屈辱了自己，要在这"忙"里发挥自己，实现自己，显出自己的优越，使国家社会及你们对手的男性，在这"忙"里认识你们的价值，承认你们的地位！

夏丏尊，现代浙江上虞人。本社社长。他所作的散文甚多，但并未搜辑成集。

语释　〔书房〕私塾的俗称。〔讨个媳妇〕俗称娶媳妇为"讨媳妇"。〔数珠〕念佛时用以计数的珠，亦称"念珠"。〔莫泊桑〕Guy de Maupassant（1850—1893），法国小说家。他是一个写实主义的作家，和佐拉齐名。〔《一生》〕原名 Une Vie（1883）。书中叙一女子，在未嫁以前，抱着无限希望，后来却平平淡淡地过了一生。〔贾宝玉〕清曹雪芹所著小说《红楼梦》中的人物。〔从妹〕伯父或叔父的女儿，年纪比自己为轻的，称为"从妹"。〔管家婆〕主妇的俗称。〔像煞有介事〕苏州一带俗语，其意思和"俨然"二字差不多。〔易卜生〕见前《答汪长禄书》注。〔《海得加勃勒》〕易卜生所作的剧本，原名 Hedda Gabler（1890）。剧中写一女子名海得，一心想做些超越尘俗的事情，可是理想与现实终究隔离太远，结果还只以一死了事。〔苏特曼〕Hermann Sudermann（1857—1928），德国的剧作家、小说家。〔《故乡》〕原名 *Heimate*（1893），是苏特曼所作的剧本。剧中写一退职军官的女儿玛格娜，因反对由她父亲作主订婚，便离开家庭，投身为歌伶。后来经人调解，又回家和她父亲同居，但她父亲还是像从前那样顽固，父女两人的性质意见根本不同，结果是她父亲气得中风死了。〔老密斯〕西洋人称未出嫁的女子为 Miss。老密斯，是指年纪已老还没有嫁人的女子。〔托尔斯泰〕见前《文明与奢侈》注。托尔斯泰所著的《幸福与家庭》，描写恋爱与结婚，正和那些"不甘为人妻""不敢为人母"的人的主张相反。〔爱伦开伊女史〕中国一向称知书识字的妇女为"女史"，是尊美之辞。Miss Ellen Key（1849—1926），瑞典的女思想家。她初主张妇女解放，但后来她却退出了妇女解放运动的潮流，而竭力主张母性之高尚。所著有《爱情与结婚》等书。〔《创世记》中上帝对于第一对男女亚当夏娃的罚，似乎待女性的比待男性的苛刻了许多〕《创世记》是《旧约》圣书的首卷，记上帝开辟天地，创造万物。据说上帝先用尘土造成一男子，名叫亚当。又取下亚当的肋骨，造成一个女子，名叫夏娃。后来夏娃受了蛇的诱惑，违背了上帝的吩咐，上帝对夏娃说："我必多多加增你怀胎的苦楚，你生产儿女必多受苦楚。你必恋慕你的丈夫，你丈夫必管辖你。"当时亚当听了夏娃的话，也违背上帝的吩咐，但上帝对亚当的处罚，只说："你必终身劳苦……你必汗流满面才得糊口，直到你归了土。"详可看《创世记》第二章第三章。〔中馈〕妇人在家所处理饮食之事，称为"中馈"。语本《易经》"无攸遂，在中馈"。〔铁蒺藜〕古时军用的障碍物。以铁为三角物，有尖刺如蒺藜，用绳连贯成串，布于敌来要路，使人马不得驰骋。〔操家政〕管理家务。〔斯德林堡〕August Strindberg（1849—1912），瑞典的歌曲家、小说家。他是一个"女性的厌恶者"，他的著作中极力反对或讽刺妇女解放运动。所著小说有《红屋》(*The Red Room*) 等，剧本有《父亲》(*The Father*) 等。〔《海上夫人》〕易卜生所作的剧本，原名 *The Lady from the Sea*（1888 年）。剧中写一女子爱丽妲，是个看守灯塔人的女儿，她和父亲常居海滨，所以市镇里的人都称她为"海上夫人"。她先和一个海船上的水手发生恋爱，且已订有婚约，后来那水手因犯罪逃走，她便嫁给市镇里的一个医生名叫梵格尔的作后妻。这不是爱丽妲所愿意的，所以她到梵格尔家以后，便觉不自由，不舒适，天天想着那水手。梵格尔只是用种种方法来娱悦她，安慰她，总不许她自由。直到后来那水手从海外归来接爱丽妲的时候，梵格尔才允许她自决去留。可是，这样一来，爱丽妲的心完全改变了：她终于拒绝了那水手，用自己的自由意志选择了梵格尔。〔菩提〕佛家称洞明真谛，到觉悟的境界为"菩提"，亦称"正觉"。〔娜拉〕易卜生的剧本 *Doll's House*（1879），写一女子娜拉，初为救她丈夫之故，犯了假冒签字的罪，她丈夫哈尔茂知道了，却完全不能原谅她。因此她看穿了男子的自私心，看穿了家庭的黑幕。后来这件事和平的过去，她丈夫又同从前一样，用对付小鸟玩偶似的手段去对待她、敷衍她，然而这时候，她已经变了一个人了。她离开了哈尔茂，要做一个独立的人，不愿再做家庭的傀儡了。

一般与特殊

刘叔琴

如果我们可以用极概括的话来表示思想的轮廓，那么，下面的一段话，须得预先交代清楚。就是：

社会问题中最大的问题，就在乎怎样才能够提高大多数人底生活标准；文化运动中最主要的运动，就在乎拼命去提高大多数人底知识标准。

这话在实际上确实是个难问题，或许竟是人类怕永远追求不尽的理想境界。可是理论方面底答案，那倒简单得很，可以一句话包括无遗地说：

要使特殊的一般化，同时也要使一般的特殊化！

社会问题的解决应该如此，文化运动的进行也应该如此。知识阶级应该努力在第一点。实际运动者应该努力在第二点。化学之前有炼金术，天文学之前有占星术，这是谁都知道的事情。由石斧、骨锥、独木舟，而杠杆、滑车、起重机、飞行机，这不是物理学底由来吗？由自己夸耀、两性竞争、服饰、美装，而美术，而文学，这不是艺术底由来吗？由自然崇拜，而祖先崇拜，而精神崇拜，这不是宗教底由来吗？"有"者，私之始也。由最初自然的占领，而互相尊重私有财产，这不是几千年来法律的精义与道德的极致吗？从前——大约两百多年以前——刘继庄说的"圣人六经之教，原本人情"这一段话，颇能够道出这里面的消息来。他说：

> 余观世之小人，未有不好唱歌、看戏者，此天性中之《诗》与《乐》也；未有不喜看小说、听说书者，此天性中之《书》与《春秋》也；未有不信占卜、祀鬼神者，此天性中之《易》与《礼》也。

的确，所谓六经者，只是一般人天性中所有的好唱歌、看戏、喜听说书、看小说、信占卜、祀鬼神底特殊化而已。从可知一切具有特殊性的学问，以及所以代表学问的特殊性的概念：真、善、美、圣，甚至于中国圣人的所谓《礼》《乐》《诗》《书》《春秋》《易》，无一不是一般生活的特殊化。生活有了这些特殊化，它的标准才见提高，它的深度才见增进。全部世界科学史、人生哲学史、艺术史、宗教史，它们所指示我们的，就是这一点。这是千万年来无量数人们所曾经努力的成绩，也是人们对付一般的唯一的方法。

地上如果有天国可以建设，我想那唯一的工程师便是学问，而这工程师所采用的唯一的方法，便是使一般特殊化而已。把一般都找出个道理来，都弄成功一种学问：这就是一般的特殊化。

一切都是生活的过程，一切都是生活的产物。而这产物只有在再变作生活的养分时才有意义，才有价值。譬如稻米是人种出来的，再去养活人们。学问不是从学问本身产生出来，像音不是从音本身产生出来，色不是从色本身产生出来的一样。生活产生学问，学问再去滋养生活。我们固然希冀一切生活都会变成学问，都会不绝地向深化；但我们尤其希望各种学问都会去滋养一切人们的生活，都会不绝地向外普及。现代的学问，现代的文化，是千万年来无量数的人们在地上所建设的伊甸园、所创立的象牙塔，万万不应该只由少数人独占独享，须得开放起来给大多数人共住共享。这样，才见得它是个地上的天国。这个开放的手续便是使特殊的一般化。

一般的特殊化，是生活或文化本身的提高。特殊的一般化，是使大多数人生活或文化的提高。这是一般的人们所应该努力的目标。

刘叔琴，现代浙江鄞县人。日本东京高等师范毕业。译著有《民众世界史要》《社会成立史》等。

语释 〔化学之前有炼金术〕科学家研究物质组成的变化，叫作"化学"。西名为 Chemistry。中国古代的方士，亦有炼丹砂为黄金的企图，魏伯阳的《周易参同契》上记载得极详细。〔天文学之前有占星术〕研究天体的组织及天体运转大小位置的学科，叫作"天文学"。西名为 Astronomy。在科学未发达以前，希腊、罗马盛行一种占星术（Astrology）。大约是就星的大小位置来占候人事吉凶。公元十七世纪流入欧洲，后来渐渐进步，由迷信的占星术，一变而为科学的天文学，所以天文学亦称"星学"。中国古代亦有占星术，如《汉书·艺文志》所载《泰一杂子星》二十八卷、《汉五星彗客行事占验》八卷等，都是讲占星术的书。〔石斧〕用石头磨治而成的斧。人类在未发明铜器以前，都用石器的。〔骨锥〕用兽骨做成的锥。〔独木舟〕古人未懂造舟的方法，用整段木头剖开，把中心挖空，便成独木舟。〔杠杆〕西名为Lever，即坚硬不能挠屈的杆，为力学中的助力器械。〔滑车〕西名为Pulley。以木或金属制圆轮，中作圆孔，贯以圆滑之轴，轮能绕轴而转，圆滑无碍，所以叫作"滑车"。有"定滑车"与"动滑车"的分别：其轴装置于不能移动的物体上，使滑车全体定而不动，仅其轮能绕轴而转的，叫作"定滑车"。其轴装置于可移动的物体上，使滑车全体可以移动，其轮亦绕轴而转的，叫作"动滑车"。动滑车用以起重，可省力二分之一。若将动滑车数个连用，则省力尤多，叫作"连滑车"。

〔起重机〕西名为 Crane。上置滑车，下设轮轴，以绳索系重物，随意引之上下左右。船埠用此最多。〔物理学〕研究物体状态变化（即力、热、声、光、磁、电诸现象）的学科，叫作"物理学"。西名为 Physics。〔自己夸耀〕据生物学者的研究，动物中的雄性为求雌性的爱，往往用种种方法，夸耀它自己的美。如鸟类中的雄性，往往用它的美丽的羽毛，婉转的歌喉，去引诱雌性，便是自己夸耀的一例。〔艺术〕西名为 Art。普通总括在审美上有价值的一切作品如文学、音乐、绘画、演剧、建筑、雕刻、舞蹈等而言。〔自然崇拜〕人类在未开化，或半开化的时代，知识幼稚，思想简单，对于自然界的现象不能了解，便由畏惧而崇拜，如波斯教的拜火。图腾教（Totemism）的崇拜树木鸟兽，都是。〔祖先崇拜〕从原始的自然崇拜，再进一步而相信人类的灵魂不灭，死后还能给生人以祸害或幸福；又相信人类的幸福，都是他祖先所创造；为崇德报功及求祖宗保佑起见，遂产生了祖先崇拜的风俗。〔精神崇拜〕由原始的迷信，再加上一点哲学的意味，便发生精神崇拜。所谓精神，对于物质而言；换句话，就是理想。如佛教徒以涅槃为人生最高理想，耶教徒以天国为人生最高理想；他们都看轻世界上一切物质生活，而想求得美满的精神生活，这便是所谓"精神崇拜"。〔刘继庄〕名献廷，一字君贤，清大兴人。所著有《广阳杂记》。〔六经〕《礼》《乐》《易》《诗》《书》《春秋》，是为六经。《乐经》久亡，现在只剩五经。〔人生哲学〕西名为 Philosophy of life。以道德、宗教、艺术等等及人间普遍生活之要求为根据点，而研究人生之目的及意义的哲学。〔伊甸园〕Eden，亚当与夏娃最初所住的园，亦称"乐园"。详可看《旧约·创世记》第二章。〔象牙塔〕Ivory tower，语本法国批评家圣白夫。凡是爱慕艺术生活，不满足于物质文明所创造的实利生活，想得到一特别的理想的天地，隐身其中，把现代的生活一切忘掉，另营自我的理想生活，这样的天地就叫作"象牙塔"。

一五　小　品　文

这一回我们来讲"小品文"。**小品文的名称原从它篇幅短少得来，仿佛说这是小东西而已**。小品文可以记述人、物，可以叙述事情，可以解说理法，可以议论事物，也可以写境、抒怀：**有什么要写，就提起笔来，到无可写了，就此搁笔**，即仅有数十字也不以为意，**是纯任自然，记录片段的意思、情感的一种文字**。《做了父亲》和《牵牛花》都是小品文。前者篇幅虽不能算短少，就文体论，是记述文和叙述文的糅合（中间也有议论文，如末后论教育计划的一段），但在纯任自然地抒写做了父亲以后的感想这一点上它是小品文。后者是记述文，却并非仅仅记述牵牛花，中间流露着作者默契"生之力"的情怀，故是小品文。

这样说来，我们读过的文篇中，不是有好几篇是小品文么？是的。像《卖汽水的人》，作者自己原来题"西山小品"的；他如《康桥的早晨》《荷塘月色》《背影》，也都是小品文。绘画中有所谓"速写"的一法，把当前的景物用简略的笔画记录在纸面上，却并非草率从事，一样也注意到构图、用笔等条件。这速写画正可以比文字中的小品文。读者试凝神辨认，上面提及的几篇不都是速写画一般的文字么？

在长篇的文字里或者整部的作品里，常常包含着好些小品文；这就是说，从其中抽出某一段来，不管它和前后文的关系，单看它本身，便是一篇独立的小品文。如《赤壁之战》中的：

　　时东南风急，盖以十舰最著前，中江举帆，余船以次俱进。操军吏士皆出营立观，指言盖降。去北军二里余，同时发火，火烈风猛，船往如箭，烧尽北船，延及岸上营落。顷之，烟炎张天，人马烧溺死者甚众。

这种就可认为一篇小品文。

有一些学生往往说："我很想作文，可惜没有题目。"这句话自然从有了"命题作文"的习惯而来的，向来作文先由先生命题，故自觉没有材料作文时，就说"没有题目"了。作文的材料岂是世间罕有的珍宝，这样难得的么？我们生活一天，就有一天的见闻，一天的思想、情感，把这些发表于口头，便是说话，书写在纸上，便是文字。世间绝没有一批专供作文的材料；**作文的材料就在我们的日常生活里头**。作文也不是一桩特殊的事情；**作文正同说话一样，是被包在生活里的一个项目**。你若把作文看作特殊的事情，又想从不知什么地方去寻取作文的材料，那就只好永久搁笔了。你若已经有了这样的癖性，想要纠正过来，养成容易作文的习惯，最好从试作小品文入手。你可以把每天的见闻，每天的思想、情感"形之于笔墨"，或者作日记，或者同家属、朋友通信，或者就是作笔记；那些材料并不一定连贯，你就分开来写，一句话也行，数十字也行，纯任自然，意尽而止。这样，你将见到作文的材料"俯拾即是"，只有须选择删弃，绝不会"踏破铁鞋无觅处"；你更将见到作文也就是生活，绝非生活的点缀。

同时，试作小品文对于作文练习也有好多益处。图画学生学画人体，先画一手一足，学画山水，先画一树一石。小品文和长篇文字的比例，正如一手一足和人体、一树一石和山水一般。**故作小品文可为作长篇文字的准备**。又，小品文篇幅既短少，自不能容纳巨大繁复的材料。对于细小简单的材料要有所说、有所写，必然观察到、思考到、感觉到精微的地方去。**故作小品文可增进观察力、思考力和感觉力——这不**仅在写作上，在什么方面都是很有益的。又，对于幼小简单的材料有所说、有所写，自然不会像藤蔓一样向四处乱爬，必定要拣那扼要的、精练的方式表达出来。**故作小品文可使文字趋于简练**。又，小品文既以日常生活为材料，那就取之不竭；篇幅又短少，无需长时间的研摩，而成篇时却比较容易像个样儿。唯其像个样儿，就不惮继续习作，以期再尝成功的喜悦。**故作小品文可养成作文的兴味。**

读者如发心习作小品文，**请随时留心自己的所见所闻，随时留心自己的思想、情感**。平时对于那些，以为绝非作文材料，轻轻放过了；却想寻另外的材料，于是叹息着喊"没有"。现在一留心，就会觉得这也是，那也是，一支笔差不多来不及写。但是，如果可能的话，最好尽量地写下来。反正是习作，写的即使是无谓的东西也无妨。**从这里，你会不知不觉地长进，**起初对于许多材料无从抉择，后来渐渐知道哪一宗材料值得写，哪一宗材料可以毫不顾惜地放过了；起初觉得见、闻、思、感是一事，提笔作文又是一事，后来渐渐觉得两方接近，几乎完全一致了——这就是说怎样见、闻、思、感就怎样写。**这样，作文对于你便有了真实的用处。**

暂时不必希望作成一篇博大的论文、一部繁复的小说。先努力于小品文的写作吧。遇见一个人物，要能用文字捉住他的外形或内心；参与一个集会，要能用文字速写它的经过和会场空气；游览一处景物，要能用文字表达自己所得的印象——说起来是很多的。这些都作得很好时，博大的论文和繁复的小说也不难着手了。

练习　试从任何长篇文字里摘出小品文来。

谈　动

朱光潜

朋友：

　　从屡次来信看，你的心境近来似乎很不宁静。烦恼究竟是一种暮气，是一种病态，你还是一个十八九岁的青年，就这样颓唐沮丧，我实在替你担忧。

　　一般人欢喜谈玄。你说烦恼，他便从《哲学辞典》里拖出"厌世主义""悲观哲学"等等堂哉皇哉的字样来叙你的病由。我不知道你感觉如何，我自己从前仿佛也尝过烦恼的况味，我只觉得忧来无方，不但人莫之知，连我自己也莫名其妙，哪里有所谓哲学与人生观！我也些微领过哲学家的教训。在心气和平时，我景仰希腊廊下派哲学者，相信人生皈依自然，不当存有嗔喜贪恋；我景仰托尔斯泰，相信人生之美在宥与爱；我景仰白朗宁，相信世间有丑才能有美，不完全乃真完全。然而外感偶来，心波立涌，拿天大的哲学，也抵挡不住，这固然是由于缺乏修养，但是青年们有几个修养到"不动心"的地步呢？从前长辈们往往拿"应该不应该"的大道理向我说法。他们说，像我这样一个青年应该活泼泼的，不应该暮气沉沉的，应该努力做学问，不应该把自己的忧乐放在心头。谢谢罢，请留着这副"应该"的方剂，将来患烦恼的人还多呢！

朋友，我们都不过是自然的奴隶。要征服自然，只得服从自然。违反自然，烦恼才乘虚而入。要排解烦闷，也须得使你的自然冲动有机会发泄。人生来好动，好发展，好创造。能动，能发展，能创造，便是顺从自然，便能享受快乐。不动，不发展，不创造，便是摧残生机，便不免感觉烦恼。这种事实在流行语中就可以见出，我们感觉快乐时说"舒畅"，感觉不快乐时说"抑郁"。这两个字样可以用作形容词，也可以用作动词。用作形容词时，它们描写快或不快的状态，用作动词时，我们可以说明快或不快的原因。你感觉烦恼，因为你的生机被抑郁；你要想快乐，须得使你的生机能舒畅、能宣泄。流行语中又有"闲愁"的字样，闲人大半易于发愁，就因为闲时生机静止而不舒畅。青年人比老年人易于发愁些，因为青年人的生机比较强旺。小孩子们的生机也很强旺，然而不知道愁苦，因为他们时时刻刻的游戏，所以他们的生机不至于被抑郁。小孩子们偶尔不很乐意，便放声大哭，哭过了气就消去。成人们感觉烦恼时也还要拘礼节，哪能由你放声大哭？吃黄连苦在心头，所以愈觉其苦。歌德少时因失恋而想自杀，幸而他的文机动了，埋头两礼拜著成一部《维特之烦恼》，书成了，他的气也泄了，自杀的念头也打消了。你发愁时并不一定要著书，你就读几篇哀歌，听一幕悲剧，借酒浇愁，也可以大畅胸怀。从前我很疑惑何以剧情愈悲而读之愈觉其快意，近来才悟得这个泄与郁的道理。

总之，愁生于郁，解愁的方法在泄，郁由于静止，求泄的方法在动。从前儒家讲心性的话，从近代心理学眼光看，都很粗疏，只有孟子的"尽性"一个主张，含义非常深广。一切道德学说都不免肤浅，如果不从"尽性"的基点出发。如果把"尽性"两字懂得透彻，我以为生活目的在此，生活方法也就在此。人性固然是复杂的，可是人是动物，基本性不外乎动。从动的中间我们可以寻出无限快慰。这个道理我可以拿两件小事来印证：从前我住在家里，自己的书房总欢喜自己打扫。每看到书籍纷乱，灰尘满地，你亲自去洒扫一过，霎时间混浊的世界变成明窗净几，此时悠然就座，游目骋怀，乃觉有不可言喻的快慰。再比方你自己是欢喜打网球的，当你起劲打球时，你还记得天地间有所谓烦恼么？

你大约记得晋人陶士行的故事。他老来罢官闲居，找不得事做，便去搬砖：晨间把一百块砖由斋里搬到斋外，暮间把一百块砖由斋外搬到斋里。人问其故，他说："吾方致力中原，过尔优逸，恐不堪事。"他又常对人说："大禹圣人，乃惜寸阴，至于吾人，当惜分阴。"其实惜阴何必定要搬砖，不过他老先生还很苗壮，借这个玩艺儿多活动活动，免得抑郁无聊罢了。

朋友，闲愁最苦！愁来愁去，人生还是那样一个人生，世界也还是那么样一个世界。假如把自己看得伟大，你对于烦恼，当有"不屑"的看待；假如把自己看得渺小，你对于烦恼当有"不值得"的看待；我劝你多打网球，多弹钢琴，多栽花，多搬砖弄瓦。假

如你不欢喜这些玩艺儿，你就谈谈笑笑，跑跑跳跳，也是好的。就在此祝你

谈谈笑笑

跑跑跳跳！

朱光潜，现代安徽桐城县人。所著有《变态心理学》《给青年的十二封信》等。本篇就是他给青年的十二封信之一。

语释　〔颓唐沮丧〕颓废不振作。　〔希腊廊下派哲学者〕希腊已见前《雕刻》注。廊下派，音译亦作斯多噶学派（英文 Stoic School）创始于居伯罗人芝诺（Zeno）。其思想以伦理、宗教为中坚。此派的开创，约在前310年的时候，而流行于希腊、罗马间，历五六百年弗绝。芝诺尝讲学于斯多亚（Stoa），有门弟子甚多。斯多亚，是彩廊的意思，因为芝诺常坐廊下讲学，所以有廊下派的名称。　〔皈依〕身心归向。皈和"归"字同，但佛经内归依两字均作"皈依"。　〔宥〕宽

恕。〔白朗宁〕Robert Browning（1812—1889），英国的诗人。他和丁尼生（Tennyson）并称为维多利亚王朝的两大诗人。他小时候差不多没有受过正规的学校教育。在十二三岁时，诗才已异常发达。后来和女诗人依利萨伯·巴列德（Barrett Elizabeth）结婚，偕同游历意大利等处。1861 年，他的妻死了。1868 至 1869 年，他的大著作《指环与诗本》出版，就成了第一流的诗人。〔歌德〕Johann Wolfgang von Goethe（1749—1832），德国诗人。他少年时代曾因恋爱失败而想自杀，后来把他的经历写成一小说，就是有名的《少年维特之烦恼》。〔《维特之烦恼》〕原名 *Die Leiden des jungen Wertters*（1774），这篇小说，可以说是歌德以其自身恋爱的经验为主的自叙传。出版不久，便有二十余国的译文。这书所给予当代的影响很大，有不少青年居然学着这书中的主人维特的因悲观而自杀。〔孟子的"尽性"一个主张〕例如《尽心篇》说："尽其心者，知其性也。"〔游目骋怀〕观赏景物，开拓胸怀。〔陶士行〕名侃，晋寻阳人，原籍鄱阳。他搬砖头的事情，在做广州刺史时，并不是"老来罢官闲居"的时候，这里是作者记错了。详可看《晋书》卷六十六《陶侃传》。〔吾方致力中原〕致力犹方尽力。晋以中原与江左并称，专指黄河下游而言。当时五胡乱华，中原为外族所据，所以陶侃这样说。按：他这几句话是做荆州刺史时候说的，这里是作者记错了。〔苗壮〕苗，草初生貌。不论植物动物，当他生机勃勃正当壮盛的时候都叫作"苗壮"。语本《孟子·万章下》："牛羊苗壮长而已矣。"

长　恨　歌

白居易

　　汉皇重色思倾国，御宇多年求不得。杨家有女初长成，养在深闺人未识。天生丽质难自弃，一朝选在君王侧。回眸一笑百媚生，六宫粉黛无颜色。

　　春寒赐浴华清池，温泉水滑洗凝脂。侍儿扶起娇无力，始是新承恩泽时。云鬓花颜金步摇，芙蓉帐暖度春宵。春宵苦短日高起，从此君王不早朝。承欢侍寝无闲暇，春从春游夜专夜。后宫佳丽三千人，三千宠爱在一身。金屋妆成娇侍夜，玉楼宴罢醉和春。姊妹弟兄皆列土，可怜光彩生门户。遂令天下父母心，不重生男重生女。

　　骊宫高处入青云，仙乐风飘处处闻。缓歌曼舞凝丝竹，尽日君王看不足。渔阳鞞鼓动地来，惊破《霓裳羽衣曲》。九重城阙烟尘生，千乘万骑西南行。翠华摇摇行复止，西出都门百余里。六军不发无奈何，宛转蛾眉马前死。花钿委地无人收，翠翘金雀玉搔头。君王掩面救不得，回看血泪相和流。

黄埃散漫风萧索，云栈萦纡登剑阁。蛾眉山下少人行，旌旗无光日色薄。蜀江水碧蜀山青，圣主朝朝暮暮情。行宫见月伤心色，夜雨闻铃肠断声。天旋地转回龙驭，到此踌躇不能去。马嵬坡下泥土中，不见玉颜空死处。

君臣相顾尽沾衣，东望都门信马归。归来池苑皆依旧，太液芙蓉未央柳。芙蓉如面柳如眉，对此如何不泪垂！春风桃李花开日，秋雨梧桐叶落时。西宫南内多秋草，落叶满阶红不扫。梨园弟子白发新，椒房阿监青蛾老。夕殿萤飞思悄然，孤灯挑尽未成眠。迟迟钟鼓初长夜，耿耿星河欲曙天。鸳鸯瓦冷霜华重，翡翠衾寒谁与共？悠悠生死别经年，魂魄不曾来入梦。

临邛方士鸿都客，能以精诚致魂魄。为感君王辗转思，遂教方士殷勤觅。排空驭气奔如电，升天入地求之遍。上穷碧落下黄泉，两处茫茫皆不见。忽闻海上有仙山，山在虚无缥缈间。楼殿玲珑五云起，其间

绰约多仙子。中有一人字太真，雪肤花貌参差是。金
阙西厢叩玉扃，转教小玉报双成。闻道汉家天子使，
九华帐里梦魂惊。揽衣推枕起徘徊，珠箔银钩迤逦开。
云鬓半偏新睡觉，花冠不整下堂来。风吹仙袂飘飘举，
犹似《霓裳羽衣舞》。玉容寂寞泪阑干，梨花一枝春带
雨。含情凝睇谢君王："一别音容两渺茫。昭阳殿里
恩爱绝，蓬莱宫中日月长。回头下望人寰处，不见长
安见尘雾。唯将旧物表深情，钿合金钗寄将去。钗留
一股合一扇，钗擘黄金合分钿。但教心似金钿坚，天
上人间会相见。"临别殷勤重寄词，词中有誓两心知。
七月七日长生殿，夜半无人私语时。"在天愿作比翼
鸟，在地愿为连理枝。"天长地久有时尽，此恨绵绵无
绝期。

　　唐玄宗宠爱贵妃杨氏，任用妃兄杨国忠为宰
相。时边将安禄山，拥有重兵，蓄意造反。杨国
忠和安禄山本有意见，屡次对玄宗说安禄山必反，
玄宗不信，他便故意和安禄山作难。天宝十四载
（755），安禄山以讨杨国忠为名，兴兵造反。那

时候，唐朝太平已久，兵备废弛，一月之内，安禄山连陷河北、河南，攻入洛阳。明年，安禄山自称大燕皇帝，攻破潼关。玄宗出奔蜀，行至马嵬驿兵士突然哗变，要求玄宗杀杨国忠及杨贵妃，玄宗无法只得依允。后玄宗传位给太子李亨，是为肃宗。肃宗把安禄山讨平，迎玄宗回京，尊为太上皇，迁居太极宫。玄宗经这番变故后意态消极，又常常想念杨妃，没有几年，就郁郁而死了。这桩事给唐朝人以很深的印象。白居易就应用这故事写成《长恨歌》。白居易的朋友陈鸿又作《长恨传》，今附录于后，以资参考。

开元中，泰阶平，四海无事。玄宗在位岁久，倦于旰食宵衣，政无大小，始委于右丞相，稍深居游宴，以声色自娱。

先是，元献皇后、武惠妃皆有宠，相次即世。宫中虽良家子千数，无可悦目者，上心忽忽不乐。

时每岁十月，驾幸华清宫，内外命妇，熠耀景从，浴日余波，赐以汤沐，春风露液，澹荡其间。上心油然，若有所遇，顾左右前后，粉色如土。诏高力士潜搜外宫，得弘农杨玄琰女于寿邸，既笄矣。鬓发腻理，纤秾中度，举止闲冶，如汉武帝李夫人。别疏汤泉，诏赐藻莹。既出水，体弱力微，若不任罗绮。光彩焕发，转动照人。上甚悦，进见之日，奏《霓裳羽衣曲》以导之；定情之夕，授金钗钿合以固之。又命戴步摇，垂金珰。明年，册为贵妃，半后服用。由是冶其容，敏其词，婉娈万态，以中上意。上益嬖焉。

时省风九州，泥金五岳，骊山雪夜，上阳春朝，与上行同辇，居同室，宴专席，寝专房，虽有三夫人、九嫔、二十七世妇、八十一御妻暨及后宫才人、乐府妓女，使天子无顾盼意。自是六宫无复进幸者。非徒殊艳尤态致是，盖才智明慧，善巧便佞，先意希旨，有不可形容者。叔父昆弟皆列位清贵，爵为通侯。姊妹封国夫人，富埒王室，车服邸第，与大长公主侔矣。而恩泽势力，则又过之。出入禁门不问，京师长吏为之侧目。故当时谣咏有云："生女勿悲酸，生男勿喜欢。"又曰："男不封侯女作妃，看女却为门上楣。"其人心美慕如此。

天宝末，兄国忠盗丞相位，愚弄国柄。及安禄山引兵向阙，以讨杨氏为词。潼骊不守，翠华南幸，出咸阳，道次马嵬亭。六军徘徊，持戟不进。从官郎吏伏上马前，请诛晁错以谢天下。国忠奉牦缨盘水，死于道周。左右之意未快。上问之，当时敢言者，请以贵妃塞天下怨。上知不免，而不忍见其死，反袂掩面，使牵之而去。仓皇辗转，竟就绝于尺组之下。

既而玄宗狩成都，肃宗受禅灵武。明年，大赦改元，大驾还都。尊玄宗为太上皇，就养南宫。自南宫迁于西内。时移事去，乐尽悲来。每至春之日，冬之夜，池莲夏开，宫槐秋落，梨园弟子，玉琯发音，闻《霓裳羽衣》一声，则天颜不怡，左右歔欷。三载一意，其念不衰。求之梦魂，杳不能得。

适有道士自蜀来，知上皇心念杨妃如是，自言有李少君之术。玄宗大喜，命致其神。方士乃竭其术以索之，不至。又能游神驭气，出天界没地府以求之，不见。又旁求四虚上下，东极大海，跨蓬壶，见最高仙山，上多楼阙，西厢下有洞户，东向，闿其门，署曰"玉妃太真院"。方士抽簪叩扉，有双鬟童女，出应其门。方士造次未及言，而双鬟复入。俄有碧衣侍女又至，诘其所从。方士因称唐天子使者，且致其命。碧衣云："玉妃方寝。请少待之。"于时云海沉沉，洞天日晓，琼户重阖，悄然无声。方士屏息敛足，拱手门下。久之，而碧衣延入，且曰："玉妃出。"见一人冠金莲，披紫绡，佩红玉，曳凤舄，左右侍者七八人，揖方士问皇帝安否，次问天宝十四载已还事，言讫悯然，指碧衣取金钗钿合，各折其半，授使者曰："为我谢太上皇，谨献是物，寻旧好也。"方士受辞与信，将行，色有不足。玉妃固征其意。复前跪致词："请当时一事，不为他人闻者，验于太上皇。不然，恐钿合金钗，负新垣平之诈也。"玉妃茫然退立，若有所思。徐而言曰："昔天宝十载，侍辇避暑于骊山宫。秋七月，牵牛织女相见之夕，秦人风俗，是夜张锦绣，陈饮食，树瓜果，焚香于庭，号为乞巧。宫掖间尤尚之。时夜殆半，休侍卫于东西厢，独侍上。上凭肩而立，因仰天感牛女事，密相誓心，愿世世为夫妇。言毕，执手各鸣咽。此独君王知之耳。"因自悲曰："由此一念，又不得居此。复堕下界，且结后缘。或为天，或为人，决再相见，好合如旧。"因言："太上皇亦不久人间，幸唯自安，无自苦耳。"使者还奏太上皇，皇心震悼，日日不豫。其年夏四月，南宫晏驾。

元和元年冬十二月，太原白乐天自校书郎尉于盩厔。鸿与琅邪王质夫家于是邑，暇日相携游仙游寺，话及此事，相与感叹，质夫举酒于乐天前曰："夫希代之事，非遇出世之才润色之，则与时消没，不闻于世。乐天，深于诗，多于情者也。试为歌之。如何？"乐天因为《长恨歌》。意者不但感其事，亦欲惩尤物，窒乱阶，垂于将来者也。歌既成，使鸿传焉。世所不闻者，予非开元遗民，不得知。世所知者，有《玄宗本纪》在。今但传《长恨歌》云尔。

白居易（772—846），字乐天，唐下邽人。元和间举进士迁左拾遗，贬江州司马，后召还，官至刑部尚书。晚年放情于诗酒，号醉吟先生。居香山，又称香山居士，所著有《白氏长庆集》。他的诗深厚丽密，而平易近人。相传他每作成一诗，必念给一个老妪听，问她懂否；懂便写下来，不懂再做过（见《墨客挥犀》）。这个故事虽未必可靠，却很可看出前人已公认他的诗平易近人，没有什么难解的地方。

语释 〔汉皇重色思倾国〕汉皇，指唐玄宗。汉李延年尝作歌云："北方有佳人，绝世而独立；一顾倾人城，再顾倾人国。"后人遂用"倾国"两字形容美貌的女子。〔御宇多年求不得〕君临天下，谓之"御宇"。这是说，做了多年皇帝，还求不到他理想中的美貌女子。〔六宫粉黛无颜色〕六宫，妃嫔所居之处，古时女子，粉以傅面，黛以画眉。这句的意思，是说杨妃貌美，她入宫以后，许多妃嫔都减色了。〔华清池〕陕西临潼县南骊山上有温泉，唐高宗于此建汤泉宫，玄宗改为华清宫，修治温泉为浴池。安禄山乱后，皇帝不复游幸，台殿多圮废，五代时改为灵泉观，赐给道士们居住。〔凝脂〕形容杨妃的皮肤。〔云鬟花颜金步摇〕云鬟，形容两鬟蓬松。花颜，形容面貌美丽。金步摇，是古代妇人的首饰。用金丝宛转屈曲作成花枝，插鬟后，走路时随步摇动，故名"金步摇"。〔芙蓉帐〕芙蓉本花名，颜色美丽，故借以作帐子的名称。〔后宫佳丽三千人〕后宫，谓妃嫔所居。佳丽三千人，盛言妃嫔之众多。〔金屋妆成娇侍夜〕《汉武故事》载："武帝年数岁，长公主抱，问曰：'儿欲得妇否？'曰：'欲得。'指女阿娇：'好否？'笑曰：'若得阿娇？当以金屋贮之。'"因此"金屋贮阿娇"遂为后人习用的典故，但这里的"娇"字系副词。〔玉楼〕前人往往用"玉""琼"等字形容建筑物的壮丽，如"玉楼""琼台"等，都是。〔姊妹弟兄皆列土〕分地土以封臣下，谓之"列土"。按杨妃姊妹三人，并有才貌，玄宗称之为姨：长曰大姨，封韩国夫人；三姨封虢国夫人；八姨封秦国夫人。又她的族兄，除杨国忠官至宰相外，杨铦官至鸿胪卿，杨锜官至侍御史。姊妹弟兄都因她而贵显，故居易这样说。〔可怜〕此可怜作可爱或可美解。〔骊宫〕华清宫在骊山，故亦称骊宫。

〔缓歌曼舞凝丝竹〕徐声引调谓之"凝"。丝竹，乐器之总称，丝谓琴瑟之类，竹指箫管之属。这是说，当缓歌曼舞时，配以和缓的音乐。〔渔阳鞞鼓动地来〕渔阳，唐郡名，今河北蓟县、平谷一带地。鞞鼓亦作"鞞鼓"，战阵所用的鼓。按：安禄山从渔阳发难，进陷潼关。〔《霓裳羽衣曲》〕本婆罗门曲，自西凉传入中国。其调今已失传。〔九重城阙烟尘生〕《楚辞》："君之门兮九重。"后人因谓人君所居为"九重"。此句写安禄山兵逼京师。〔千乘万骑西南行〕此句写唐玄宗奔蜀。蜀在长安西南。〔翠华〕天子旌旗，用翠羽为饰，故称"翠华"。〔西出都门百余里〕到了马嵬驿地方，离长安已有百余里。〔六军不发无奈何〕《周礼》里说："凡制军，万有二千五百人为军。王六军，大国三军，次国二军，小国一军。"所以后人称皇帝的军为"六军"。按：当时军士不肯前进，要求杀杨国忠、杨贵妃，玄宗虽爱杨妃，然亦无可奈何，只得依允了。〔宛转蛾眉马前死〕《诗·卫风·硕人》"螓首蛾眉"。蚕蛾的触须，细而长曲，故以比美人之眉，后遂用为

301

美人的代名词。此句写杨妃之死。〔花钿委地无人收，翠翘金雀玉搔头〕花钿、金雀、搔头，都是妇人的首饰。金雀以翠羽为饰的，叫作"翠翘金雀"。用玉做的搔头，叫作"玉搔头"。委，就是弃。这两句是说，杨妃死后，她的首饰弃在地上，无人收拾。〔云栈萦纡登剑阁〕剑阁即大小剑山，在四川剑阁县北。《水经注》云："小剑戍（即小剑山）去大剑山三十里，连山绝险，飞阁通衢，谓之剑阁。"那地方山路很险，在险绝之处，傍山架木，以通行人，称为"栈道"。在陕西褒城县北接凤县东北，统名"连云栈"。萦纡，是形容栈道的曲屈回绕。〔蛾眉山下少人行〕蛾眉山本名峨嵋山，亦作峨眉山，因两山相对如蛾眉，故又称蛾眉山，在四川峨眉县西南。按：峨嵋山在四川西南隅，玄宗从陕西幸蜀，无经过峨嵋山之理，所以前人如俞樾等，都说居易太疏忽了。〔蜀江水碧蜀山青〕蜀即今四川。蜀江蜀山，泛指四川的山水。〔行宫见月伤心色〕皇帝巡幸所居的宫，叫作"行宫"。这是说，在行宫里看见月亮，那月色在他看来是一种伤心之色。

〔夜雨闻铃肠断声〕雨夜里听得铃声，这铃声在他听来是一种断肠之声。按：《太真外传》云："上（指玄宗）至斜谷口，属霖雨弥旬，于栈道中闻铃声，隔山相应。上既悼念贵妃，因采其声为《雨霖铃曲》，以寄恨焉。" 〔天旋地转回龙驭〕皇帝的车驾称为"龙驭"。这是写安禄山的乱事平定，玄宗自蜀还都。 〔到此踌躇不能去〕到此，是到马嵬驿。踌躇，和"徘徊""旁皇"等的意思相同。 〔马嵬坡下泥土中，不见玉颜空死处〕马嵬坡即马嵬驿，在陕西兴平县西二十五里，今曰马嵬镇。按《新唐书·后妃传》云："帝不得已，与妃诀，引而去，缢路祠下，裹尸以紫茵，瘗道侧。……帝至自蜀，道过其所，使祭之。……遣中使者具棺他葬。启视，故香囊犹在，中人以献，帝视之凄感流涕。" 〔沾衣〕谓眼泪沾湿了衣服。 〔东望都门信马归〕信有随便的意思，如随便走去叫作"信步"，随手做去叫作"信手"。这里是说，由那马随便的、慢慢地东向都门归来。 〔太液芙蓉未央柳〕太液池在大明宫中（大明宫在今陕西长安县东）。未央宫汉时所筑，唐时在禁苑中。〔芙蓉如面柳如眉〕芙蓉花的美丽像杨妃的面，柳叶的狭长像杨妃的眉。〔西宫南内〕玄宗先居南宫，自蜀还后，被权相李辅国逼处西内。西宫即西内，亦名太极宫，在今陕西长安县北。南内即南宫亦称兴庆宫，当在今陕西长安县南。〔梨园弟子白发新〕玄宗当选坐部伎（玄宗分乐为二部：堂下立奏的，谓之立部伎；堂上坐奏的，谓之坐部伎）子弟三百，教于梨园，声有误者，帝必觉而正之，号"皇帝梨园弟子"；宫女数百，亦为梨园弟子，居宜春北院（见《新唐书·礼乐志》）。这是说，那些梨园弟子已新添了几茎白发了。〔椒房阿监青蛾老〕汉未央宫在椒房殿，皇后所居。阿监就是太监。青蛾亦作"青娥"，本指年轻的女子。他是说，宫里的太监、宫女年纪都已老大了。〔夕殿萤飞思悄然〕夕殿萤飞，是说殿中向晚时，萤火虫在那里乱飞，形容景象的萧索。悄然，凄怆忧闷貌。〔迟迟钟鼓初长夜，耿耿星河欲曙天〕古人击钟打鼓以报时刻。耿耿，微明貌。星河亦称"天河"，当晴夜天空，现有灰白色之带，弯环如河，由无数微光之恒星集合而成，夏秋之交最明显。天将晓叫作"曙"。这两句是写愁思的人一夜无眠的景况。〔鸳鸯瓦〕三国魏文帝梦两瓦落地为鸳鸯，后因通称瓦之成偶者为"鸳鸯瓦"。〔翡翠衾〕翡翠鸟的毛羽很美丽，所以拿来作衾的名称。〔临邛方士鸿都客〕临邛县在蜀郡，即今四川邛崃县。方士，方术之士。方术如求神仙、烧金丹及禁咒祈禳之类。汉灵帝置鸿都门学士。这方士从四川来京师，所以说"临邛方士鸿都客"。〔上穷碧落下黄泉〕道家称天空为"碧落"。黄泉，犹言地下，语本《左传》隐公元年"不及黄泉无相见也"。〔五云〕五色云。〔绰约〕美好貌。《庄子·逍遥游》篇作"淖约"。〔中有一人字太真〕一本作"中有一人名玉妃"。杨妃本名玉环，号太真。〔雪肤花貌参差是〕参差，这里作"仿佛"解。这是说，雪一般的皮肤，花一般的面貌，仿佛像是杨妃。〔金阙西厢叩玉扃〕叩，叩门。扃，门户的通称。金阙，玉扃，都是写仙人居处的富丽。〔转教小玉报双成〕相传吴王夫差小女紫玉，恋童子韩重，欲嫁之，不得，气结而死。后重往吊，玉形见，重欲拥之，如烟而没（见《搜神记》）。小玉即指夫差女紫玉。如《本事诗》云："吴姬小玉飞作烟。"注："小玉，夫差女名。"又相传西王母的侍女名董双成，善吹笙（见《汉武内传》）。这里是写杨妃已成仙，所以用两个仙女的名字来代替杨妃和她的侍女。〔汉家〕犹言"唐朝"，因为作者在当时不便直写"唐朝"，故以汉字代之。〔九华帐〕古人以华彩为宫室及器物的装饰，谓之"九华"，九，所以极言繁多。如台有"九华台"，宫有"九华宫"，帐有"九华帐"。〔珠箔银钩迤逦开〕箔，帘箔。钩，帘钩。迤逦，连延貌。〔《霓裳羽衣舞》〕《霓裳羽衣曲》本来是舞曲，一面奏曲，一面舞蹈，就叫作《霓裳羽衣舞》。杨妃在宫中常作《霓裳羽衣》之舞，据说这曲调和舞容，越到后来越缓慢，前面所说的"缓歌曼舞凝丝竹"，就是写当时歌舞的情形。〔玉容寂寞泪阑干〕玉容寂寞，是说她面容很凄惨。泪阑干，犹言涕泪纵横。阑干，就是纵横的意思。〔梨花一枝春带雨〕这句是把梨花着雨的情形，形容她的悲伤憔悴。〔凝睇〕目光定着不大活动的样子，和"流盼"的意思刚相反。〔昭阳殿〕杨妃生时常居昭阳殿。〔蓬莱宫〕蓬莱，本仙岛名，所以仙人所居的宫称为蓬莱宫。〔人寰〕犹言"人世""人间"。〔长安〕唐都长安，即今陕西长安县。〔唯将旧物表深情，钿合金钗寄将去〕据说玄宗与杨妃定情之夕，给她钿合金钗，以为永久相爱的证物。钿合，是金饰的盒子。〔钗留一股合一扇〕把金钗留下一股，盒子留下一扇。钗以黄金为之，盒以螺钿为之，各分其半，所以下句说"钗擘黄金合分钿"。〔七月七日长生殿〕阴历的七月七日，相传为牵牛织女两星相会的时期，当时民间及宫廷中例于夜半焚香庭中，陈设瓜果，号为"乞巧"。长生殿在华清宫中（据《唐会要》）。据说玄宗避暑华清宫，常与杨妃在长生殿乞巧。清洪升作传奇，演杨妃入宫以至死蜀本末，就定名为《长生殿》。〔比翼鸟〕相传南方有一种鸟，两翼相比，不比不飞，名为鹣鹣。见《尔雅·释鸟》。〔连理枝〕两树合为一枝叫作"连理枝"。

陌 上 桑

佚 名

日出东南隅，照我秦氏楼。秦氏有好女，自名为罗敷。罗敷善蚕桑，采桑城南隅。青丝为笼系，桂枝为笼钩。头上倭堕髻，耳中明月珠；缃绮为下裙，紫绮为上襦。行者见罗敷，下担捋髭须。少年见罗敷，脱帽着帩头。耕者忘其犁，锄者忘其锄；来归相怨怒，但坐观罗敷。

使君从南来，五马立踟蹰。使君遣吏往，问"是谁家姝"。

"秦氏有好女，自名为罗敷。"

"罗敷年几何？"

"二十尚不足，十五颇有余。"

使君谢罗敷："宁可共载不？"

罗敷前致词："使君一何愚！使君自有妇，罗敷自有夫。"

"东方千余骑，夫婿居上头。何用识夫婿，白马从骊驹。青丝系马尾，黄金络马头。腰中鹿卢剑，可值千万余。十五府小史，二十朝大夫。三十侍中郎，四十专城居。为人洁白晳，鬑鬑颇有须。盈盈公府步，冉冉府中趋。坐中数千人，皆言夫婿殊。"

这篇是汉朝有名的艳歌。它的异名甚多：一名《采桑》，一名《罗敷艳歌行》；亦有截取首句为《日出东南隅行》，或省作《日出行》。崔豹《古今注》云："《陌上桑》者，出秦氏女子。秦氏，邯郸人。有女名罗敷，为邑人王仁妻。王仁后为赵王家令，罗敷出采桑于陌上，赵王登台，见而悦之。因置酒欲夺焉。罗敷巧弹筝，乃作《陌上桑》之歌以自明。赵王乃止。"崔豹的话，与本篇所述的事实不相类，未足为据。要之，本篇的作者姓名，早已失传；观篇中用"使君""五马"等名词，可断定为汉朝人的作品。

语释 〔笼系〕笼，就是桑篮。笼系，桑篮上的络绳。〔倭堕髻〕状如堆云而下坠的发髻。〔耳中明月珠〕耳中，犹言"耳上"，因上句有"头上"字样，故变文以避复。珠，是用珠为饰的耳环。明月两字是形容那珠环的光彩。〔缃绮〕淡黄色的细绫。〔上襦〕襦，即今之短袄。"上襦"与"下裙"相对成文，谓上身穿着紫绫的短袄。〔帩头〕通作"绡头"，亦名"绡纱"。古人男子亦束发，绡头，所以束发使上者。〔来归相怨怒〕回来互相埋怨。〔但坐观罗敷〕只因为看罗敷看出了神的缘故。坐，作"因为"解。〔使君〕汉时称太守为"府君"，刺史为"使君"，又奉命出使者亦称使君。但此使君未必确指刺史或太守。〔五马立踟蹰〕五马承上句"使君"而言。汉制，太守驷马而已；其有加秩中二千石者乃右骖，故以"五马"为太守美称（据潘子贞《诗话》）。或谓汉太守比州长，御五马，故云（程氏《演繁露》）。但这些话都是拘迂之谈。五马，大概是泛指仪从而言，不必引经据典去穿凿附会。踟蹰，犹言"徘徊"，行不进貌。〔谢〕犹今言"请求"。〔宁可共载不〕可以同车而去否？〔何用识夫婿，白马从骊驹〕用什么标记来认识我的丈夫呢，只消看骑着白马，而后面有许多骑着黑马的人随从着的就是。〔鹿卢剑〕古长剑以玉作井鹿卢形，上刻木作山形，如莲花初生未敷时，今大剑木首其状如此（《汉书·隽不疑传》晋灼注）。〔十五府小史〕十五岁在州郡府里做小官。小史犹言"小吏"，古吏史二字往往通用。〔二十朝大夫〕二十岁就入朝中做大夫。〔三十侍中郎〕三十岁便升为侍中郎。侍中郎即侍中，在汉时本为加官，分掌乘舆服物，与中官司俱止禁中，为天子亲近之官。〔四十专城居〕四十岁便专居一城，为方面大员（如州牧、太守之类）。〔鬑鬑〕微有髭貌。〔盈盈公府步〕盈盈，轻步貌。公府，指州牧、太守的公署，非必专指京师的三公府。〔冉冉府中趋〕冉冉，缓行貌。按：此句与上句都是说她的丈夫从容缓步，完全是一个贵官的身份。〔皆言夫婿殊〕都说我的丈夫特别漂亮。殊，就是特别漂亮的意思。

一六　叙　事　诗

　　以前我们说过："诗的每一语纯为发抒某种情怀而存在；并且，它常含着不说出来的'言外意'，留给人家去想。"从这里，可见诗是主观的、发抒的文字，换一句说，就是诗所写的全是作者自己一方面的材料。用这一句去范围我们读过的诗，差不多没有错儿；我们读过了陶潜和杜甫的几首诗，又读过了苏轼和辛弃疾的几首词（我们曾经说过"词就是诗"，二者从质地上讲实是同样的东西，显著的分别只是体裁的不同罢了），那些材料都是作者自己一方面的。

　　现在读到的两首诗，《长恨歌》和《陌上桑》，可不同了。这两首诗的材料并不是作者自己一方面的，前者是唐玄宗和杨氏离合悲欢的故事，后者是罗敷采桑、答人问话的故事，原来都与作者不相关涉的。再看两位作者的态度，他们对于所写的材料似乎没有什么意见或感动（至少他们没有把自己的意见或感动透露出来）。他们只处于旁人的地位，把故事叙述出来就是。**这样客观的、叙述的诗，我们称它作"叙事诗"。**

既然有叙事诗，对于我们以前读到的那些诗也不妨加上形容语，**因为那些诗是发抒作者的某种情怀的，可以称它作"抒怀诗"。**

到这里，读者或许要想，叙事诗便是用诗体写成的叙述文。这样想固然大致不错，但是，叙事诗与叙述文的分别，绝不只在各语字数均等、偶数语押韵、语句音节和谐那些形式上面。我们把《长恨传》附录在《长恨歌》的后面，意在请读者取来对比，一篇是叙事诗，一篇是叙述文，除了形式以外，它们还有什么不同的所在。这里姑约略举出一些，作为例子，留下其余的让大家自己去玩索。

试看《长恨传》中叙述杨氏家属都靠着她而贵显起来的一段：

叔父昆弟皆列位清贵，爵为通侯。姊妹封国夫人，富埒王室，车服邸第，与大长公主侔矣。而恩泽势力，则又过之。出入禁门不问，京师长吏为之侧目。故当时谣咏有云："生女勿悲酸，生男勿喜欢。"又曰："男不封侯女作妃，看女却为门上楣。"其人心羡慕如此。

这些话说得很明白，不论谁看了都能知道杨氏的家属贵显到怎样程度，当时人对于他们的羡慕强烈到怎样程度。但是，除了知道这些，再不能从这一段文字得到什么了。在《长恨歌》中，叙述同样的材料只有：

> 姊妹弟兄皆列土，可怜光彩生门户。遂令天下父母心，不重生男重生女。

这样四语，简略得多，可是，颇有"留给人家去想"的余地。"光彩生门户"是一种印象的摹拟，读了这摹拟语，杨氏家属的气势赫耀，服用奢华，差不多都可以想象而得。又在上边加上"可怜"二字，更传出杨家的每一个人的满足、欢喜、骄矜、恣肆的心情，而"不重生男重生女"一语，比较《长恨传》所引"当时谣咏"说得含混；可是两者的意义都已包容在内，只消加以想象，自然便能理会。——是同样的材料，叙述文的《长恨传》明白详尽，单教人"知道"事情，叙事诗的《长恨歌》却用印象的摹拟，含混的叙述，教人知道了事情之后还得去"想"。**这耐人想的一点是一切诗的重要质素，叙事诗赖有它才成其为诗。**

再试看《长恨传》中叙述玄宗回来之后独居寡欢的一段：

> 时移事去，乐尽悲来。每至春之日、冬之夜，池莲夏开，宫槐秋落，梨园弟子，玉琯发音，闻《霓裳羽衣》一声，则天颜不怡，左右歔欷。三载一意，其念不衰。求之梦魂，杳不能得。

这些话说得也很明白，玄宗回来之后是这样地无聊。但是，除了知道玄宗这样地无聊，我们再不能从这一段文字感到什么了。在《长恨歌》中，叙述同样的材料却有：

> 归来池苑皆依旧，太液芙蓉未央柳。芙蓉如面柳如眉，对此如何不泪垂！春风桃李花开日，秋雨梧桐叶落时。西宫南内多秋草，落叶满阶红不扫。梨园弟子白发新，椒房阿监青蛾老。夕殿萤飞思悄然，孤灯挑尽未成眠。迟迟钟鼓初长夜，

耿耿星河欲曙天。鸳鸯瓦冷霜华重，翡翠衾寒谁与共？悠悠生死别经年，魂魄不曾来入梦。

这些语句就比较具体得多，说"芙蓉如面柳如眉"，说"桃李花开""梧桐叶落"，说"梨园弟子白发新，椒房阿监青娥老"，说"夕殿萤飞""挑灯不眠""钟鼓初长""星河欲曙""鸳鸯瓦冷""衾寒谁共"，都描出一个有轮廓、有色彩的真实境界，教读者"感得"诗中主人翁所感得的惆怅的心情；这教人"感得"的一点也是一切诗的重要质素，叙事诗赖有它才成其为诗。

若再看《陌上桑》，它描写罗敷的打扮都是具体的：

青丝为笼系，桂枝为笼钩。头上倭堕髻，耳中明月珠；缃绮为下裙，紫绮为上襦。

我们读了这数语，罗敷的华贵就可以想见。下面叙述旁人看见了罗敷忘形、出神的情形，竟描出一个热闹的场面：

行者见罗敷，下担捋髭须。少年见罗敷，脱帽着帩头。耕者忘其犁，锄者忘其锄；来归相怨怒，但坐观罗敷。

在这场面上，被说到的那些人都是生动的。我们读了这数语，可以"感得"大家争看美人儿的热狂空气。由于这等处所，故《陌上桑》是一首好的叙事诗。

假若并没有留着教人想的部分，也没有教人感得什么的部分，而单用诗体叙述一些事情，那只是诗体的叙述文而已，称为叙事诗是不切当的。

练习　试把《陌上桑》翻译作叙述文。

一 个 朋 友

叶绍钧

我有一位朋友，他的儿子今天结婚。我去扰了他家的喜酒，喝的醉了！不！我没有喝的醉！

他家的酒真好，是陈了三十年的花雕，呷在嘴里滋味浓厚而微涩——这个要内行家才能扼要地辨别出来——委实是好酒。

他们玩的把戏真有趣！真有趣！一对小新人面对面站着，在一阵沸天震地的拍手声里，他们俩鞠上三个大躬。他们俩都是迷惘的，惊恐的，瞪视的眼光，好像已被猫儿威吓住的老鼠……不像，像屠夫刀下的牲牛。我想：你们怕和陌生的人对面站着么？何不啼着，哭着，娇央着，婉求着你们的爹爹妈妈，给你们换个熟识的，知心的人站在对面呢？

我想的晚了，他们俩的躬已鞠过了！我又何必去想他。

那些宾客的议论真多。做了乌鸦，总要哑哑地叫，不然，就不成其为乌鸦了。他们有几个称赞我那朋友有福分，今天已是喝他令郎的喜酒了。有几个满口地说些"珠璧交辉""鸾凤和鸣"的成语。还有几个被挤在一群宾客的背后，经人丛的缝里端想着那一对小新人，似羡似叹地说："这是稀有的事！"

我没有开口。

那几个说我那位朋友有福分的，他们的话若是有理，今天的新人何不先结了婚再吃乳浆？那几个熟读成语辞典的，只知搬弄着矿物动物的名词，不知他们究竟比拟些什么！

"这是稀有的事"这句话却有些意思。

然而也不见得是稀有。"稀有"两字不妥。哈！哈！我错认在这里批改学生的文稿了。

我那位朋友结婚的时候，我也去扰他的喜酒，也喝的烂醉，今天一样的醉。这是十四年前的事——或者是十三年？记不清楚了。当时行礼的景象，宾客的谈话，却还印在我脑子里，一切和今天差不多。今天竟把当年的故事重新搬演了一回。我去道贺作宾客，也算是个配角呢。

我还记得那位朋友结婚之后，我曾问他：

"可有的什么新感觉？"

他的答语很是有趣：

"我吃，喝，玩耍，都依旧；快意的地方依旧；不如意的地方也依旧；只有卧榻上多了一个人，是我新鲜的境遇。"

我又问他：

"你那新夫人的性情和思想如何？"

他的答语更有趣：

"我不是伊，怎能知道哪些呢？"

他自然不知道。他除了唯一的感觉"新鲜的境遇"而外哪里还知道别的。我真傻气，将那些去问他。当时我便转了词锋道：

"伊快乐么？"

"伊快乐呀！伊理妆的时候，微微地、浅浅地，对着镜里的伊笑。伊见我进内室，故意将脸儿转向别的地方，两颗乌黑的、灵活的、动人的眼睛却暗地偷觑着我；那时伊颧颊间总含着无限的庆幸、满足、恋爱的意思。伊和女伴商量修饰，议论风生，足以使大家心折。伊又喜欢'叉麻雀'，下半天和上半夜的功夫都消磨在这一件事上。你道伊还有不快乐的一秒么！"

后来他们夫妻俩有了小孩子了——便是今天的新郎。他们俩遭逢了这个，欢喜的非常，但是说不出为什么欢喜……我又傻了，觉得欢喜，欢喜便是了，要说出什么来？这个欢喜还普及到他俩的族人和戚友，因为这事也满足了彼等对于他们俩的期望。然而他们俩先前并没有预计。论到这事，谁能有预计？哪一家立过预算表？原来我喝的醉了！

他们俩生了儿子，生活上丝毫没有变更。他吃喝、玩耍，依然如故。伊对着镜里的伊笑，偷觑着他得意，谈论修饰，"叉麻雀"也依然如故。

小孩子吸的，是一个卖了儿子、夺了儿子的权利换饭吃的妇人的乳浆。他醒的时候、睡眠的时候，都在伊的怀抱里。不到几个月，他小小的宠儿会笑了，小手似乎会招人了。

他们俩看了，觉得他很好玩，是以前不曾有过的新鲜玩意儿。一个便从乳母手里抱过来和他接个吻，一个不住地抚摩他的小面庞。他觉得小身体没有平时抱的舒服，不由得哭了起来。他们俩没趣，又没法止住他的哭，便教乳母快快抱开去。

"我们不要看他的哭脸！"

那小孩子到了七八岁，他们俩便送他进个学校。他学些什么，他们俩总不问。受教育原是孩子的事，哪用父母过问呢！

今天的新郎还兼个高等小学肄业的头衔！他的同学有许多也来道喜。他们活动的天性没有一处地方，一刻工夫不流露，刚才竟把礼堂当作球场踢起球来。然而对那做新郎的同学总现出凝视、猜想的神情，好像他满身被着神秘似的。

我想今天最乐意的要算我那位朋友了。他不只是说话，便咳一声嗽也柔和到十二分；弯了腰，执了壶来，替宾客斟酒，几乎要把酒杯敬到嘴边了。他听了人家的祝贺语，眉花眼笑地答谢道：

"我有什么福分？不过干了今天这一桩事，我对小儿总算尽了责任了。将来把这份微薄的家产交付与他，教他好好地守着，我便可无负祖先。"

我忽然想起，譬如我那位朋友死了，我替他撰家传，应当怎样地叙述？有了！简简括括只消说一句话：

"他无意中生了个儿子，还把儿子揿在自己的模型里。"

呀！谀墓之文哪有这等体例！原来我喝醉了！

语释 〔陈〕新之对，所以贮藏多年的酒叫作"陈酒"。〔花雕〕绍兴酒名，凡行销远地的绍兴酒，常选贮藏已久的陈酒，并在坛子外面加以彩色画，就把这一类酒称为"花雕"。〔内行家〕对于某事情有经验的人。〔珠璧交辉〕这句是通常祝贺人家新婚的成语。意思是说新郎新妇像珠和玉一般的交相辉映。〔鸾凤和鸣〕这句也是通常祝贺人家新婚的成语，鸾，凤鸟之属。意思是说新郎新妇像鸾和凤一般的此唱彼和。〔搬演〕戏剧中的装扮故事。〔配角〕戏剧中有"主角"和"配角"的分别：饰主要人物的是主角，饰其他人物的是配角。〔伊〕"他"字的女性，现在通作"她"字。〔偷觑〕偷看。〔心折〕心服。〔谀墓之文〕替人家做墓志铭或家传等，不根据死者平生事实来叙述，一味誉扬赞美的，便叫作"谀墓之文"。

打　拳

鲁　迅

　　近来很有许多人，在那里竭力提倡打拳。记得先前也曾有过一回，但那时提倡的，是满清王公大臣，现在却是民国的教育家，位分略有不同。至于他们的宗旨，是一是二，局外人便不得而知。

　　现在那班教育家，把"九天玄女传与轩辕黄帝，轩辕黄帝传与尼姑"的老方法，改称"新武术"，又是"中国式体操"，叫青年去练习。听说其中好处甚多，重要的举出两种来，是：

　　一，用在体育上。据说中国人学了外国体操，不见效验；所以须改习本国式体操（即打拳）才行。依我想来：两手拿着外国铜锤或木棍，把手脚左伸右伸的，大约于筋肉发达上，也该有点"效验"，无如竟不见效验！那自然只好改途去练"武松脱铐"那些把戏了。这或者因为中国人生理上与外国人不同的缘故。

二，用在军事上。中国人会打拳，外国人不会打拳：有一天见面对打，中国人得胜，是不消说的了。即使不把外国人"板油扯下"，只消一阵"乌龙扫地"也便一齐扫倒，从此不能爬起。无如现在打仗，总用枪炮。枪炮这件东西，中国虽然"古时也已有过"，可是此刻没有了，藤牌操法，又不练习，怎能御得枪炮？我想（他们不曾说明，这是我的"管窥蠡测"）：打拳打下去，总可达到"枪炮打不进"的程度（即内功？）。这件事从前已经试过一次，在一千九百年。可惜那一回真是名誉的完全失败了。且看这一回如何。

这篇是鲁迅的随感录，初载《新青年》，后来收在《热风》里。因为讲的是打拳，所以替他加上一个题目——《打拳》。

鲁迅是现代作家周树人的笔名。他是浙江绍兴人。从前曾做过教育部佥事。历任北京大学、厦门大学、广州中山大学等校教授。所著有《呐喊》

《彷徨》《热风》《坟》《华盖集》《华盖续集》《野草》《而已集》《朝花夕拾》及《中国小说史略》等。

语释 〔那时提倡的，是满清王公大臣〕清光绪二十五年（1899），山东一带的秘密会党，以传习拳棒相号召，谓能以咒语避枪炮弹，明年，起事于天津，号为义和团（亦称义和拳），提出"扶清灭洋"的口号。当时清朝的王公大臣都相信义和团真有法术，竭力提倡，蔓延直隶、山东、山西各省，拆毁教堂铁路，并围攻各国驻京的公使馆，八国联军借机入侵。〔九天玄女传与轩辕黄帝，轩辕黄帝传与尼姑〕当时义和团中人是这样说。九天玄女，上古的神女。相传黄帝与蚩尤战，玄女授之以兵法。今《六壬》《遁甲》诸书，相传为九天玄女所授。黄帝，中国古代（约前2697—前2597）的帝王。轩辕是他的姓。〔武松脱铐〕武松是《水浒传》里的一个英雄。铐，就是"手铐"，用以束缚犯罪人的手的。"武松脱铐"是从前拳术的一种，动作方式，大概是练习怎样脱去手铐的方法。〔板油〕人体腹网膜等处所储藏的脂肪，俗称"板油"。〔乌龙扫地〕也是从前拳术的一种动作方式，大概是向下横扫，以便打倒敌人。〔藤牌操法〕藤牌，"盾"之俗称，战阵时用以防御敌人兵器。从前有藤牌兵队，其兵士一手持藤牌，以防御敌人的刀枪；一手执兵器，以杀敌陷阵，练习这种战术的就叫作"藤牌操法"。〔管窥蠡测〕管中窥豹，可见一斑（详见文选《雕刻》篇"一斑"注），是以小见大的意思。以蠡测海，是以浅测深的意思。蠡，瓠瓢之属。〔内功〕旧时武术有"外功"与"内功"之分：外功是练习拳棒，内功则重在运气。〔在一千九百年〕就是指清光绪二十六年义和团运动。按：义和团之时，北京被八国联军攻破，清德宗和慈禧太后逃往西安，后来向各国请和，杀载勋等，赔款四百五十兆两（即所谓"庚子赔款"）。所以下面说"可惜那一回真是名誉的完全失败了"。

一七　劝诱与讽刺

现在想就《谈动》来谈谈。这篇论文的形式是书信。论文体该是什么呢？《谈动》这篇里有一个主张，就是"解愁的方法在泄""求泄的方法在动"。自己具有主张，希望读者信从，不是议论文么？但是，这篇议论文与一般的议论文有点儿不同：一般的议论文并不对固定的某人说话，而《谈动》的对象只是感到烦恼的某青年。并且，这篇的论点是存在对象身上的：因为某青年感到烦恼，作者才对他说解愁、求泄的法门。这不比先前读过的《最苦与最乐》和《机器促进大同说》那样，论点是由作者自己选定的。更进一层，这篇的态度也值得注意：言辞之间流荡着情感；处处替对方打算，唯恐不够周密。这样的议论文，**可以加上"劝诱的"一个形容词，使它同一般的议论文有着区别。这是说它不单靠严正的理论折服别人，而设身处地，为对方着想，"劝诱"对方依从持论人的主张。**这"诱"字并不含什么不好的意味，相当于"引导"或"启迪"，就是"循循善诱"的"诱"字。

对别人致劝诱犹如医生诊病。**一要剖析对方所持见解的不合，并探求所以致此的根源**，这好比医生的诊断；**二在发表自己的主张**，这好比医生的开方。如果剖析得精密，探求得确当，对方自当恍然醒悟，放弃了所持的见解。这当儿，你更给他你自己的一个主张。他既放弃了旧的，自然容易接受新的。他一接受，你就达到劝诱的目的了。

就把《谈动》一篇为例，约略讲它的进展的顺序。这篇的第二节里就给与对方不少的同情；作者说那种"忧来无方"、什么都"抵挡不住"的况味也曾尝过，那不是"应该不应该的大道理"所能克服的，这样说时就使对方安了心，知道所谓烦恼原是青年常有的病，而现在写信来劝慰的人绝非捧着"应该不应该的大道理"的。**要劝诱别人最紧要的是排除对方信从上的障碍**。说是青年常有的病，便可知不会特加责备；说并不捧着"应该不应该的大道理"，便可知劝慰完全出于关切的好意：这样的劝慰不是谁都很乐于信从的么？第三节里说"能动，能发展，能创造，便是顺从自然，便能享受快乐；不动，不发展，不创造，便是摧残生机，不免感觉烦恼"；以下更引"闲人大半易于发愁""青年人比老年人易于发愁些""小孩子们……不知道愁苦"作证：这就剖析出快乐和烦恼的质素，探求到快乐和烦恼的根源。对方既在那里烦恼，他的病因当然由于"生机被抑郁"，解救的方法无疑地是求宣泄了。于是第四节里就提出了"求泄的方法在动"——这是作者的主张，也是作者开给对方的药方。除引一些日常经验（整理书房、起劲打球）外，更在第五节里举古人的事作证。末节说"能动"的人对于烦恼宜如何看待，并且列举打球、弹琴等项目，给"动"字做具体的注脚。全篇里有斥责烦恼的话语么？没有。有"应该不应该的大道理"么？没有。**读下去只像面对着无所不谈的好友，听他谈体贴入微的衷肠话**：这是劝诱文字的魔力，一般的议论文所不具的。靠着这魔力，其效果当然更大。

现在，请看另外一篇议论文《打拳》。这篇的主张是什么？就是不赞成民国的教育家提倡打拳。读者或许要说："统看全篇，并不见有'不赞成'的字样呀。"不错，"不赞成"的字样的确没有，但是你得用头脑去想，作者说这一番话究竟为着什么；想的结果，你就领会到作者所不曾明言的主张了。

议论文的主要点在提出自己的主张，这一篇却把主张藏了起来，并不明言，是什么缘故呢？你如果这样怀疑，我们先得请你看这一篇说话的态度。在第一节里说"至于他们的宗旨是一是二，局外人便不得而知"，这并非真个不知，却是知而不说；只看次节说"把……的老方法改称……叫青年去练习"，便可明白。次节讲到"其中好处"，上面加上个"听说"，表示这是提倡者的见解，与作者全不相干。第三节说学体操该有点效验，"无如竟不见效验，那自然好改途……了"，这是作者所悬揣的提倡者的理论，在这里暗示着提倡者的错误：体操所以不见效验，"或者因为中国人生理上与外国人不同的缘故"，而实际中国人与外国人生理上并无不同，那么体操的不见效验该是不曾认真练习的缘故，提倡者见不及此，便想改途，其错误可不言而喻了。第四节说在军事上，会打拳的可以战胜不会打拳的，这是提倡者的信念，"无如现在打仗总用枪炮"，怎么办呢？作者悬揣提倡者的希望，却在"达到枪炮打不进的程度"，在这里又暗示着提倡者的荒谬：这明明同一千九百年那一次清朝王公大臣提倡打拳一模一样，顺他们的口气说是"可惜那一回……

失败了"，用正面的口气说不就是"决无不失败之理"么？——到这里，可见这一篇说话的态度与旁的议论文全不相同：知而不说，不直指而用暗示，顺着对方的口气说反面的话，这些都不是一般的议论文所取的态度。这样的议论文，**可以加上"讽刺的"一个形容词，使它同一般的议论文有着区别**。这是说它全然避去了针对的辩驳，而用讽刺的言辞促起对方的反省，使对方依从持论人的主张。那些提倡打拳的教育家，看了这一篇，如果觉悟自己的宗旨与清朝王公大臣的"二而一"，体操不见效验不就是体操不好，打拳用在军事上更属笑话，那就会同作者一样，他们也不想提倡打拳了。**讽刺文字的主张就寄托在它的态度上**，所以这一篇里不见有"不赞成民国的教育家提倡打拳"的话。

讽刺文字既把主张寄托在它的态度上，而**要使态度不改样地表达出来，必须在语调上留意**。你若是存心不说明，而人家读下去，以为你并未有这样存心；你若是利用暗示，而人家感觉不到你所暗示的；你若是在那里说反面的话，而人家只当你所说是正面的话；那一定是你的语调失败了。试就《打拳》一篇，玩味"位分略有不同""局外人便不得而知""把九天玄女……的老方法改称新武术""听说其中好处甚多""无如……""那自然只好……这或者因为……""是不消说的了""无如……""中国虽然……可是……""总可达到……""可惜那一回……"等语调，便可知讽刺文字应该怎样才可达到它的目的。

劝诱文字与讽刺文字正相反对：劝诱文字是**热的**，讽刺文字是**冷的**；劝诱文字**多方替对方打算**，讽刺文字**好像绝不把对方放在心上**。但是，**二者的目的却相同，同样地期望对方依从持论人的主张**。

练习 《一个朋友》是一篇"讽刺的"小说，试说明作者所不曾说出来的意见是什么。

黔 之 驴

柳宗元

　　黔无驴，有好事者船载以入，至则无可用，放之山下。虎见之，庞然大物也，以为神，蔽林间窥之；稍出近之，慭慭然莫相知。他日驴一鸣，虎大骇远遁，以为且噬己也，甚恐。然往来视之，觉无异能者；益习其声，又近出前后，终不敢搏。稍近益狎，荡倚冲冒，驴不胜怒，蹄之。虎因喜，计之曰，技止此耳。因跳踉大㘎，断其喉，尽其肉，乃去。噫！形之庞也类有德，声之宏也类有能。向不出其技，虎虽猛，疑畏卒不敢取。今若是焉，悲夫！

唐柳宗元著《三戒》，分三篇：一、《临江之鹿》，二、《黔之驴》，三、《永某氏之鼠》。其自序云："吾恒恶世之人不知推己之本，而乘物以逞：或依势以干非类，出技以怒强，窃时以肆暴；然卒迨于祸。有客谈麋、驴、鼠三物，似其事作《三戒》。"现在把第一篇《临江之麋》删去，本篇就是《三戒》中的第二篇。黔，今贵州省，以古黔中得名。

柳宗元（773—819），字子厚，唐河东人。由进士累官监察御史，后因党争被贬为永州司马，徙柳州。他的文章和韩愈齐名，人称韩文雄奇，柳文古雅。今存有《柳河东集》。

语释 〔慭慭然〕谨敬貌。〔益习其声〕更加听惯了它的声音。〔狎〕玩弄轻慢。〔荡倚冲冒〕荡，动荡。倚，身体贴近。冲，冲过去。冒，追前去。〔跳踉大㘎〕跳踉，足乱动的样子。㘎，同"啖"。〔形之庞也类有德〕形体庞大，看去像有德的。按："德"字的意义甚多，这里的"德"字，和《礼记·大学》"富润屋，德润身，心广体胖"的"德"字意义相同。言显见于外者必有实于内；那驴子外体庞大，则其内容必充实。〔声之宏也类有能〕声音洪亮，好像有些技能的。

永某氏之鼠

柳宗元

永有某氏者，畏日，拘忌异甚。以为己生岁直子，鼠子神也，因爱鼠，不畜猫犬，禁僮勿击鼠，仓廪庖厨，悉以恣鼠不问。由是鼠相告，皆来某氏，饱食而无祸。某氏室无完器，椸无完衣，饮食大率鼠之余也；昼累累与人兼行，夜则窃啮斗暴，其声万状，不可以寝；终不厌。数岁，某氏徙居他州，后人来居，鼠为态如故。其人曰："是阴类恶物也，盗暴尤甚，且何以至是乎哉！"假五六猫，阖门，撤瓦，灌穴，购僮罗捕之，杀鼠如丘，弃之隐处，臭数月乃已。呜呼！彼以其饱食无祸为可恒也哉！

永，永州，就是现在湖南的零陵县。这是柳宗元《三戒》的第三篇，详见前篇注。

语释　〔畏日〕畏，畏忌。日，卜筮占候时日。这是说，他相信卜筮占候，有种种拘忌。　〔生岁直子〕旧时用天干地支相配，他生的一年刚刚是"子"年。　〔鼠子神也〕旧时以动物十二种分配十二地支：子属鼠，丑属牛，寅属虎，卯属兔，辰属龙，巳属蛇，午属马，未属羊，申属猴，酉属鸡，戌属犬，亥属猪。　〔僮〕僮仆。　〔恣〕放纵。　〔槵〕衣架。

运河与扬子江

陈衡哲

扬子江与运河相遇于十字路口。

河　你从哪里来？

江　我从蜀山来。

河　听说蜀山险峻，峭崖如壁，尖石如刀，你是怎样
　　来的？

江　我是把他们凿穿了，打平了，奋斗着下来的。

河　哈哈！

江　你笑什么？

河　我笑你的谎说得太希奇了。看呵！似你这样软弱
　　的身体，微细的流动，也能与蜀山奋斗吗？

江　但我确曾奋斗过来的。况且我从前并不是这个样
　　子。我这软弱的生命，便是那个奋斗的纪念。

河　真的吗？可怜的江！那你又何苦奋斗呢？

江　何苦奋斗？我为的是要造命呀！

河　造命？我不懂。

江　你难道不曾造过命吗？

河　我的生命是人们给我的。

江　你以为心足吗？

河　何故不心足？

江　我不羡妒你。

河　可怜的苦儿！你竟没有人来替你造一个命吗？

江　我不希罕那个。

河　可怪！你以为你此刻的生命胜过我吗？

江　人们赐给你的命！

河　这又有什么相干？我不是与你一样地活着吗？

江　你不懂得生命的意义，你的命，成也由人，毁也
　　由人；我的命却是无人能毁的。

河　谁又要来毁我呢？

江　这个你可作不得主。

河　我不在乎那个。

江　最好最好！快乐的奴隶，固然比不得辛苦的主人，
　　但总远胜于怨尤的奴隶呵！再会了，河！我祝你

永远心足，永远快乐！

于是扬子江与运河作别，且唱且向东海流去。

奋斗的辛苦呵！筋断骨折。

奋斗的悲痛呵！心摧肺裂。

奋斗的快乐呵！打倒了阻力，羞退了讥笑，征服了疑惑。

痛苦的安慰，愉悦的悲伤，从火山的烈焰中，采取生命的真谛！

泪是酸的，血是红的，生命的奋斗是彻底的！

生命的奋斗是彻底的，奋斗来的生命是美丽的！

运河亦称运粮河。南起浙江的杭县，经过江苏、山东两省，直达河北的天津县。长达2210里，为世界人工所成的最长的水道。扬子江即大江，亦称长江。源出青海巴颜喀喇山南麓，东流经西康、云南、四川、湖北、河南、江西、安徽诸省，至江苏崇明县入海。长达9960里，为我国最长的大川。这篇是对话体的叙述文。作者借运河与扬子江的问答，写出她对于人生的见解。

语释 〔十字路口〕道路正交的口子，可以四去，形如"十"字，俗称"十字路口"。扬子江和运河在镇江、瓜洲间交流着，恰也成一十字口，所以这里就借用了。〔蜀山〕泛指四川的山。旧说扬子江源出岷山，故一般人便以岷江为江源。这里的蜀山，就是泛指这一带的山岭。〔东海〕在黄海之南。按：扬子江的终点在东海、黄海之间。〔心摧〕心被摧折，就是伤心之意。例如宋司马光诗："空使寸心摧。"〔真谛〕语出佛家，对"俗谛"而言。如谓世间法为俗谛，出世间法为真谛。这里作"真实的意义"解。

齐桓晋文之事章

《孟子》

齐宣王问曰："齐桓晋文之事，可得闻乎？"

孟子对曰："仲尼之徒无道桓文之事者，是以后世无传焉，臣未之闻也。无以，则王乎？"

曰："德何如，则可以王矣？"

曰："保民而王，莫之能御也。"

曰："若寡人者，可以保民乎哉？"

曰："可。"

曰："何由知吾可也？"

曰："臣闻之胡龁曰，王坐于堂上，有牵牛而过堂下者，王见之，曰：'牛何之？'对曰：'将以衅钟。'王曰：'舍之；吾不忍其觳觫；若无罪而就死地。'对曰：'然则废衅钟与？'曰：'何可废也？以羊易之。'

不识有诸？"

曰："有之。"

曰："是心足以王矣。百姓皆以王为爱也，臣固知王之不忍也。"

王曰："然。诚有百姓者；齐国虽褊小，吾何爱一牛？即不忍其觳觫；若无罪而就死地，故以羊易之也。"

曰："王无异于百姓之以王为爱也！以小易大，彼恶知之！王若隐其无罪而就死地，则牛羊何择焉？"

王笑曰："是诚何心哉！我非爱其财而易之以羊也；宜乎百姓之谓我爱也！"

曰："无伤也！是乃仁术也，见牛未见羊也。君子之于禽兽也，见其生，不忍见其死；闻其声，不忍食其肉；是以君子远庖厨也。"

王说，曰："《诗》云：'他人有心，予忖度之。'夫子之谓也。夫我乃行之；反而求之，不得吾心。夫子言之，于我心有戚戚焉。此心之所以合于王者何也？"

曰："有复于王者，曰：'吾力足以举百钧，而不足以举一羽；明足以察秋毫之末，而不见舆薪。'则王许之乎？”

曰：“否。”

“今恩足以及禽兽，而功不至于百姓者，独何与？然则一羽之不举，为不用力焉；舆薪之不见，为不用明焉；百姓之不见保，为不用恩焉。故王之不王，不为也，非不能也。”

曰：“不为者与不能者之形何以异？”

曰：“挟太山以超北海，语人曰：‘我不能。’是诚不能也。为长者折枝，语人曰：‘我不能。’是不为也，非不能也。故王之不王，非挟太山以超北海之类也；王之不王，是折枝之类也。

“老吾老，以及人之老；幼吾幼，以及人之幼；天下可运于掌。诗云：‘刑于寡妻，至于兄弟，以御于家邦。’言举斯心加诸彼而已。故推恩，足以保四海；不推恩，无以保妻子。古之人所以大过人者无他焉，善推其所为而已矣。今恩足以及禽兽，而功不至于百姓者，独何与？

“权，然后知轻重；度，然后知长短。物皆然，心为甚。王请度之！

“抑王兴甲兵，危士臣，构怨于诸侯，然后快于心与?"

王曰:"否,吾何快于是!将以求吾所大欲也。"

曰:"王之所大欲,可得闻与?"

王笑而不言。

曰:"为肥甘不足于口与?轻暖不足于体与?抑为采色不足视于目与?声音不足听于耳与?便嬖不足使令于前与?王之诸臣皆足以供之,而王岂为是哉?"

曰:"否,吾不为是也。"

曰:"然则王之所大欲可知已:欲辟土地,朝秦楚莅中国,而抚四夷也。以若所为,求若所欲,犹缘木而求鱼也。"

王曰:"若是其甚与?"

曰:"殆有甚焉!缘木求鱼,虽不得鱼,无后灾。以若所为,求若所欲,尽心力而为之,后必有灾。"

曰:"可得闻与?"

曰:"邹人与楚人战,则王以为孰胜?"

曰:"楚人胜。"

曰:"然则小固不可以敌大,寡固不可以敌众,弱固不可以敌强。海内之地,方千里者九,齐集有其一。以一服八,何以异于邹敌楚哉!盖亦反其本矣。

"今王发政施仁，使天下仕者皆欲立于王之朝，耕者皆欲耕于王之野，商贾皆欲藏于王之市，行旅皆欲出于王之途，天下之欲疾其君者皆欲赴愬于王。其若是，孰能御之！"

王曰："吾惛不能进于是矣。愿夫子辅吾志，明以教我。我虽不敏，请尝试之。"

曰："无恒产而有恒心者，唯士为能。若民，则无恒产，因无恒心。苟无恒心，放辟邪侈，无不为已。及陷于罪，然后从而刑之，是罔民也。焉有仁人在位，罔民而可为也！

"是故明君制民之产，必使仰足以事父母，俯足以畜妻子；乐岁终身饱，凶年免于死亡。然后驱而之善，故民之从之也轻。

"今也制民之产，仰不足以事父母，俯不足以畜妻子；乐岁终身苦，凶年不免于死亡。此唯救死而恐不赡，奚暇治礼义哉！

"王欲行之，则盍反其本矣：

"五亩之宅，树之以桑；五十者可以衣帛矣。鸡豚狗彘之畜，无失其时；七十者可以食肉矣。百亩之田，勿夺其时；八口之家可以无饥矣。谨庠序之教，申之以孝悌之义；颁白者不负戴于道路矣。老者衣帛食肉，黎民不饥不寒，然而不王者，未之有也！"

这是《孟子·梁惠王》章的第六节。因齐宣王以齐桓、晋文之事问孟子，引出孟子一大段讲"王道"的议论。这里面所讲的王道，就是孟子的政治主张，同时也可以说是儒家的政治主张。

孟子（前372—前289），名轲，战国邹人。他是孔子的三传弟子，为孔子以后的儒家的大师，今所传有《孟子》七篇。

语释　〔齐宣王〕姓田，名辟疆。春秋齐大夫田完之后。自田和篡齐，四传到他，以诸侯僭称王。在位十九年（前332—前314）。〔齐桓晋文〕齐桓即齐桓公（前685—前643），春秋齐第十五代国主，名小白。晋文即晋文公（前635—前628），春秋晋第二十四代国主，名重耳。春秋五霸，第一是齐桓公，第二便是晋文公。〔仲尼之徒无道桓文之事者〕仲尼，孔子字。徒，门徒。儒家主张王道，而齐桓、晋文所行的是霸道，所以仲尼的门徒，不屑讲到桓文的事业。〔臣未之闻也〕臣，孟子对齐宣王自称。未之闻也，犹言"未闻之也"。这"之"字在文法上是他动词目的格的倒置。〔无以，则王乎〕无以，犹言"不得已"或"要不然"。王，读为去声，王天下之道，即王者所行之正道，对于"霸道"而言。这是说，齐桓、晋文之事我不知道，不得已（或要不然），我就讲些王天下的道理罢。〔保民而王〕爱护百姓而行王道。〔寡人〕当时诸侯王自称的谦辞。〔胡龁〕齐宣王的近臣。〔牛何之〕牛到哪里去。〔衅钟〕古时新铸钟成，必杀牲取血以涂其衅郄，就叫作"衅钟"。〔觳觫〕恐惧的样子。〔不识有诸〕不知道有没有这回事？〔爱〕作吝惜解。〔诚有百姓者〕确有些百姓以为我是吝惜一只牛。〔褊小〕地方狭小。〔即不忍其觳觫〕就是为了不忍见它那种恐惧的样子。〔王无异于百姓之以王为爱也〕你不要怪百姓以为你是吝惜。〔以小易大，彼恶知之〕百姓只见你拿一只小的羊去代替那只大的牛，你这一片苦心，他们哪里知道。〔王若隐其无罪而就死地，则牛羊何择焉〕你如果怜惜没有罪而被宰杀，那么，牛和羊有什么分别。隐，是痛惜的意思。〔王笑曰："是诚何心哉！我非爱其财而易之以羊也；宜乎百姓之谓我爱也！"〕齐宣王无以自解，便笑道："我真不懂是什么一种心理！但我当时的动机，实在不是为牛的价值比羊的价值大，才把它调换的。据你说来，牛羊同样的无罪，那我这桩事真做得没有意思，宜乎百姓要说我是吝惜钱财了。"〔无伤也〕不要紧的。〔《诗》云："他人有心，予忖度之。"〕《诗·小雅·巧言》之篇。意思是说，人家的心理我会揣度得到的。〔夫子〕齐宣王对孟子的尊称。〔夫我乃行之；反而求之，不得吾心。夫子言之，于我心有戚戚焉〕我做了这桩事，反求本心，一无所得，现在经你说破，我倒有点心动了。戚戚，据前人注释，都说是心动的样子。〔有复于王者〕有人对你说。〔百钧〕三十斤为一钧，百钧，就是三千斤。〔秋毫之末〕鸟兽之毛，至秋更生，细而末锐。秋毫之末，所以喻细小难见。〔舆薪〕一车子的柴。所以喻大而易见。〔则王许之乎〕那你会相信吗？〔独何与〕这是什么缘故？〔不为者与不能者之形何以异〕不为和不能的区别在哪里？〔挟太山以超北海〕太山即泰山。北海，就是现在的渤海。这是说挟了泰山以跳过渤海。〔为长者折枝〕枝与"肢"同。为长者折枝，就是替长者按摩。（朱熹释为"以长者之命，折草木之枝"，望文生义，是不对的。）〔老吾老，以及人之老；幼吾幼，以及人之幼〕老，动词，敬事长老的意思。吾老，指自己的父兄。人之老，指人家的父兄。幼，亦动词，爱护幼小的意思。吾幼，指自己的子弟。人之幼，指人家的子弟。〔天下可运于掌〕言如能推己及人，则治天下如转之掌上那么容易。〔诗云："刑于寡妻，至于兄弟，以御于家邦。"〕《诗·大雅·思齐》之篇。刑，含有礼法的意思。言夫妻之间先用礼法相交接，推而至于兄弟之间，更扩充之以治一家一国。〔权，然后知轻重〕权，秤锤。有了秤锤，然后可以知道轻重。〔度，然后知长短〕度，丈尺。有了丈尺，然后可以知道长短。〔危士臣〕士臣，犹言"将士"，使将士们冒了危险去打仗，所以说"危士臣"。〔构怨〕结怨。〔大欲〕最大的欲望。〔肥甘〕美味的饮食。〔轻暖〕轻便而温暖的衣服。〔采色〕华美悦目的外饰。〔便嬖〕近习嬖幸之人。〔辟土地〕开拓疆土。〔朝秦楚〕秦、楚都是当时的大国。朝秦楚，是说要秦楚都来相见。〔莅中国〕君临中国。中国，指中原而言。〔犹缘木而求鱼也〕鱼栖于水，缘木求之，则终不可得，所以喻劳而无功。〔邹人与楚人战〕邹是当时的小国；今山东邹县东南二十六里有邹城，即当时的邹国的都城。楚是当时的大国；今湖南、湖北、安徽、江苏、浙江及四川巫山以东，广西苍梧以北，陕西旬阳以南，在战国时皆为楚国。所以邹人与楚人战，万无可胜之理。〔盖亦反其本矣〕盖，发语词。这是说："亦应当反求其本哩！"所谓"本"就是下面所说"发政施仁"等等。〔赴愬于王〕到你这里来告诉。愬，与"诉"同。〔惛〕情思昏乱。〔恒产〕产业之可以历久者，如田宅之类。〔是罔民也〕是犹张了罗网

以网百姓。罔，与"网"同。〔焉有仁人在位，
罔民而可为也〕哪有仁民爱物的国主，而可以做
这种像张罗网以网民的事情。〔乐岁〕对"凶年"
而言，犹言富年。〔然后驱而之善〕然后教导百
姓，使他们走到"善"的一途。〔轻〕轻易。
〔此唯救死而恐不赡，奚暇治礼义哉〕民无常产，
一年的收入，养活还怕不够，哪里有工夫讲究礼
仪。〔盍〕何不。〔鸡豚狗彘之畜，无失其时〕
畜，畜养。鸡、豚、狗、彘的生育有一定的时期，
在这时期里，不加宰杀，便叫作"无失其时"。
〔百亩之田，勿夺其时〕言一家受田百亩，春耕、
夏耘、秋收，在这时期里，不要叫百姓服劳役，
方便他们得以尽力耕作。〔庠序〕乡学的名称。
〔孝悌〕善事父母为孝，善事兄长为悌。〔颁白〕
头发半白叫作"颁白"，亦作"班白"。〔负戴〕
负于背，戴于首，都是劳役的事情。〔黎民〕犹
言"众民"，即百姓。一说，黎，黑色，黎民犹言
"黔首"，因为头发大家是黑的。（也有人说，当时
百姓以黑巾覆首，故称"黔首"或"黎民"。）

一八　寓　言

　　上一次文话谈及劝诱文字与讽刺文字，说它们的目的相同，无非期望对方依从持论人的主张。除开这两类文字，特供教训他人、劝导他人应用的文字形式尚有"寓言"；最近读到的《黔之驴》和《永某氏之鼠》便是寓言的例子。

　　一篇寓言总是一个故事，或属于人，或属于动物，或属于无生物。所以就文体论，寓言是叙述文。**但寓言不只叙述一个故事而已。它叙述一个故事必含着教训的、劝导的意味；无论它讲到的是动物或无生物，总寄托着关涉到人生的教条。**换一句说，寓言叙述一个故事，其目的并不在叙述这一个故事，而**在借这一个故事表达作者所要教训他人、劝导他人的教条。**故事譬之于躯体，教条譬之于精神，**精神从躯体的活动表现出来，人家看了躯体的活动便认识那不可见的精神：这就是寓言。**

　　试看《黔之驴》和《永某氏之鼠》，这两篇叙述的都是属于动物的故事。作者写作这两篇的目的单单在叙述一匹驴和一群鼠的故事么？谁也知道不然的。作者特意造作这两个故事，目的原在表达他的教条。在前一个故事里，他对虚有其表、毫没实力的人致训诫；在后一个故事里，他对偶得凭借、饱食醋嬉的人致警告。倘若换一个形式，不用什么故事来寓意，那就是两篇议论文，一篇的主张是"虚声夺人不足恃"，另一篇的主张是"饱食醋嬉不得长久"。可是作者不想用议论文的形式，他爱作寓言，就成了我们读到的这两篇。胸中有了写作的材料（就是意思和情感），用什么形式把它表达出来，本来是作者的自由呀。

虽然这样说，寓言在教训上、劝导上的作用却不可忽视。你要教训他人、劝导他人，总希望他人容纳你的教训和劝导；但是，你若摆起一副"我来教训你，劝导你了"的架子，脸孔是庄严得令人害怕，话语是每一句就是一番大道理，这样的时候，你的希望未必就能够达到。或许你的态度太严厉了，引起了对方的反感；或许你的话语太直率，太沉重了，伤害了对方的自尊心：到了这地步，对方的"容纳的门"便关起来了，任你有车载斗量的善言美意，他只报答你一个不接受。这样，岂不是你枉有了教训他人劝导他人的存心？**高妙的教训与劝导常使对方不觉得在那里受**

教训、受劝导；因此，对方的容纳就好像是自己的发现，并非由于被动，没有一点儿勉强。**应用寓言的形式就有这样的好处**。它讲的是另外的人或动物或无生物，与被教训、被劝导的对方全不相干；并且是故事，当然没有枯燥的训言和难堪的斥责：这就使对方开了"容纳的门"，怀着亲和的心情去接近它。只要一接近，对方就不知不觉在那里受教训、受劝导了；因为动物的一句话就是教训与劝导，无生物的一个动作就是教训与劝导，乃至整个故事，羊怎样得到成功，狐狸怎样终于失败，也莫不是教训与劝导。我人的思想活动是常常利用类推法的；寓言中的故事如此，类推到人事方面，在相同的情境中应该怎样，不是随即会想起来的么？在这想起来的当儿，作寓言的人便达到了他的希望——他把一些东西授给他人，而他人已经伸出手来接受了。到这里，可见**寓言的作用在暗示，教训与劝导全不直率地照样地表达，却使它化了装在读者眼前活动；寓言的心理上的根据是类推，把教训与劝导留下来，作为类推的答案，让读者自己去发现**。

写作一篇寓言必须注意的是：（一）故事的本身，（二）教训与劝导的意旨，（三）故事中人或物的性格。

故事须要简单明白，除必要的行动和话语外，背景的详细叙述、形态神情的工致描写都是不必要的。因为这样才能使读者专心一意去审察故事的始末和经过，不致分散到旁的地方去。试看《黔之驴》，它只简要地叙述驴的来历和驴与虎的交涉，并不牵连到旁的枝节，便是一个例子。教训与劝导的意旨须非常明白、亲切地编入所叙述的故事里，不可惝恍迷离。务使每一个读者都能作同样的类推，得到同样的理解。试看《黔之驴》，叙述中全注重在驴的虚有其表而毫没实力，及被虎看破，明白它"技止此耳"，终于做了虎的牺牲；那么虚有其表的人将怎么下场，不是谁都能够悟出的么？故事中人或物的性格须顾及他们固有的特性，这些特性且须为大家所公认的。譬如讲到动物，狐狸常是狡猾的，兔子常是怯弱的，狮子常是勇猛的，狼常是残忍的，这因为这些动物的特性本来如此，大家都知道的。假若颠倒过来，说兔子勇猛，狮子怯弱，就引不起读者的真实之感了。试看《黔之驴》叙驴的"鸣"，叙驴的"啼之"，都是驴的常态，为一般人所熟知的。

德国寓言作家莱森曾经作一则很有趣的寓言：

驴对伊索说：“以后你作寓言讲到我的时候，请你让我说些聪明的、有意识的话。”

伊索大叫道：“从你的嘴里说些有意识的话么？那么，世人将怎样想呢？——世人将称你作道德家而称我作驴了！”

（伊索是希腊的寓言大家，生当前 620 至前 560 年顷）

这可以说是模范的东西。论故事本身，是简到无可再简的了，只有驴和伊索的对话。论所含意旨，这是很明显的一个教训，说作寓言必须顾及人或物的特性。论人物的性格，那么伊索是寓言大家，让他谈论作寓言的事情，可说是最能扼住要点了。

在专制政治的时代，在言论不自由的国度里，寓言的形式常被言论家所采用。因为这样可以避免祸患，同时又能达到教训与劝导的目的。在给儿童看的读物里，也常常可以看到寓言。因为寓言有暗示的作用，其教育上的效果比较正面的教训来得大。

练习　试作寓言一则。

读　书

胡　适

　　"读书"这个题，似乎很平常，也很容易。然而我却觉得这个题目很不好讲。据我所知，"读书"可以有三种说法：

　　（一）要读何书　关于这个问题，《京报副刊》上已经登了许多时候的"青年必读书"；但是这个问题，殊不易解决，因为个人的见解不同，个性不同。各人所选只能代表各人的嗜好，没有多大的标准作用。所以我不讲这一类的问题。

　　（二）读书的功用　从前有人作《读书乐》，说什么"书中自有千钟粟，书中自有黄金屋，书中自有颜如玉"，现在我们不说这些话了。要说，读书是求智识，智识就是权力。这些话都是大家会说的，所以我也不必讲。

（三）读书的方法　我今天是要想根据个人所经验，同诸位谈谈读书的方法。我的第一句话是很平常的，就是说，读书有两个要素：

第一要精，

第二要博。

现在先说什么叫"精"。

我们小的时候读书，差不多每个小孩都有一条书签，上面写十个字，这十个字最普遍的就是"读书三到：眼到，口到，心到"。现在这种书签虽不用，三到的读书法却依然存在。不过我以为读书三到是不够的；须有四到，是："眼到，口到，心到，手到。"我就拿它来说一说。

眼到是要个个字认得，不可随便放过。这句话起初看去似乎很容易，其实很不容易。读中国书时，每个字的一笔一画都不放过。近人费许多功夫在校勘学上，都因古人忽略一笔一画而已。读外国书要把 A，B，C，D……等字母弄得清清楚楚。所以说这是很难的。如有人编译英文，把 port 看作 pork，把 oats 看作 oaks，于是葡萄酒一变而为猪肉，小草变成了大树。说起来这种例子很多，这都是眼睛不精细的结果，书是文字做成的，不肯仔细认字，就不必读书。眼到对于读书的关系很大，一时眼不到，贻害很大，并且眼到能养成好习惯，养成不苟且的人格。

口到是一句一句要念出来。前人说口到是要念到烂熟背得出来。我们现在虽不提倡背书，但有几类的书，仍旧有熟读的必要；如心爱的诗歌，如精彩的文章，熟读多些，于自己的作品上也有良好的影响。读此外的书，虽不须念熟，也要一句一句念出来，中国书如此，外国书更要如此，念书的功用能使我们格外明了每一句的构造、句中各部分的关系。往往一遍念不通，要念两遍以上，方才能明白的。读好的小说尚且要如此，何况读关于思想学问的书呢？

心到是每句每字意义如何？何以如是？这样用心考究。但是用心不是叫人枯坐冥想，是要靠外面的设备及思想的方法的帮助。要做到这一点，须要有几个条件：

（一）字典、辞典、参考书等等工具要完备。这几样工具虽不能办到，也当到图书馆去看。我个人的意见是奉劝大家，当衣服，卖田地，至少置备一点好的工具。比如买一本《韦氏大字典》，胜于请几个先生。这种先生终身跟着你，终身享受不尽。

（二）要做文法上的分析。用文法的知识，做文法上的分析，要懂得文法构造，方才懂得它的意义。

（三）有时要比较参考，有时要融会贯通，方能了解。不可但看字面。一个字往往有许多意义，读者容易上当。例如 turn 这字：

> 作外动字解有十五解，
>
> 作内动字解有十三解，
>
> 作名词解有二十六解，
>
> > 共五十四解，而成语不算。

又如 strike：

> 作外动字解有三十一解，
>
> 作内动字解有十六解，
>
> 作名词解有十八解，
>
> > 共六十五解。

又如 go 字最容易了，然而这个字：

> 作内动字解有二十二解，
>
> 作外动字解有三解，
>
> 作名词解有九解，

共三十四解。

以上是英文字须要加以考究的例。英文字典是完备的；但是某一字在某一句究竟用第几个意义呢？这就非比较上下文，或贯穿全篇，不能懂了。

中文较英文更难，现在举几个例：

祭文中第一句"维某年月日"之"维"字，究作何解？字典上说它是虚字。《诗经》里"维"字有二百多，必需细细比较研究，然后知道这个字有种种意义。

又《诗经》之"于"字，"之子于归""凤凰于飞"等句，"于"字究作何解？非仔细考究是不懂的。又"言"字人人知道，但在《诗经》中就发生问题，必须比较，然后知"言"字为连接字。诸如此例甚多，中国古书很难读，古字典又不适用，非是用比较归纳的研究方法，我们如何懂得呢？

总之，读书要会疑，忽略过去，不会有问题，便没有进益。

宋儒张载说："读书先要会疑。于不疑处有疑，方是进矣。"他又说："在可疑而不疑者，不曾学。学则须疑。"又说："学贵心悟，守旧无功。"

宋儒程颐说："学原于思。"

这样看起来，读书要求心到；不要怕疑难，只怕没有疑难。工具要完备，思想要精密，就不怕疑难了。

现在要说手到。手到就是要劳动劳动你的贵手。读书单靠眼到，口到，心到，还不够的；必须还得自己动动手，才有所得。例如：

（1）标点分段，是要动手的。

（2）翻查字典及参考书，是要动手的。

（3）做读书札记是要动手的。札记又可分四类：

（a）抄录备忘。

（b）作提要、节要。

（c）自己记录心得。张载说："心中苟有所开，即便札记。不则还塞之矣。"

（d）参考诸书，融会贯通，作有系统的著作。

手到的功用。我常说：发表是吸收智识和思想的绝妙的方法。吸收进来的智识思想，无论是看书来的，或是听讲来的，都只是模糊零碎，都算不得我们自己的东西。自己必须做一番手脚，或做提要，或做说明，或做讨论，自己重新组织过，申叙过，用自己的语言记述过——那种智识思想方才可算是你自己的了。

我可以举一个例。你也会说"进化"，他也会谈"进化"，但你对于"进化"这个观念的见解未必是很正确的，未必是很清楚的；也许只是一种"道听途说"，也许只是一种时髦的口号。这种知识算不得知识，更算不得是"你的"知识。假使你听了我这句话，不服气，今晚回去就去遍翻各种书籍，仔细研究进化论的科学上的根据；假使你翻了几天书之后，发愤动手，把你研究所得写成一篇读书札记；假使你真动手写了这么一篇"我为什么相信进化论"的札记，列举了：

（一）生物学上的证据，

（二）比较解剖学上的证据，

（三）比较胚胎学上的证据，

（四）地质学和古生物学上的证据，

（五）考古学上的证据，

（六）社会学和人类学上的证据。

到这个时候，你所关于"进化论"的知识，经过了一番组织安排，经过了自己的去取叙述，这时候这些知识方才可算是你自己的了。所以我说，发表是吸收的利器；又可以说，手到是心到的法门。

至于动手标点，动手翻字典，动手查书，都是极要紧的读书秘诀，诸位千万不要轻轻放过。内中自己动手翻书一项尤为要紧。我记得前几年我曾劝顾颉刚先生标点姚际恒的《古今伪书考》。当初我知道他的生活困难，希望他标点一部书付印，卖几个钱。那部书是很薄的一本，我以为他一两个星期就可以标点完了。哪知顾先生一去半年，还不曾交卷。原来他于每条引的书，都去翻查原书，仔细校对注明出处，注明原书卷第，注明删节之处。他动手半年之后，来对我说，《古今伪书考》不必付印了，他现在要编辑一部疑古的丛书，叫作"辨伪丛刊"。我很赞成他这个计划，让他去动手。他动手了一两年之后，更进步了，又超过那"辨伪丛刊"的计划了，他要自己创作了。他前年以来，对于中国古史，做了许多辨伪的文字；他眼前的成绩早已超过崔述了，更不要说姚际恒了。顾先生将来在中国史学界的贡献一定不可限量，但我们要知道他成功的最大原因是他的手到的工夫勤而且精。我们可以说，没有动手不勤快而能读书的，没有手不到而能成学者的。

第二要讲什么叫"博"。

什么书都要读，就是博。古人说："开卷有益"，我也主张这个意思，所以说读书第一要精，第二要博。我们主张"博"有两个意思：

第一，为预备参考资料计，不可不博。

第二，为做一个有用的人计，不可不博。

第一，为预备参考资料计。

在座的人，大多数是戴眼镜的。诸位为什么要戴眼镜？岂不是因为戴了眼镜，从前看不见的，现在看得见了；从前很小的，现在看得很大了；从前看不分明的，现在看得清楚分明了？王荆公说得最好：

世之不见全经久矣。读经而已，则不足以知经。故某自百家诸子之书，至于《难经》《素问》《本草》诸小说，无所不读；农夫女工，无所不问；然后于经为能知其大体而无疑。盖后世学者与先王之时异矣；不如是，不足以尽圣人故也。……致其知而后读，以有所去取，故异学不能乱也。唯其不能乱，故能有所去取者，所以明

吾道而已。（答曾子固）

他说："致其知而后读。"又说："读经而已，则不足以知经。"即如《墨子》一书在一百年前，清朝的学者懂得此书还不多。到了近来，有人知道光学、几何学、力学、工程学等，一看《墨子》，才知道其中有许多部分是必须用这些科学的知识方才能懂的。后来有人知道了伦理学、心理学等，懂得墨子更多了。读别种书愈多，《墨子》愈懂得多。

所以我们也说，读一书而已，则不足以知一书。多读书，然后可以专读一书。譬如读《诗经》，你若先读了北大出版的《歌谣周刊》，便觉得《诗经》好懂的多了；你若先读过社会学、人类学，你懂得更多了；你若先读过文字学、古音韵学，你懂得更多了；你若读过考古学、比较宗教学等，你懂得的更多了。你要想读佛家唯识宗的书吗？最好多读点伦理学、心理学、比较宗教学、变态心理学。无论读什么书总要多配几副好眼镜。

你们记得达尔文研究生物进化的故事吗？达尔文研究生物演变的现状，前后凡三十几年，积了无数材料，想不出一个简单贯串的说明。有一天他无意中读马尔萨斯的《人口论》，忽然大悟生存竞争的原则，于是得着物竞天择的道理，遂成一部破天荒的名著，给后世思想界打开一个新纪元。

所以要博学者，只是要加添参考的材料，要使我们读书时容易得"暗示"；遇着疑难时，东一个暗示，西一个暗示，就不至于呆读死书了。这叫作"致其知而后读"。

第二，为做人计。

专工一技一艺的人，只知一样，除此之外，一无所知。这一类的人，影响于社会很少。好有一比，比一根旗杆，只是一根孤拐，孤单可怜。

又有些人广泛博览，而一无所专长，虽可以到处受一班浅人的欢迎，其实也是一种废物。这一类人，也好有一比，比一张很大的薄纸，禁不起风吹雨打。

在社会上，这两种人都是没有什么大影响，为个人计，也很少乐趣。

理想中的学者，既能博大，又能精深。精深的方面，是他的专门学问。博大的方面，是他的旁搜博览。博大要几乎无所不知，精深要几乎唯他独尊，无人能及。他用他的专门学问做中心，次及于直接相关的各种学问，次及于间接相关的各种学问，次及于不很相关的各种学问，以次及毫不相关的各种泛览。这样的学者，也有一比，比埃及的金字三角塔。那金字塔高四百八十英尺，底边各边长七百六十四英尺。塔的最高度代表最精深的专门学问；从此点以次递减，代表那旁征博览的各种相关或不相关的学问。塔底的面积代表博大的范围，精深的造诣，博大的同情心。这样的人，对社会是极有用的人才，对自己也能充分享受人生的趣味。宋儒程颢说的好：

"须是大其心使开阔：譬如为九层之台，须大做脚始得。"

博学正所以"大其心使开阔"。我曾把这番意思编成两句粗浅的口号，现在拿出来贡献给诸位朋友，作为读书的目标：

为学要如金字塔，

要能广大要能高。

语释　〔《京报副刊》〕民国十三年创刊于北平，每日随《京报》附送，由孙伏园主编。民国十五年《京报》被封，副刊亦停版。〔青年必读书〕《京报副刊》的主编者曾提出"哪几种书是青年所必须读的"这一问题，当时有许多人发表意见，并开列书目，陆续在《京报副刊》发表。〔从前有人作《读书乐》〕相传宋真宗曾作《劝学篇》（这里说《读书乐》，作者记错了）说："富家不用买良田，书中自有千钟粟。安居不用架高屋，书中自有黄金屋。娶妻莫恨无良媒，书中有女颜如玉。出门莫恨无人随，书中车马多如簇。男儿欲遂平生志，《五经》劝向窗前读。"〔小草变成了大树〕小草指oats，即雀麦。大树指oaks，即橡树。〔《韦氏大字典》〕英国韦勃斯脱所著的字典，原名为 *Webster's New International Dictionary*。〔外动字〕即本讲义中所称的"他动词"。〔内动字〕即本讲义中所称的"自动词"。〔共五十四解〕见《韦氏大字典》页2217—2218。〔共六十五解〕见《韦氏大字典》页2085。〔共三十四解〕见《韦氏大字典》页924。〔"言"字为连接字〕言字作连接字"而"字解者，如"受言藏之""驱马悠悠，言至于漕""静言思之"等等，其例甚多，详可看《胡适文存·诗三百篇言字解》。〔宋儒张载说〕张载，字子厚，郿县人。与程子同时，人称他为横渠先生，下面所引张载的话，载《宋元学案》卷十八。〔学原于思〕《宋元学案》卷十五作"学莫贵于思"。〔心中苟有所开，即便札记，不则还塞之矣〕《宋元学案》卷十八作"心中苟有开，即便札记；不思则塞之矣"。这里省去一"思"字，便和原意有点不同了。〔生物学〕研究动植物的起源、成长、构造、机能分布等的学科。西名为 biology。〔比较解剖学〕研究各种动物体内各器官位置、形状、构造，而比较其异同的学科。西名为 comparative anatomy。〔比较胚胎学〕研究各种动植物的胚胎的发生及成长而比较其异同的学科。西名为 comparative embryology。〔地质学〕研究地球之历史及生命等的学科。西名为 geology。〔古生物学〕就化石而研究古代生物状况的学科。西名为 paleontology。〔考古学〕就遗迹古物而研究古代事物文化的学科。西名为 archeology。〔社会学〕研究社会的起源、发达、变迁及生活现象的学科。西名为 sociology。〔人类学〕研究人类的全部的科学，或为生理的，或为心理的，或为历史的，或为地理的。西名为 anthropology。〔顾颉刚〕现代江苏吴县人。曾任北京大学教授，所辑著有《古史辨》等。〔姚际恒的《古今伪书考》〕姚际恒，字善夫，清徽州人。所著除《古今伪书考》外，尚有《诗经通论》《庸言录》等。《古今伪书考》凡四卷，用考证方法，断定《尚书传》等凡九十四种，皆为后人托名伪作之书。〔崔述〕字武承，号东壁，清大名人。他为清代有名的考证学者，所著书三十余种，尤以《考信录》一书为最有名。〔开卷有益〕宋太宗的话，见《宋实录》。〔王荆公〕就是宋朝的王安石。安石字介甫，号半山，临川人。因封荆国公，故称王荆公。他是宋朝有名的宰相，得宋神宗的信任，曾创行"青苗税""保甲制"等新法。下面所引的话，见于《临川集》卷七十三。〔百家诸子之书〕犹言诸家所著的书，别于儒家的经典而言。按《汉书·艺文志》载诸子书凡百八十九家，后人举成数而言，但称"百家"。〔《难经》〕古医书名。相传为周朝的秦越人所撰。凡二卷。〔《素问》〕是中国最古的医书。凡二十四卷。记黄帝与其臣岐伯问答的话。大概是周秦间人著的。〔《本草》〕药书名。凡五十二卷，列载药物有三百六十五味，分上、中、下三品。相传为神农氏所作，其实始于后汉，因为书中所载郡县，都是汉时的地名。〔吾道〕指儒家之道。〔曾子固〕宋曾巩字子固，南丰人。〔光学〕研究自然光的学科。西名为 optics。〔几何学〕就物质的形状大小位置而研究其真理的学科。西名为 geometry。〔工程学〕研究物质的机械性质，以运用于建筑物及机器的一种学科。西名为 engineering。〔论理学〕根据思想的法则而研究论述事物方法的学科。西名为 ethics。〔文字学〕研究文字的起源、构造及其变化的学科。〔古音韵学〕关于研究古代语言文字的声韵方面的学科。〔比较宗教学〕以科学方法研究宗教的起源、成长及各种宗教间的相互关系的学科。西名为 comparative religion。〔唯识宗〕印度大乘佛教的一派，后来流行于中国及日本，在印度别称为瑜伽宗。〔变态心理学〕专就异常的精神作用而加以研究的一种学科。有团体的与个人的之分别：团体的变态心理学，是以"群众运动""恐慌"等为研究题目的。个人的变态心理学，可细分为四目：（一）有生理的缺陷者，如盲哑聋之类；（二）精神作用之杰出者，如天才之类；（三）精神作用的暂时的障碍，如"催眠状态""幻觉""错觉"等是；（四）精神作用的永久障碍，如精神病是。西名为 abnormal psychology。〔达尔文〕Charles Bobert Darwin，英国的生物学家（1809—1882）。〔马尔萨斯〕Thomas Bobert Malthus，英国的经济学家（1766—1834），所著以《人口论》为最著名。〔物竞天择〕万物互相竞争，优胜者能得生存，好像被自然选中了似的。〔埃及的金字三角塔〕埃及（Egypt），国名。在非洲东岸，名义上仍为土耳其属国。建国在前4000年间，至前2500年，文化已甚发达。金字塔建于古代王墓之上，因形如汉文的金字，故译为金字塔，今其遗迹尚存。〔英尺〕一英尺等于 0.3047945 公尺，合中国营造尺九寸五分余。〔宋儒程颢说的好〕程颢，字伯淳，洛阳人。他是周敦颐的弟子，世称明道先生。下面所引的话，见《宋元学案》卷十三。

子路曾皙冉有公西华侍坐章

《论语》

子路，曾皙，冉有，公西华侍坐。

子曰："以吾一日长乎尔，毋吾以也。居则曰：'不吾知也。'如或知尔，则何以哉？"

子路率尔而对曰："千乘之国，摄乎大国之间，加之以师旅，因之以饥馑。由也为之，比及三年，可使有勇，且知方也。"夫子哂之。

"求，尔何如？"

对曰："方六七十，如五六十，求也为之，比及三年，可使足民。如其礼乐，以俟君子。"

"赤，尔何如？"

对曰："非曰能之，愿学焉。宗庙之事，如会同，端章甫，愿为小相焉。"

"点，尔何如？"

鼓瑟希，铿尔，舍瑟而作。

对曰："异乎三子者之撰。"

子曰："何伤乎，亦各言其志也。"

曰："莫春者，春服既成，冠者五六人，童子六七人，浴乎沂，风乎舞雩，咏而归。"

夫子喟然叹曰："吾与点也！"

三子者出，曾皙后。

曾皙曰："夫三子者之言何如？"

子曰："亦各言其志也已矣。"

曰："夫子何哂由也？"

曰："为国以礼；其言不让，是故哂之。"

"唯求则非邦也与？"

"安见方六七十，如五六十，而非邦也者！"

"唯赤则非邦也与？"

"宗庙会同，非诸侯而何！赤也为之小，孰能为之大！"

此为《论语·先进》章之一节。记孔子闲居，子路等四弟子侍坐，因使各言其志，以观其器能。全节结构，颇有点像近代的独幕剧。

《论语》，书名。是孔子门人对于孔子言行的记录。因传授不同，有《鲁论语》《齐论语》及《古文论语》的分别。今所通行者是《鲁论语》。

语释 〔子路，曾皙，冉有，公西华侍坐〕子路姓仲名由，卞人。曾皙名点，武城人。冉有本姓冉名求，字子有，故亦称冉有，鲁人。公西华姓公西名赤，字子华，故亦称公西华，鲁人。古时席地而坐，时孔子坐在中间，他的门弟子坐在旁边，故称"侍坐"。〔以吾一日长乎尔，毋吾以也〕这是说，"你们侍我，因为我年纪比你们稍为大一点；现在我有话要问你们，不要因为我比你们年长，就不肯把你们的意见在我面前尽量发挥"，用"一日"两字是孔子的谦逊，意思是说我只稍长于你们。〔居则曰："不吾知也。"〕你们平时常说人家不知道你们的才能。〔如或知尔，则何以哉〕假使有人知道了你们的才能，预备用你们，那么，你们将用什么去应付呢？〔率尔〕急遽貌。孔子弟子中，子路的性子最爽直，所以他就不假思索地先把意见发表了。〔千乘之国〕古时诸侯封地百里，出车千乘，所以称诸侯之国为"千乘之国"。〔摄〕迫近的意思。〔师旅〕古制，二千五百人为师，五百人为旅，因以为军旅的通称。这里是指战争用兵而言。〔因之以饥馑〕再加之以荒年。谷不熟叫作"饥"，菜不熟叫作"馑"，并合起来，就是年岁荒歉的意思。〔由〕是子路的名。〔比及三年〕大概三年光景。〔可使有勇，且知方也〕可以使这一国的人民都有勇气，并且懂得应该怎样做一个好人的道理。〔哂〕微笑。〔求〕冉有的名。〔方六七十，如五六十〕有方围六七十里或五六十里地方的小国。〔可使足民〕可使百姓足衣足食。〔如其礼乐，以俟君子〕至于礼乐教化，则须待比我能力强的君子来提倡了。〔赤〕公西华的名。〔非曰能之，愿学焉〕我不敢说能够做什么，但愿有机会学习而已。〔宗庙之事，如会同〕宗庙之事，指祭天地、祀祖先等事。如，作"或"字解。会同，指诸侯朝见天子或互相聘问等事。〔端章甫〕端，玄端，古时诸侯所穿的礼服。章甫，即缁布冠，古时的礼帽。〔愿为小相焉〕古时行祭礼或朝会时都有摈相以掌赞礼等事，摈相有上摈、承摈、绍摈之别。公西华自己逊让，说愿在祭祀或朝会的衣冠场中，做个小小的摈相。〔点〕曾皙的名。〔鼓瑟希，铿尔，舍瑟而作〕瑟古乐器。本为五十弦，后改为二十五弦，弦各有柱，可上下移动，以定声之清浊高下。曲将终了的尾声叫作"希"。铿，瑟声终止时的声音。舍，作"置"字解。作，起立。这时候曾皙鼓瑟将终，孔子问到他，便"铿"的一声停止了鼓瑟，把瑟放下，立起来回答。〔异乎三子者之撰〕我所要讲的和他们三人所陈说者不同。〔何伤乎，亦各言其志也〕那有什么要紧，原不过各人谈谈自己的志趣而已。〔莫春〕莫，读如"暮"。每一个节令到快过完的时候就叫作"暮"，例如三月称"暮春"，九月则称"暮秋"。〔冠者〕古男子年二十而冠，称为成人，别于童子而言。〔沂〕沂，水名。出山东邹县西北，西流经曲阜，合洙水，入于泗水。当时孔子和其弟子们都在曲阜，故指近郊的水流言之。〔风乎舞雩〕雩，古时求雨，必使童男女舞蹈，叫作"舞雩"。舞雩之处，有坛埠树木，可以休息，所以曾晳假想在沂水里冲了浴回来，在舞雩的地方乘风凉。〔咏而归〕唱着诗歌而回来。〔吾与点也〕与，有"赞成"之意，这句话若用现代语来讲，便是："我是站在曾点一边的。"〔为国以礼；其言不让，是故哂之〕他想得一国而治之以礼，但这话说得太率直不知逊让，所以我笑他。〔唯求则非邦也与〕邦，与"国"同。曾晳以冉求亦想得国而治之，所以这样问。〔宗庙会同，非诸侯而何〕祭祀朝会难道不是诸侯之事吗？〔赤也为之小，孰能为之大〕这是孔子说明公西赤的话是谦逊之词，其实公西赤而只能为小相，哪一个能做大相呢。

北 京 的 空 气

西 林

"北京穷得精光，大家还是舍不得走。我因为去年盖了几间破屋，用不着出房租，每月只须有三十块钱，就够我这一个不爱穿，不爱吃，不爱应酬的花了。门房里，厨房里，和其他的一切家务，统由一位赵先生担任。他比主人慷慨，你放心的来吧。"

这是一九二六年北京学校闹欠薪，内务部出卖皇城砖瓦、天坛古柏的时候，一个北京的穷教书匠写给上海的朋友的一封信。

"北京东四桂花胡同六号江鱼特快到慎。"

这是中秋节前，一个上海朋友打向北京朋友的一个极经济的电报。

以上的这一信一电，固多少带有时代和地域

的背景，然实与正文无关。不过我们既想把相隔数千里的两个朋友拉到一块做戏去，不能不把他们的聚合叙出一个原委来。

这戏的发生，是在那"鱼"后的第三日。时刻是中秋节后，北方所特有的一个清凉优美的月夜。这几间破屋的主人陪了他的朋友，从一家饭馆回家。那饭馆的名字，似乎是西长安街上许多"春"中之一"春"（目前北京昔日之穷教员，都一变而为收入最丰的阔人；然而据说这长安街上的许多"春"，却都已一一先后关闭了，此亦可为教书匠绝非社会中坚人物之一旁证）。他们因为多吃了一点东西，想略走几步。不想受了那凉风与月色的引诱，径直从饭馆走到家门。那时已经十点三刻，正值我们开幕的时候。

幕起之后，我们看到的只是一间黑暗的屋子。正苦用目力想辨识屋中陈设的时候，我们听到一个电铃的声音。一会儿，房门推开，电灯转明，我们看见屋中的一切；同时看见走进屋来的两人。那位身体较胖，穿着整齐洋服的，我们一望而知其为由上海来的客人。大约因为身体较胖，又不惯于走路，他眼见得很疲倦了。进屋之后，将大衣帽子挂到一架衣架上，即刻就在一张沙发躺下。大有再也不想起来的神情。

另一位穿的是中国衣服，当然是主人了。他进来之后，从桌上拿起了一堆等着拆封的邮件，坐到一张椅上拆看。头上留着帽子。

客人 糟糕，今天吃多了。

主人 不要紧，多坐一会儿睡觉就是了。（摸出一个表来看一看。）

客人 几点？

主人 十点五十分。

客人 我们走了有半个多钟头。从饭馆到家，总有五里多路吧？

主人 （心不在焉的）总有吧。（又拆开一封信）——累了吧？

客人 还好。（似乎要证明"还好"，他站起身，走到一个面南的窗边。）——北京的月亮真好。

主人 北京什么都好——上海有这样的饭吃吗？有这样的路走吗？有这样的建筑吗？有这样的空

气吗？

客人 空气，唉，空气是不用钱买的，北京的空气可不贱。连睡觉的时候都算在里头，我想总花到我五分洋钱一口吧！（坐回到沙发。）

主人 空气是不用钱买，你可以尽量的呼吸，不错，不过这种自由的呼吸学术、文化的空气，你花了钱还没有地方可以买到。（一张传单，飞进了一个字纸筐里去。）——北京不但建筑是世界第一，人物也是全国所特有。士、农、工、商、倡、优、吏、卒，铺子里的掌柜，馆子里的伙计，街上的巡警，家里的老妈子，听差——尤其是与你密切关系的听差——没有一样不比别处强。（帽子挂上了衣架。）就连叫花子和外国人，一到了北京，都变斯文了。

　　有密切关系的听差（老赵）推门走进。他是一个未走模型的北方佬；但是一个毫无模型的听差。他同时又聪明又傻气。比方说，主人不在家时，他爱坐在大门外的门槛上观望。等到远远看见主人回来的时候，他即刻走进，把门关上，等主人压铃之后，方才重新开门，这是聪明，还是傻气？他身上穿的一件青布长衫，约有三十岁的光景。恐怕还没有结婚。这时他手里拿着一个茶盘，里面放着一把青花茶壶，几只同花的杯子。他把茶壶茶杯放到桌上，手提了茶盘，毫无做作地向那主人的客人说：

老赵 板桥的李先生看您来了。我说您没在家，问您什么时候回来，我说您今晚有饭局，他说明天九点再来，请您在家候一候。

客人 噢。他没有说别的什么吗？

老赵 没有。

主人 咖啡买了没有？

老赵 买了。

主人 下午有谁来了没有？

老赵 没有。四点钟的时候，张太太带了少爷小姐洗澡来了。少爷小姐在院子里玩了一会儿。

主人 噢。（他把看过的信，放到书桌的一个屉子里。从书桌走回，倒茶。老赵走出。）

客人 怎么？你这里开澡堂子吗？

主人 澡堂子？岂但澡堂子。咖啡馆，烟酒铺，洗澡堂子，公共阅报室，没有结婚、无太太可陪的人的俱乐部，结婚过久、陪太太陪得太多了的人的逋逃所。

客人 （笑）我是来干么的？

主人 你？你是来呼吸空气的。

客人 五分钱一口的学术空气，哈哈。

老赵拿着一扎包裹，几张账单走进。包裹里的内容，和账单上的记载，等一会儿我们就有机会知道。

主人 （进茶）喝茶。

客人 多谢！（动了一下，又复倒下。）

老赵 （拆开了那扎包裹，拿着一筒咖啡，向着客人。）您看这是您说的牌子不是？

客人 （坐了起来。对北京的听差，不得不格外客气一点。）啊，对了。

老赵 您要烧一点试试吗？

客人 谢谢你，不用。今天太晚了，明天再试吧。

主人 （喝了一口茶）哪儿买的？

老赵 （极有趣似的）吓！这牌子可找了好几家呢。您说那家可没有。他拿出一个新牌子来，我看那样子不像，我说，您这牌子对吗？他说外面牌子不

同，里面可是一样，我说那哪儿成？——回来，在市场的里面可卖着了。（收回了桌上的包裹）

主人 你到了东安市场吉祥园听戏去没有？

老赵 没——有。——哪儿呢……上回碰到头里的一个熟人，硬拉了去……

主人 （向着对面的朋友）老赵从前在吉祥园做过事，他去听戏不用花钱的。等几时有好戏的时候，要他请你好了。

老赵 您——厄。（侧了一侧头，捧了包裹走出）

客人 （站到桌前。一手取了茶碟，一手取了茶杯，慢慢地喝茶。顺眼看到老赵留下的账单。显然的有什么引起了他的注意。把茶杯放到茶碟，顺手取了账单。）七日。面包，一吊五百；鸡子十个，九吊四百；垫洋车，六吊七百；水果，大洋一元二毛。（以上第一页）——八日。面包，一吊五百；取灯一打，两吊两百；手纸一卷，大洋二毛二；垫洋车，三吊；垫陈先生洋车，小洋六毛。（以上第二页）——九日。面包，一吊五百；咖啡一筒，大洋一元五毛；方糖两磅，大洋四毛四分；牛油一磅，大洋一元三毛；牛奶六罐，大洋九毛六分。——三日共用大洋五元四毛二分，小洋六毛，铜子二十五吊五百。共合大洋六元八毛七分。加三日菜洋三元，共大洋九元八角七分。加三日菜洋三元，除收下欠洋一毛三分。（以上第三一长页）——清楚得很。字写得好极了。失敬之至。（放回账单）

主人 （走去看了一看账单）这不是他自己写的。

客人 不是他自己写的？（主人摇了一摇头）谁写的？

主人 这是他的书记写的。

客人 书记？他用了书记？谁是他的书记？

主人 马路对面的那位测字先生。

客人 啊哈。——唉，我看老赵很好，为什么他们说他要不得？

主人 本来很好。（残茶倒进了痰盂）——谁说不好？他最大的好处是爱面子，爱交朋友，最慷慨。旁人家是主人教听差的应该怎样的小气，他是听差教主人应该怎样的大方。（倒了第二杯茶，加满了客人的杯子。）

客人 多谢。——他们说你回去的时候，他弄了好些人来住你的，吃你的，是真的吗？

主人　没有好些人。只是他的舅舅、舅母和一个表姐。不过从这一点你看不出他的好处来。家里有人做伙的时候，木匠，瓦匠，油匠，请客的时候，人家的老妈子，洋车夫，过年过节的时候，铺子里的收账的，一到了这里，就都是他的好朋友。只要人家稍微帮他一点忙，他就即刻请他们吃饭。

客人　（好笑起来）是他请吃饭，还是你请吃饭？

主人　你总脱不了商人的气息。饭菜值得什么，人情可贵，饭菜是我的，人情是他的。——他们说他偷我的东西，真冤枉，我有什么可以偷？台凳桌椅有数的，衣服连自己都不够穿；一年以来，手上就没有存到五十块钱。他至多桌上摸几个铜子儿。其余可偷的东西，米、煤、酒、烟，如是而已。——啊，说到烟，今天我可把烟忘买了。不过罐子里剩下的，大概还可以把我们度到明天吧。（他摸出一个烟斗来，预备抽烟。）烟斗在大衣袋里吗？

客人　谢谢，我自己拿去。（走向衣架）

主人　（打开桌上放着的烟罐，伸进手去。）吓唉！奇怪！（拿侧了罐子又望了一望。）岂有此理！

客人　怎么？（带了烟斗走回）

主人　这罐子里的烟你拿了没有？

客人　没有，怎么？没有了么？

主人　吓，这家伙真笨！偷东西这样偷法的！——
老赵！

客人　算了吧。

主人　我们就剩下这一点儿，他那儿很多，他不应该
再拿我们的。（老赵走进）这罐子里的烟你搁哪儿
去了？

老赵　噢，李先生倒去了。他看您剩下一点儿，想
不拿，我说不碍事儿，您自家买去了。——您忘
了吗？

主人　（再也没有想到会得到这样的一个回答。一肚子
的气，无从发作。半晌）好了。（老赵走出）

客人　（自在得很）所以天下的冤枉的事多得很。一个
人不宜神经过敏。（一面说，一面裁了一条纸擦净
他的烟斗。）

主人　（真受了天下冤枉之一）神经过敏，那天我雇车
回来，没有车钱，我走到他房里去找铜子儿；桌
上放着我的一个破烟斗，难为他已经用布扎得好

好的；架上一个旧烟罐子，里头，装了足足的有
大半罐子的烟在里头。

客人　真的吗？（坐了起来）你说偷烟，我以为你说笑
话，原来……你拿回来没有？

主人　拿回来？当然没有！难道他就不会自己花钱买
烟抽吗？也许是他的呢？——一个人不宜神经过
敏，对不对？

客人　对呀。不过现在没有烟抽怎么办？肚子里的东
西，似乎还一点没有消化。——买得到香烟吗？

主人　这时候到哪儿买去？

客人　（说笑话）擦清了烟斗没有烟抽多难过，教老赵
请客好不好？

主人　好。

客人　也许他的烟也抽完了。

主人　那除非他比我还抽得厉害。

客人　（装得很正经的口气）唉，真的问他去要一点儿
来好不好？（他站了起来）

主人　（向他看了一看，他点了一点头。）不要胡闹啊。

客人　（进一步）你不是说他很慷慨吗？我想他一定肯
的。如果他不肯，那我就说你前天还看见他架上

393

有半罐子。（走去开门）

主人　（急了）莫莫!

客人　（不管）老赵!

　　　可怜的失主，犯了罪似的躲到书桌边，装作寻找东西，真的罪犯走进。

客人　唉，老赵，现在还买到烟吗?

老赵　这时小铺子都关门了。

客人　噢——好了。那么明天再说吧。

老赵　您还有别的事吗?

客人　（向主人）你没有别的事吧?（得不到回答）好了。没有别的事。（老赵走出。主人走回。）把你吓坏了吧!（他重新躺下，难怪他得意。）

主人　（半晌。打了败仗吐唾沫。）我今晚抽烟抽得很多。难过的是你。

客人　（也毫不客气起来）是的。北京的生活，如此艰难，一个从上海来的人，第一，就不该吃这么多的东西；第二，他应该自己多带几罐子烟来。（空气僵得很。他站起身，拍了一拍肚子。）不要紧，走动走动就好了。（他走动起来）

主人 （他捡起一张报纸，坐在椅上看报。面上似乎不甚快乐。一会儿，忽然兴奋起来，好像触动了一个灵机，面上现出得意的神气，站起身，但又复坐下。他有了主意。）**老赵！**（继续看报，老赵走进。）**把桌上收拾一下。**（说完，他放下报纸，走出屋子，关好了门。）

老赵把桌上的茶具拿开，把桌布上的灰尘抖了，重新铺上。把烟灰碟中的烟灰，倒入痰盂，把茶具、烟罐、灰碟等照旧放好。收拾刚完，主人走进。

主人 （打开门，让老赵走出。关上门。走到桌边。从衣袋中摸出一块手绢。打开烟罐，把手绢中所包的东西，放进烟罐。）**诺，请，抽，烟。**

客人 什么？（走来一看，不信任他的眼睛。又摸出一把，送到鼻边。）真的烟！——哪儿弄来的？

主人 （不客气先装了一斗）哪儿弄来的？从听差的房里偷来的！

客人 喔！！

主人 把你吓坏了吧！

这一次，的确是他非常的得意，对方无话可

说，只摇了一摇头。这是他们一拳还了一脚，空气和平了。从两人的嘴里，同时喷出烟来。看他们的神情，大有非抽完罐中所有的烟不肯睡觉的样子。我们没有吃多东西，可不能久候了。只好无礼的把幕拉下，告罪告退。

北京，今改称北平。这是独幕剧。剧中人只有主人、客人和一个听差，时间也很短，但全剧却充满了幽默（Humour）的情趣。

西林，姓丁名燮林，字异甫，现代江苏泰兴人。西林是他的笔名。英国伯明翰大学理科硕士，曾任北京大学物理学教授。又长文学，所著剧本有《一只马蜂》等，汇编为《西林独幕剧》。本篇就是从《西林独幕剧》中选下来的。

语译〔花〕花费，即消费的意思。〔内务部〕官署名。等于现在的内政部。〔皇城〕在北平城中，从前北平的城称京城，京城里面又有皇城，皇城里面又有紫禁城，皇帝就住在紫禁城里。皇城的正南门，今称中华门。〔天坛〕在北平正阳门外。为皇帝祀天之所。〔北京东四桂花胡同六号江鱼特快到慎〕北方称巷为"胡同"。打电报为省费起见，用《诗韵》的韵目来代替日期，例如诗韵分一东、二冬、三江、四支、五微、六鱼……就用东字代表一日，冬字代表二日……鱼字代表六日。这个简单的电报，意思是"北京东四桂花胡同六号门牌江先生，我准于六日趁特别快车到北京。——慎。"〔西长安街上许多"春"中之一"春"〕北平西长安街饭馆的招牌，大都有一"春"字。〔沙发〕Sofa 的音译，一种外国式大椅子，有靠背和软褥。〔糟糕〕北方俗语，犹言"不行"或"糟透了"。〔累〕困乏疲倦的意思。〔老妈子〕女佣的俗称。〔听差〕北方称男佣为"听差"。〔洗澡〕洗浴。〔澡堂子〕即南方所称的浴室。〔逋逃所〕逃亡所归之处。〔您说那家可没有〕你所说的那家铺子却是没有。〔市场〕指北平的东安市场。〔吉祥园〕北平有名的戏园子。〔一吊五百〕即一百五十个铜元，合钱一千五百文。〔洋车〕即人力车。

〔二毛〕小银圆二枚。〔取灯〕北平人呼火柴为"取灯儿"。〔手纸〕即用以拭粪的毛纸。〔做伙〕"做工"。

五 律 四 首

王　维

　　寒山转苍翠，秋水日潺湲。倚杖柴门外，临风听暮蝉。渡头余落日，墟里上孤烟。复值接舆醉，狂歌五柳前。

——《辋川闲居赠裴秀才迪》

　　空山新雨后，天气晚来秋。明月松间照，清泉石上流。竹喧归浣女，莲动下渔舟。随意春芳歇，王孙自可留。

——《山居秋暝》

　　清川带长薄，车马去闲闲。流水如有意，暮禽相与还。荒城临古渡，落日满秋山。迢递嵩高下，归来且闭关。

——《归嵩山作》

风劲角弓鸣，将军猎渭城。草枯鹰眼疾，雪尽马蹄轻。忽过新丰市，还归细柳营。回看射雕处，千里暮云平。

——《观猎》

诗有一定的格律者，叫作"律诗"。每句五个字的叫作"五律"，每句七个字的叫作"七律"。每首八句；中间四句，须用对偶。

王维（701—761），字摩诘，唐太原人。唐肃宗时，他做尚书右丞的官，故后世又称他为王右丞。他在唐朝的开元、天宝年间，是一位最有名的诗人。其诗幽闲古淡，很像陶渊明。又能画画，宋朝的苏轼说他"诗中有画，画中有诗"。今存有《王右丞集》。

语释 〔潺湲〕水流的样子。 〔接舆〕春秋楚国的一个隐士。孔子在楚国，颇有做官的意思，接舆便乘孔子出游时唱着歌在他面前走过。那歌词道："凤兮凤兮，何德之衰！往者不可谏，来者犹可追。已而已而，今之从政者殆而！"意思是劝孔子不要做官。孔子下车来想和他交谈，他却逃走了。《论语》上记述这桩故事，称他为"楚狂接舆"。这里"接舆"系隐居的代言。〔五柳〕陶渊明门前有五柳树，自称五柳先生。这里犹如说歌啸于门前。〔辋川〕在陕西蓝田县的辋谷川口，风景甚好，王维在这地方置有别墅，常常和裴迪等在那里饮酒吟诗。〔裴秀才迪〕裴迪，关中人。初和王维同住在终南山，天宝乱后他到蜀州去做刺史。他和杜甫也是极要好的朋友。唐朝考试，有明经、进士、秀才等科，凡应秀才考试及格的便称为秀才。〔竹喧归浣女〕听竹林里的一阵喧闹声，知道在溪边洗浣衣服的妇女们回来了。〔莲动下渔舟〕看池子里的莲叶动摇，知道有人正在把渔舟放下去。〔随意春芳歇〕芳，芳草，这是说，春草自然而然的枯萎了。〔王孙〕贵人之子的通称。这里是泛指游人。〔《山居秋暝》〕这首诗是写山中秋夜的情景，故题为《山居秋暝》。秋暝，犹言"秋夜"。〔长薄〕草木丛生叫作"薄"。陆机《挽歌》："按辔遵长薄。"长薄，当指很长的草地而言。〔迢递〕同"迢遥"，道路绵长貌。〔嵩高〕山名。五岳之一，在河南登封县北。〔闭关〕同"闭门"。〔角弓〕以角饰弓，叫作"角弓"。〔渭城〕在今陕西长安县附近，本是秦朝的都城。〔鹰〕一种凶猛的鸟，其嘴钩曲而很强硬，足趾都有钩，爪很有力；猎人往往养着它去捉禽鸟。〔新丰〕汉县名，唐废。故城在今陕西临潼县东北。〔细柳营〕汉周亚夫屯兵细柳，故地在今陕西咸阳县西南。

七律四首

陆　游

　　吾道非邪来旷野，江涛如此欲何之。起随乌鹊初翻后，宿及牛羊欲下时。风力渐添帆力健，橹声常杂雁声悲。晚来又入淮南路，红树青山合有诗。

——《望江道中》

　　莫笑农家腊酒浑，丰年留客足鸡豚。山重水复疑无路，柳暗花明又一村。箫鼓追随春社近，衣冠简朴古风存。从今若许闲乘月，拄杖无时夜叩门。

——《游西山村》

　　局促常悲类楚囚，迁流还叹学齐优。江声不尽英雄恨，天意无私草木秋。万里羁愁添白发，一帆寒食过黄州。君看赤壁终陈迹，生子何须似仲谋！

——《黄州》

世味年来薄似纱，谁令骑马客京华。小楼一夜听春雨，深巷明朝卖杏花。矮纸斜行闲作草，晴窗细乳试分茶。素衣莫起风尘叹，犹及清明可到家。

——《临安春雨初霁》

五言律诗的成立时代，约在唐朝嗣圣（684）以后的七十几年间，接着七言律诗也盛行起来。这里所选的四首是宋朝人的作品，风格又和唐朝人不同。

陆游（1125—1210），字务观，宋山阴人。宋孝宗时授夔州刺史，官至宝谟阁待制。他因为在四川做过官，很爱蜀道风土，故题他生平所作的诗为《剑南诗稿》。他的诗自成一家，后人模仿他的很多，就称为"剑南派"，他为人放达，自号放翁。但他生当宋室南渡以后，眼看北方被金国占据，没有恢复的希望，所以他的诗以感慨之作居多。

语释 〔吾道非邪来旷野〕孔子在陈，被困绝粮，他对门下弟子说："《诗》云，匪兕匪虎，率彼旷野。吾道非耶？吾何为于此？"按：陆游为主张定都建康（今江苏江宁县），触宋孝宗之怒，就命他做建康府通判，不久又改为隆兴府（今江西南昌县）通判。这首诗是他由建康府改判隆兴府时在望江（今安徽望江县）道中做的，所以他借孔子的话来发挥自己的感慨。 〔起随乌鹊初翻后〕早上乌鹊初飞的时候就起身了。 〔宿及牛羊欲下时〕傍晚牛羊将下山的时候就睡觉了。《诗·王风·君子于役》云："日之夕矣，羊牛下来。"即此语所本。 〔淮南〕淮水以南的地方。今湖北大江以北汉水以东及江苏安徽以北淮以南之地都是。〔春社〕古时节候名，在立春后第五戊日。 〔《游西山村》〕这首诗是他从南昌免官回家以后做的，西山村当是他的家乡附近的地方。 〔楚囚〕《左传》："晋侯观于军府，见钟仪曰：南冠而絷者谁也？有司对曰：郑人所献楚囚也。"后人遂把"楚囚"二字为处境困迫的代称。〔迁流还叹学齐优〕孔子为鲁相，齐人把女乐送给鲁君，孔子遂辞而去，周游列国，所以《史记·乐书》说"仲尼不能与齐优遂容于鲁"。这里就引用了这个典故，意思是说，我去故乡而迁流异地，倒好像孔子为了齐优而周游列国了。但这句意思是不完全的，在作者也许为"齐优"二字刚好与"楚囚"相对，就此引用了。〔一帆寒食过黄州〕清明节的前一日为寒食节（亦有作清明前二日的，见《荆楚岁时记》）。黄州。今湖北黄冈县。作者自免职回家后，过了几时又被任命为夔州（今四川奉节县）通判。这首诗是他沂江入蜀路过黄州时候做的。〔君看赤壁终陈迹〕你看赤壁终于成为陈迹了。按：汉末孙权和周瑜大破曹操于赤壁，其地在今嘉鱼县东北江滨，宋苏轼误以今黄冈县城外的赤鼻矶为周郎赤壁，曾作前后《赤壁赋》，这里作者路过黄州，而感叹赤壁之已为陈迹，其误正和苏轼相同。〔生子何须似仲谋〕仲谋，孙权的字。曹操尝说："生子当如孙仲谋。"〔谁令骑马客京华〕南宋都临安，故称临安为京华。按：作者从四川罢官回来后，曾在江西做过官，不久即回山阴故乡，此时又被召至临安，而不久又回山阴，所以这里说"谁令骑马客京华"，而末句又说"犹及清明可到家"。〔矮纸斜行闲作草〕在短纸上随便写着歪斜的草书。〔晴窗细乳试分茶〕前人饮茶，必经煎煮。茶煎后泡沫浮凝水面，称为"乳雾"（见宋徽宗《茶论》）或"乳面"（见宋襄《茶录》）。这里的"细乳"，当指煎茶时泛起的细泡沫而言。分茶，辨别茶品的高下。〔临安〕南宋改杭州为临安府，建为首都，即今浙江杭县。

一九　对话和戏剧

　　两个人相见，或是究问一件事情，或是探讨一宗事理，总不免你问我答，你发端我引申，到双方无可再说才歇。叙述文中往往包含着记录这引起话语的部分，这部分称为"对话"。这两个字的意思很明白，就是说两个人（或者几个人）相对谈话而已。

　　最近我们读到的两篇文字，《运河与扬子江》和《齐桓晋文之事章》却全篇是对话了。**这因为值得写下来的就只有对话，所以不再在对话之外加什么枝叶。**作文本来是无所不可的，用什么方式最适于当前的需要就用什么方式，这是作者所有的权利。

　　记录对话是比较容易的事，**按照谈话者发言的顺序，依次记录，不漏失要点，就可以了。若更能传出谈话者发言时的神态，使读者恍如亲见亲闻，那便是很好的文字了。**

　　但是取对话形式的文字不全从现实生活中记录下来的，如《运河与扬子江》，明明出于作者的假托。作者为什么要假托运河与扬子江这一场对话呢？无非要表白"生命的奋斗是彻底的，奋斗来的生命是美丽的"这一个意思。就把这两句告诉人家不就行了么？行自然也行，不过这就像贴出两张标语给人家看了。标语固然有刺激的力量，但是没有周至深长的意味，要教人家透彻地解悟是不够的。生命的奋斗是怎样的情状？奋斗来的生命是怎样地可贵？都得描摹给人家听，人家才会透彻地解悟。对于这一层，作者不取寻常的描述的手法，却用能奋斗的扬子江与不能奋斗的运河的对话传达出来。这样，惮于奋斗，不懂"造命"的话统可让运河来说，借以反衬扬子江所说的正面意义。而扬子江叙述它的经历，申说它的志愿，正给奋斗的情状与可贵的程度作周至深长的说明。人家循诵终篇，自然低回咏叹，感悟到运河那样的生命实在是卑卑不足道的，须得像扬子江那样，生命才有意义。——这可见在表白一种意思上，文字取对话形式确有便利之处：**正面反面并列，两相比较可以增强正面的力量；利用问答，凡细微曲折之点无不可以达出；神情生动，比较偏于理智的解说文、议论文容易动人。**古往今来的文章中，颇有一些假托的对话，那些作者就因为它有这几项便利，所以乐于用它。

作假托的对话就不比记录真实的对话，**你得先定下一个纲要**。什么意思由谁说？什么意思该在前，什么意思该在后？必要的一些枝节该插在什么地方？这些都得先行规定。规定这些时所依据的标准自然是**充分表白你的意思**，凡不足以表白你的意思的就不是好的、适当的布置。废话当然一句也不用说。而谈话者的神态也得在文字中间传出，你若善于想象，你就会把假托人物的口吻写得同真实人物的一样。

对话像《运河与扬子江》那样缮写是非常明白的，谁说的话上面就标明谁的名字，而且另行写起。像《齐桓晋文之事章》，是印入讲义时才改成现在这形式的，在《孟子》里，原是一连写下去的。这就靠一个"曰"字来分清楚两人所说的话；前一个"曰"字下是孟子说的话，后一个"曰"字下便是齐宣王说的话了。但是也不一定，昔人作文有时把这样的"曰"字省去。试看文中，齐宣王回答了一个"否"字，下面"今恩足以及禽兽……"是孟子的话了，照例该加一个"曰"字，而竟不加，虽是不加，而我们仍能知道这是孟子的话，不是齐宣王的话，这由于辨别语意和语气的缘故。能够辨别语意和语气，即使读不分行写而且省去

"某某曰"的对话，也不致把甲的话误认为乙的话了。

对话形式的文字里，加入记叙举动、神情的文字，这就是戏剧的雏形。在一篇戏剧里，各个人物不单要说话，而且要动作。在舞台上表演的时候，演员就依据这些写定的话语说话，依据这些写定的动作活动。我们最近读过的《子路曾皙冉有公西华侍坐章》，原是一篇叙述文；但也可以说它是戏剧的雏形，因为它大部分是对话，小部分是记叙举动、神情的文字，依据着它来表演，并不觉得缺少什么了。试把它改写成戏剧的形式，就更见明白。

（子路、曾皙、冉有、公西华侍坐）

子 （曰）以吾一日长乎尔，毋吾以也。居则曰："不吾知也。"如或知尔，则何以哉？

子路 （率尔而对曰）千乘之国，摄乎大国之间，加之以师旅，因之以饥馑。由也为之，比及三年，可使有勇，且知方也。

（夫子哂之）

〔子〕 求，尔何如？

〔冉有〕（对曰）方六七十，如五六十，求也为之，比及三年，可使足民。如其礼乐，以俟君子。

〔子〕 赤，尔何如？

〔公西华〕（对曰）非曰能之。愿学焉。宗庙之
　　　事，如会同，端章甫，愿为小相焉。

〔子〕 点，尔何如？

〔曾皙〕（鼓瑟希，铿尔，舍瑟而作。对曰）异乎
　　　三子者之撰。

〔子〕（曰）何伤乎，亦各言其志也。

〔曾皙〕（曰）莫春者，春服既成，冠者五六人，
　　　童子六七人，浴乎沂，风乎舞雩，咏而归。

夫子　（喟然叹曰）吾与点也！

　　　　　（三子者出，曾皙后）

曾皙　（曰）夫三子者之言何如？

子　（曰）亦各言其志也已矣。

〔曾皙〕 唯求则非邦也与？

〔子〕 安见方六七十，如五六十，而非邦也者！

〔曾皙〕 唯赤则非邦也与？

〔子〕 宗庙会同，非诸侯而何！赤也为之小，孰能
　　　为之大！

　　　　　注：〔 　〕内的文字，均原文所无。

412

这并且像一篇独幕剧呢。什么叫作独幕剧，不妨约略说说。我们看过从前的所谓"京戏"，现在的所谓"平剧"，凡是一出戏总包含着好多场面，譬如两国交锋的戏，这方面调兵遣将是一个场面，那方面调兵遣将又是一个场面，双方在山前交战是一个场面，双方在山后交战又是一个场面，这不是独幕剧。**独幕剧只可有一个场面**，换句话说，**剧中人物只可在一个境界中活动**。而且整个故事须占连续的一段时间，不得忽而今天，忽而明天，忽而前年，忽而今年。《子路曾晳冉有公西华侍坐章》中几个人物始终在一个境界中活动，这个境界就是孔子的起居之所。这一番对话占着连续的一段时间，从孔子发问起，到三子走出，曾晳与孔子问答止，中间并没有时间的间隔，像通俗小说中所谓"一宵无话，已到来朝"的情形。所以这一篇具备独幕剧形式的条件。

到这里，读者必将问：独幕剧为什么要有这些形式的条件呢？回答是很简单的，无非**要使观者起真实之感**而已，像"平剧"那样，对白的一部分是歌唱的，一出戏的场面是忽而室内，忽而城上，忽而山前，忽而舟中的，时间是占到几天或几年的，这无论如何引不起观者的真实之感。要使观者觉得看戏像看真实的人生故事一样，只有把戏剧编成人生故事中的一段（不是原原本本地叙明整个故事），而且须是一个场面，才属可能。独幕剧形式的条件就根据这上边来的。

那么，《子路曾皙冉有公西华侍坐章》就是戏剧么？不，前面说过只是戏剧的雏形而已。它除了记录孔子与弟子的一番问答而外，别无其他，所以还是叙述文。而戏剧却和小说一样，**其目的在表达出作者所见于人生的、社会的某种意义**。如《北京的空气》便是戏剧了，因为它表达出一九二六年北京知识分子在穷困中的生活情况。

读罢《子路曾皙冉有公西华侍坐章》，读者或许要问：孔子为什么赞成曾皙的话呢？大概"三子者"的志愿都属于事业功名方面，独曾皙描摹出一个人我双方俱畅然自适的理想境界；在这理想境界中的"冠者五六人，童子六七人"，比较子路所说的"有勇""知方"之民，比较冉有所说的富足之民，比较公西华所说的礼仪之民，生活意义自然充富得多；这可见曾晳不但要给与人家物质上的享受、行为上的训练，他并且要教化人家，使过意义极端充富的生活。因此，孔子就觉得他的志愿最可赞许了。

练习　试作太阳与月亮的对话

为幽州牧与彭宠书

朱　浮

　　盖闻智者顺时而谋，愚者逆理而动。常窃悲京城太叔，以不知足而无贤辅，卒自弃于郑也。

　　伯通以名字典郡，有佐命之功。临民亲职，爱惜仓库，而浮秉征伐之任，欲权时救急；二者皆为国耳。即疑浮相谮，何不诣阙自陈，而为灭族之计乎？

　　朝廷之于伯通，恩亦厚矣：委以大郡，任以威武，事有柱石之寄，情同子孙之亲。匹夫媵母，尚能致命一飧，岂有身带三绶，职典大邦，而不顾恩义，生心外叛者乎？伯通与吏民语，何以为颜？行步拜起，何以为容？坐卧念之，何以为心？引镜窥景，何以施眉目？举厝建功，何以为人？惜乎！弃休令之嘉名，造枭鸱之逆谋，捐传叶之庆祚，招破败之重灾，高论尧舜之道，不忍桀纣之性。生为世笑，死为愚鬼，不亦哀乎！

伯通与耿侠游，俱起佐命，同被国恩。侠游谦让，屡有降挹之言，而伯通自伐，以为功高天下。往时辽东有豕，生子白头，异而献之。行至河东，见群豕皆白，怀惭而还。若以子之功高论于朝廷，则为辽东豕也。今乃愚妄自比六国。六国之时，其势各盛，廓土数千里，胜兵将百万，故能据国相持，多历年所。今天下几里？列郡几城？奈何以区区渔阳而结怨天子？此犹河滨之民，捧土以塞孟津，多见其不知量也。

方今天下适定，海内愿安，士无贤不肖，皆乐立名于世，而伯通独中风狂走，自捐盛时。内听娇妇之失计，外信谗邪之谀言，长为群后恶法，永为功臣鉴戒，岂不误哉！

定海内者无私仇，勿以前事自疑。愿留意顾老母少弟。凡举事无为亲厚者所痛，而为见仇者所快！

彭宠，字伯通，后汉宛人。更始时为渔阳（今河北密云县）太守，后归光武帝，仍为原官，加封建忠侯，赐号大将军。他自以为劳苦功高，但光武帝对他却不甚满意。后来光武帝正式即皇帝位，对于他没有什么加赏，使他心里非常不快。时朱浮为幽州牧（幽州治蓟，即今河北蓟县；汉制，每州置州牧一人，每郡置太守一人。渔阳属幽州，所以名分上彭宠是朱浮的属官）。年少有才能，颇思有所作为，便敦聘州中的名人宿儒，以为僚属；又命诸郡把仓中的积谷，发出一部分给被敦聘的人的家属，以为赡养之费。彭宠以为天下未定，不宜多置官属，更不宜靡费仓谷，使军士的粮食受到影响，便不奉他的命令。朱浮年少气盛，见他不奉命令，便密奏光武帝，说他"多聚兵谷，意计难量"。彭宠本来早已内怀不平，听到了朱浮有这样的密奏，大为愤怒，索性发兵攻击朱浮。朱浮因此写了这封信去责劝他。这封信载在《后汉书·朱浮传》。梁昭明太子收入《文选》，加上这个"为幽州牧与彭宠书"的标题，意思是说，朱浮做幽州牧时寄给彭宠的信。

朱浮字叔元，后汉萧人。年少有才能。从光武为偏将军，拜幽州牧，遂平定北边。后因和渔阳太守彭宠发生意见，入为执金吾，后拜大司空，封新息侯。明帝永平中，被人诬告，赐死。

语释 〔盖〕发语词。 〔京城太叔〕春秋时，郑武公妻姜氏生庄公及共叔段，姜氏爱共叔段，欲立他为后，但是郑武公不允许。庄公即位后，封共叔段于京，称为京城太叔。共叔段至京，整备甲兵，想用武力夺取庄公的位置，庄公遂出兵伐共叔段，段兵败，出奔于共。事详《左传》隐公元年。 〔以名字典郡〕名字，谓名字显著，即是声誉远扬的意思。典，典守。这是说，你以极有声望的人而典守一郡。 〔佐命〕古时以为创业的君主是受天命而为天子的，所以辅佐他开创基业的称为"佐命"。 〔权时〕犹言暂时。〔二者皆为国耳〕这句是总结上文。意思是说，在你是临民亲职，爱惜仓库；在我是当征伐的重任，所以不得不招致许多名士来同共谋划，原为一时救急之计；我和你原来都是替国家打算，并没有什么私心。 〔即疑浮相谮〕即使疑心我说你的坏话。 〔何不诣阙自陈〕何不到皇帝那里去自己辩白。诣阙，是说到皇帝的宫阙之下。〔灭族〕古时候犯了谋反等大罪，全族被诛，故称"灭族"。〔朝廷〕古时臣下不敢直说皇帝的名字，但言朝廷。〔任以威武〕光武赐彭宠以大将军名号所以这样说。〔柱石〕喻大臣负国家的重任，如梁之有柱，承柱有石。〔匹夫滕母，尚能致命一飧〕春秋时，晋国的赵盾在首山打猎，碰见一个叫作灵辄的，已经三天没有吃饭了，他就给他些饭与肉。后来晋灵公要杀赵盾，而灵辄恰在晋灵公那里做卫士，就乘机把赵盾救出（事详见《左传》宣公二年）。又战国时，楚王伐中山，中山君兵败逃奔他国，在路上有二个人带兵器跟着保护他。中山君觉得奇怪，问他们为什么这样。那二人回答道："从前我们的父亲，曾经饿得快要死了，蒙你把饭给他吃。他临终时对我说，倘中山君有什么危急的事情时，你们应该去救他的。所以现在我们来保护你。"（事详《战国策》）这里所说"匹夫……尚能致命于一飧，"即指此二事而言。滕母事未详。〔身带三绶〕绶，即丝条，所以承受即环者。一个官职有一个官职的印绶，彭宠一身兼三职（渔阳太守、建忠侯、大将军），所以说"身带三绶"。〔引镜窥景，何以施眉目〕景，同"影"。这是说，你倘用镜子自照，把面目放到什么地方去。〔举厝建功，何以为人〕像这样措置，这样建树，试问你怎样做人。举厝，犹言"措置"。建功，建立事功。〔弃休令之嘉名〕休、令、嘉，都是美好的意思。如名誉很好，称为"令名"，亦可称"休名"或"嘉名"。〔枭鸱〕即鸱枭。旧时传说，鸱枭长大了，就要吃它的母亲。所以后人把臣子对君父谋逆，比之以鸱枭。〔捐传叶之庆祚〕捐，捐弃。传叶，犹言"传世"或"传代"。庆祚，犹言"福祉"或"福禄"之类。〔耿侠游〕名况，茂陵人。初为上谷太守，和彭宠一同去归附光武帝的，所以说"共起佐命"。〔降挹〕谦逊。〔自伐〕自称其功。《尚书·孔安国传》："自功曰伐。"〔辽东〕泛指辽河以东之地。〔河东〕泛指黄河以东之地。〔子〕犹白话中的"你"。〔自比六国〕自比于战国时函谷关以东的楚齐燕韩赵魏六国。〔河滨之民，捧土以塞孟津〕河，黄河。孟津，今称河阳渡，在河南孟县南。黄河自孟津而上，多循山麓行，至孟津，地平土疏，河势渐涨，故黄河溃溢之患自孟津始。〔中风狂走〕状如发了疯的在那里狂奔乱走。〔内听娇妇之失计，外信谗邪之诼言〕娇妇，《后汉书》作"骄妇"，指彭宠的妻。按光武帝接到了朱浮的密奏，便召彭宠进京。彭宠的妻劝他不要进京，以为渔阳大郡，兵马众多，怎的被上官一参奏，就把这样的好地方丢掉了。彭宠又和他所亲信的僚属商议，僚属们也都怨恨朱浮，劝他不要进京，索性发兵把朱浮赶走了再说（事详见《东观汉记》）。〔长为群后恶法〕群后，犹言"诸侯们"。《书·舜典》："班瑞于群后。"后即诸侯。因为彭宠封建忠侯，所以朱浮说他这种举动，将永为诸侯违抗天子命令的恶例。〔定海内者无私仇〕凡能平定天下的人，不会计较什么私仇的。意思是劝他停止军事行动，不要以为光武帝会计较私仇，治他以叛逆之罪，而一意孤行到底。

自　祭　文

陶　潜

　　岁惟丁卯，律中无射。天寒夜长，风气萧索。鸿雁于征，草木黄落。陶子将辞逆旅之馆，永归于本宅，故人凄其相悲，同祖行于今夕。羞以嘉蔬，荐以清酌。候颜已冥，聆音愈漠。呜呼哀哉！

　　茫茫大块，悠悠高旻。是生万物，余得为人。自余为人，逢运之贫。箪瓢屡罄，缔绤冬陈。含欢谷汲，行歌负薪。翳翳柴门，事吾宵晨。春秋代谢，有务中园。载耘载耔，乃育乃繁。欣以素牍，和以七弦。冬曝其日，夏濯其泉。勤靡余劳，心有常闲。乐天委分，以至百年。唯此百年，夫人爱之。惧彼无成，愒日惜时。存为世珍，没亦见思。嗟我独迈，曾是异兹。宠非己荣，涅岂我缁。捽兀穷庐，酣饮赋诗。识运知命，畴能罔眷。余今斯化，可以无憾。寿涉百龄，身慕肥遁。从老得终，奚所复恋。寒暑逾迈，亡既异存。外姻晨来，良友宵奔。葬之中野，以安其魂。窅窅我行，萧萧墓门。奢耻宋臣，俭笑王孙。廓兮已灭，慨焉已遐。不封不树，日月遂过。匪贵前誉，孰重后歌。人生实难，死如之何。呜呼哀哉！

　　刘宋元嘉四年（472），陶潜六十三岁，年老患疟疾，自己知道不久于人世，便做了这篇《自祭文》。他以为人生在世，如寄宿逆旅，终有回老家的一天；所以他生了病，既不服药，又不祷告，一任自然，大有视死如归之概。这篇文章里，一句也没有提到妻子田宅等等，可以想见他的胸怀高旷。至于像他这种乐天安命的人生观，是否正确，那我们可以置之不论；反正我们是欣赏他文字的美妙，并不是佩服他人生观的正确。

语释　〔丁卯〕南朝宋文帝元嘉四年，岁在丁卯（472年）。陶潜就在这一年死的。〔律中无射〕无射，十二律之一。古以十二律分配十二月。《礼·月令》云："季秋之月，律中无射。"季秋，即阴历的九月。射，音夜。 〔鸿雁于征〕鸿雁于九月来南方，《礼·月令》云："九月鸿雁来宾。"远行叫作"征"，如《诗·小雅·鸿雁》云："之子于征。"于，语助词。 〔逆旅〕即客舍，犹今俗称的旅馆。 〔本宅〕他以为人生在世，如寄宿逆旅，死去便如返归本宅。 〔凄其〕犹言"凄然"。 〔祖行〕送行之祭叫作"祖"（见《汉书·刘屈牦传》颜注）。这是说，他的朋友，设祭送行。 〔羞以嘉蔬〕羞作"进"字解。嘉蔬，美好的蔬菜。 〔荐以清酌〕荐作"献"字解，酒叫作"清酌"（见《礼记·曲礼》）。 〔候颜已冥〕面色看上去已经晦暗无光彩了。 〔聆音愈漠〕声音听上去更加微弱了。 〔茫茫大块〕茫茫，广大貌。大块，本统天地而言，如《庄子·太宗师》篇"大块载我以形，劳我以生。"但这里以"大块"对"高旻"，是专指大地而言。 〔悠悠高旻〕悠悠，渺邈无期貌。例如《诗·黍离篇》："悠悠苍天。"高旻，犹言"高天"。 〔箪瓢〕盛饭的竹器叫作"箪"。挹水及盛酒浆的器叫作"瓢"。
〔缔绤〕细葛布叫作"缔";粗葛布叫作"绤"。
〔谷汲〕到山谷里去汲水。 〔行歌负薪〕《汉
书·朱买臣传》:"独行歌道中,负薪墓间。"即此
语所本。按"含欢谷汲,行歌负薪",无非写他一
向安贫乐道而已。 〔翳翳柴门,事吾宵晨〕翳翳,
隐蔽之貌。这是说,在很隐蔽的柴门之内,一天
到晚做我自己的事情。 〔春秋代谢,有务中园〕
春往而夏来,夏往而秋来,往者已谢而来者相代。
所以叫作春秋代谢。这是说,在春秋之季。有事
于园圃之中。 〔载耘载耔,乃育乃繁〕载,语助
词。除草叫作"耘",培植苗本叫作"耔"。这是
说,在园里或者削草,或者培植苗本;而种下去
的苗本,看它渐渐发育,渐渐繁盛了。 〔欣以素
牍,和以七弦〕素牍,指书而言。七弦,即七弦
琴。这是说,有时候看看书,以资欣赏。有时候
弹弹琴,以调和情感。(按:梁昭明太子《陶渊明
传》云:"渊明不解音律,而畜无弦琴一张,每
酒适,辄抚弄以寄其意。")〔勤靡余劳〕勤于所
事,没有余剩的劳力。 〔乐天委分〕视世界人生

为美善快乐，顺随着自己的地位，不去强求什么富贵。〔夫人〕夫，音扶。夫人，犹言"人人"。〔惕日惜时〕惕音凯，贪爱的意思。惕日惜时，就是把时间看得很重要，不肯轻轻放过。〔存为世珍，没亦见思〕存在时为世人所宝贵，死亡后为世人所想念。按：自"惧彼无成"句至此，写一般喜以功名自著于世俗的人。〔嗟我独迈，曾是异兹〕独迈，犹言"独往"。曾是犹言"乃是"。这是说，我却独往独来，倒和一般人不同。〔宠非己荣，涅岂我缁〕受宠不是自身的荣耀，受污辱难道是我的污点。以黑物染之叫作"涅"，引申为受污辱之意。缁，黑色，引申为染污点之意。〔捽兀〕独居无所动于中的样子。〔识运知命，畴能罔眷〕按：这二句照字面解，是识运知命者，谁能无所留恋。但这样讲是讲不通的。正因为识运知命，所以能无所留恋。也许原意是说，"虽然识运知命，谁能无所留念"，或"除非识运知命，谁能无所留恋"。畴作"谁"字解。罔眷，就是无所留恋的意思。〔肥遁〕宽裕自得而有退步的意思。《易·遁卦》："上九，肥遁无不利。"〔宵宵〕深远貌。 〔萧萧〕深静貌。 〔奢耻宋臣，俭笑王孙〕《礼记·檀弓上》："昔者夫子（即孔子）居于宋，见桓司马，自为石椁，三年而不成。夫子曰：'若此其靡也，死不如速朽之愈也。'"又《汉书·杨王孙传》："及病且终，先令其子曰：'吾欲嬴葬，以反吾真，必无易吾意！'死则为布囊，入地七尺，既下，从足引脱其囊，以身亲土。"这里两句的意思，是说他死后埋葬，既不必像宋臣那样奢，也不必如王孙那样俭。〔不封不树〕不封土为坟，不种树以为标识。〔匪贵前誉，孰重后歌〕既不贵生前的名誉，更孰重死后的歌颂。

二〇　对　偶

我国文字一字一音，说话、作文为求语句的谐和起见，往往注意到字数上去。字数适当，说起来、念起来就谐和一点。大部分的诗歌每语字数均等，就由于这个道理。每语字数均等就是每语音数均等，这样的诗歌吟唱起来，差不多先就有了谐和的及格分数了。

因为一字一音，语言文字中又发生了"对偶"的现象。什么叫作"对偶"呢？简单说来，上下两语字数相同，而意义对称，上一语的第一字与下一语的第一字词性属于同类，顺次下去。第二字与第二字，第三字与第三字，一直到末一字与末一字，词性也属于同类：这就是"对偶"。试举一例，如"智者顺时而谋，愚者逆理而动"便是。

我国语音，现在分为阴平、阳平、上、去四声（这是指标准国音说）。从前却分为平、上、去、入四声（现在除北方人外，仍能发入声）。上、去、入三声又统称为"仄声"与平声对待。平声平易，仄声逼仄，我们只要在舌唇上试验，便可以辨别它们的异趣。因为这一层，有一些对偶又加上了一个条件；前面讲过的是**两语字数上的对偶、文法上的对偶**，现在更要讲**声音上的对偶**。上一语第一字是平声，下一语第一字便用仄声，这样相对，一直到末一字，以求声音的错综。试举一例，如"竹喧归浣女，莲动下渔舟"便是。

对偶的现象，在古来的文字里，或多或少有得发见。如《为幽州牧与彭宠书》和《自祭文》，就可以找出好些对偶的语句。**通体是对偶的则称为"骈文"**。骈字本是两马相并的意思，用来称一种文字的形式，所以表示"吐语必双，遣词皆偶"。六朝及唐初，骈文最盛，当时人简直以为这是文章的正格。骈文的语序和腔调同语言相差得很远，可说是一种人工的东西。

试看《自祭文》，这还是骈文未曾形成以前的作品，里边有一个特征，**就是大多数是四字语**。魏晋六朝的时候，颇有并不通体对偶，而多四字语的文篇。为什么用四字语呢？这**也是音节上的关系**。每语四音，讽诵起来有匀调之美。如果再加上押韵，就和诗歌差不多了（《自祭文》就是押韵的，请读者自己去辨认）。**这样的四字语在文法上不一定是一句或者一个短**

语，有些只是讽诵起来可以在那里透一透气而已。如"乐天委分以至百年"，在"分"字的地方，依文法讲不是断的，但讽诵到那里不妨透一透气。又如"寒山远火明灭林外，深巷寒犬吠声如豹"，"寒山远火"与"深巷寒犬"都只是一个名词语，依文法点句也是不断的，认它们为四字语，也不过讽诵时在那里透一透气罢了。

文法上的对偶和声音上的对偶用到诗里去，就成为"律诗"。律诗完成于唐朝。有五言的，有七言的，每首都是八语。第三、四语，第五、六语必须对偶；第一、二语，第七、八语就不一定。试看最近读过的王维的五律和陆游的七律，第三、四语，第五、六语都是对偶的。关于押韵，除双数语必须押韵外，第一语可押可不押。如王维的四首，前三首的第一语都不押韵，而第四首第一语的"鸣"字就押韵了。陆游的四首，唯第一首第一语的"野"字不押韵。关于声音的对偶，大概五律每语的第一第三字，七律每语的第一第三第五字，可以随便，其余就非谨严不可，仄必对平，平必对仄。如"空山新雨后，天气晚来秋"，是"平平平仄仄，平仄仄平平"，除第一字外，余均相对，这就因为第一字不妨随便的缘故。每语平仄的次第，五言则第二字平就第四字仄，第二字仄就第四字平；七言则第二字平就第四字仄、第六字平，第二字仄就第四字平、第六字仄：这无非取其错综而已。而第三语的第二字必与第二语的第二字同声，第五语与第四语，第七语与第六语，亦然。现在录诗一首，逐字注声，请读者按照上面所说的自己去玩索。

世味年来薄似纱，谁令骑马客京华。

（仄仄平平仄仄平　平平仄仄仄平平）

小楼一夜听春雨，深巷明朝卖杏花。

（仄平仄仄平平仄　平仄平平仄仄平）

矮纸斜行闲作草，晴窗细乳试分茶。

（仄仄平平平仄仄　平平仄仄仄平平）

素衣莫起风尘叹，犹及清明可到家。

（仄平仄仄平平仄　平仄平平仄仄平）

　　律诗中的语句逸出这些规矩的，称为"拗句"。如王维第一首第一语就是拗句，此语第二字"山"是平声，依常规第四字就得用仄声，而现在的"苍"字却是平声，这就逸出规矩了。

练习　读王维诗书所感。

释 三 九（上）

汪 中

一奇，二偶，一二不可以为数；二乘一则为三，故三者，数之成也。积而至十，则复归于一；十不可以为数，故九者，数之终也。于是先王之制礼，凡一二之所不能尽者，则以三为之节，"三加""三推"之属是也；三之所不能尽者，则以九为之节，"九章""九命"之属是也：此制度之实数也。因而生人之措辞，凡一二之所不能尽者，则约之三以见其多；三之所不能尽者，则约之九以见其极多：此言语之虚数也。

实数可稽也，虚数不可执也。何以知其然也？

《易》"近利市三倍"，《诗》"如贾三倍"，《论语》"焉往而不三黜"，《春秋传》"三折肱为良医"——《楚辞》作"九折肱"——此不必限以三也。《论语》"季文子三思而后行""雌雉三嗅而作"。《孟子》"陈仲子食李三咽"：此不可知其为三也。《论语》"子文三仕而三已"，《史记》"管仲三仕三见逐于君""三战三走""田忌三战三胜""范蠡三致千金"：此不必其果为三也。故知三者，虚数也。

《楚辞》"虽九死其犹未悔"：此不能有九也。《诗》"九十其仪"，《史记》"若九牛之亡一毛"，又"肠一日而九回"：此不必限以九也。《孙子》"善守者藏于九地之下，善攻者动于九天之上"：此不可以言九也，故知九者，虚数也。

推之十、百、千、万，固亦如此。故学古者，通其言语，则不胶其文字矣。

汪中著《述学》内外篇，本文见内篇。原分上中下三篇，这是上篇。汪中字容甫，一字颂父，清江都人。他家里很穷，而事母极孝，因为母亲年纪老了，竟不应考试，也不想做官。他研究经学，宗法汉儒；做文章也取法汉、魏、六朝。那时候名流学者，侨寓扬州的很多，他对人家说，扬州一府，通者三人，不通者三人。通者王念孙、刘台拱与他自己，不通者程音芳、任大椿、顾九苞。有一位当地的绅士去见他，请他批评。他说："你不在不通之列。"那个绅士很高兴。他却慢慢地接着说："你再读书三十年，或者可以望不通了。"其诙谐大都如此。所著有《广陵通典》《周官征文》《左氏释疑》等，而以《述学》内外篇最有名。

语释 〔二乘一为三〕乘作"加"字解。〔三加〕古男子二十而冠，行加冠之礼，自天子至士皆三次加冠，所以《仪礼·冠义》及《礼郊特牲》都说"三加弥尊"。〔三推〕古代皇帝为提倡农业，例于阴历正月，行耕耤之礼，皇帝亲持田器，把泥土推动三下。所以《礼·月令》说："孟春之月……天子亲戴耒耜，率三公九卿，躬耕帝耤：天子三推，三公五推，卿、诸侯九推。"〔九章〕章，是衣服上的文采。古时天子冕服九章：一龙，二山，三华虫，四火，五宗彝，六藻，七粉米，八黼，九黻。（据《周礼》春官司服郑注。）〔九命〕周代官秩，自一命至九命凡九等，见《周礼》春官典命。 〔近利市三倍〕《易·说卦》："为近利市三倍。"今人谓营业获利多者为"利市三倍"，本此。 〔如贾三倍〕见《诗·大雅·瞻卬》。贾，音古。这句的意义与"利市三倍"略同。 〔焉往而不三黜〕《论语·微子》：柳下惠为士师，三黜。人曰："子未可以去乎？"曰："直道而事人，焉往而不三黜；枉道而事人，何必去父母之邦！"按：贬官叫作"黜"。柳下惠，春秋鲁人。士师，主察狱讼的官。 〔《春秋传》〕《春秋左氏传》的简称。又称《左传》。 〔三折肱为良医〕《左传》定公十三年："三折肱知为良医。"按：肱为臂之第二节，就是从肘至腕的地方。这句说三折肱则与医家接触多，自己也就知道怎样做良医了。后人谓经验宏富为"三折肱"，本此。 〔《楚辞》〕汉刘向辑集屈原宋玉等所作的赋，名为《楚辞》。今存王逸《楚辞章句》及朱熹《楚辞集注》。 〔九折肱〕《楚辞·惜诵》："九折臂而成医兮，吾至今乃知其信然。"此作"九折肱"是作者记错了。 〔季文子三思而后行〕见《论语·公冶长》。按：

季文子即季孙意如，春秋鲁大夫。〔雌雉三嗅而作〕《论语·乡党》："'曰山梁雌雉，时哉！时哉！'子路共之，三嗅而作。"雉，俗称野鸡。子路，孔子弟子。朱熹《集注》引邢氏曰："梁，桥也。时哉，言雉之饮啄得其时。子路不达，以为时物而共（同供）具之，孔子不食，三嗅其气而起。"一说，嗅，当是"臭"，是鸟张两翅的意思。共为拱执之意。言子路捉住了雌雉，那雌雉张了几张翅翼，便飞去了。〔陈仲子食李三咽〕《孟子·滕文公》下篇："陈仲子，岂不诚廉士哉！居于陵，三日不食，耳无闻，目无见也；井上有李，螬食实者过半矣。匍匐往将食之，三咽，然后耳有闻，目有见。"按：陈仲子，战国齐人（《列女传》作楚人）。〔子文三仕而三已〕《论语·公冶长》："令尹子文三仕为令尹，无喜色；三已之，无愠色。"按：令尹子文，春秋楚大夫，姓斗，名谷于菟（赵岐注云，姓斗，名谷，字于菟），子文是他的字。因仕为令尹，故称令尹子文。令尹，官名，楚执政者之称。三已，谓三次罢官。〔管仲三仕而三见逐于君〕《史记·管晏列传》："吾尝三仕三见逐于君，鲍叔不以我为不肖，知我不遭时也。"按：管仲名夷吾，春秋齐桓公之贤相，与鲍叔牙为友。〔三战三走〕又："我尝三战三走，鲍叔不以我为怯，知我有老母也。"〔田忌三战三胜〕《史记·田敬仲完世家》："公何不令人操千金卜于市，曰：我田忌之人也。吾三战而三胜，声威天下，欲为大事，亦吉乎？不吉乎？"按：田忌，战国齐之名将。〔范蠡三致千金〕范蠡，春秋楚人。仕越，与越王勾践共灭吴，遂浮海入齐，变姓名为鸱夷子皮，后居陶，自号陶朱公。史称其尝三致千金，再分散之。见《史记·货殖传》。〔虽九死其犹未悔〕见《楚辞·离骚》。〔九十其仪〕《诗·豳风·东山》："亲结其离，九十其仪。"按：九十其仪，据郑笺说女子临嫁时父母再三叮嘱她的意思。〔若九牛之亡一毛〕见《汉书·司马迁传》报任安书。这里说《史记》是作者记错了。〔肠一日而九回〕见《楚辞·离骚》。〔《孙子》〕书名，周孙武撰，一卷，共十三篇，兵家书之传于今者，以此为最古。按：下面所引的话，见《孙子·形篇》。

二一 演绎法与归纳法

最近我们读了一篇《释三九》。这是什么体的文字呢？不用思索，便可回答，这是一篇议论文；因为它表白一个论断，就是：

> 生人之措辞，凡一二之所不能尽者，则约之三以见其多；三之所不能尽者，则约之九以见其极多：此言语之虚数也。

这个论断不是凭空想出来的。作者先从"制度之实数"想起，见到"一二之所不能尽者，则以三为之节"，"三之所不能尽者，则以九为之节"。其次他想，关于用数，实指虚指该是同样情形的，三言其多，九言其极多。言语中言三言九，都只是表示多的意思——所以是数。他要证明这个见解的不误，便找了许多用三用九的语句，归聚在一起。看了这些语句，谁都会想到"怎么恰是三恰是九，而不是二、四和八、十呢？实指绝不会这样，这只是表示多的虚数罢了"。

于是这一篇议论文的论断站得住，立得稳，得到大众的承认。

我们日常生活中，时时在那里下论断，立主张。下论断立主张不是凭空的，**总有它的根据，总依从着自然的思想方法**。基本思想方法有两种，在《释三九》一篇里都用到的，下面分开来说。

这篇文字的作者想定了"关于用数，三言其多，九言其极多"；从而对于言语的用三用九下论断，说"凡一二之所不能尽者，则约之三以见其多；三之所不能尽者，则约之九以见其极多"。这是**根据了范围较广遍的原理来论证范围较狭窄的事物，叫作"演绎法"**。"三言其多，九言其极多"统指"用数"，把制度的用数和言语的用数都包括在内，所以说它是"范围较广遍的原理"。单是言语的用数，那就把制度的用数除外了，所以说它是"范围较狭窄的事物"。

作者读了《易》"近利市三倍"，而想"此不必其果为三也"，又读了《诗》"如贾三倍"，而想"此不必其果为三也"，又读了以下的许多语句，而都想"此不必其果为三也"，于是知道言语中的三只是表示多的虚数。依同样的思想方法，他又知道言语中的九也只是表示多的虚数。这是**根据了个别的事实来论证广遍的原理的论法，叫作"归纳法"**。"近利市三倍"不必果为三，"肠一日而九回"不必限以九，这些都是"个别的事实"。最后得到的结论"三者虚数也""九者虚数也"便是"广遍的原理"。

每一篇议论文，无非错综地运用这两种方法而构成的。要作得出水平线以上的议论文，当然要对于这两种方法加以注意。详细地讨论到这两种方法，那是"论理学"的事情，在这里，我们只好略为说一点大概。

演绎法最基本的形式通常称为**"三段论式"**。例如：

> 各种功课都可以自修——大前提
>
> 国文是一种功课——小前提
>
> 故国文可以自修——结论

"大前提""小前提"和"结论"都是论理学上的名称。照这样的顺序排列，也是论理学上的方式。**若在言语或文字里，顺序就常有变更，并不一定**。试将上式做例，可变为以下的数式：

　　各种功课都可以自修的，（大）国文当然可以自修，（结）因为国文也是一种功课。（小）

　　国文既是一种功课，（小）一切功课都可以自修，（大）国文也就可以自修了。（结）

　　国文既是一种功课，（小）就可以自修，（结）因为各种功课都可以自修的。（大）

　　国文可以自修，（结）因为各种功课都可以自修，（大）而国文也是一种功课。（小）

　　国文可以自修的，（结）它是一种功课，（小）各种功课没有不可以自修的。（大）

　　在言语或文字里，不但排列的顺序常有变更，**又常有省略"大前提"或"小前提"或"结论"的**。例如：

　　各种功课都可以自修，国文也是一种功课呀。（省略结论）

　　国文既是一种功课，岂不可以自修么？（省略大前提）

各种功课都可以自修，国文当然可以自修了。

（省略小前提）

照这样说，人家也就能够明白，所以把可省的部分省去了。

演绎法的结论全以大小两前提作基础。如果两个前提中有一个立脚不稳（就是不合理不确当），所得的结论就难叫人相信。如说：

自学的人都是学问家，
某君是自学的人，
所以某君是学问家。

这里的大前提实在很靠不住，自学的人固然有成为学问家的，但并不个个成为学问家，所以说"都是"是不合理的。因此，立在这不合理的基础上面的结论"某君是学问家"虽然不就被否认，也不会就被承认。某君也许真个是学问家，但须得从别的方面证明，单看上面的论证，谁能相信他是学问家呢？又如说：

学问家往往是刻苦为学的人，

某君是刻苦为学的人，

所以某君是学问家。

　　这里是小前提靠不住了。大前提说"学问家往往是刻苦为学的人"，可见也有些学问家并不是刻苦为学的人。并且，从这一语上，怎么看得出成为学问家不再需要其他的条件呢？而小前提这样说法，简直以为"刻苦为学"是成为学问家的唯一的条件。那么，所得的结论当然不是确说了。某君到底是不是学问家，在不曾从别的方面证明以前，人家还是不能知道。

　　不过，**所谓合理，所谓确当，都是相对的而不是绝对的**。所以论辩的双方彼此结论相反，而检查他们的论式的各段，却同样地没有谬误；这样的事实也是常见的。然而**各段无误究竟是论证的必要条件**，如果连这个条件都不具备，那就没有发议论的资格了。

　　演绎法的前提原是结论的根据，**假若有一个前提容易引起疑问，不能就被承认，那就须用别的三段论式来把这个前提证明**。例如下面的三段论式：

生活须有知识——大前提

我们要生活——小前提

所以我们须有知识——结论

倘若恐怕有人对于这个大前提会产生疑问，就再来一个三段论式；

人类行动思维全靠着知识——大前提

生活是行动思维的总称——小前提

所以生活须有知识——结论

复杂的议论文往往是许多三段论式的堆积：这个三段论式的前提就是那个三段论式的结论，而其结论又是另一个三段论式的前提。那当然不全是死板的正规的三段论式，省略一段的常居多数，但仔细研索，把省略的补上，就可以见到许多的三段论式了。

归纳法根据了个别的事实来论证广遍的原理，**那个别的事实不但要搜集得多，并且要没有反例。**如《释三九》所举言语中用三用九的例，可谓很多的了；这中间有把三九用作实数的么？没有；除举这些例以外，尚有类似的成语，把三九用作实数的么？也想不起来，这就是没有反例。

归纳法更有一个应守的条件，就是：**要有明确的因果关系**。言语中"三倍""三黜"等既然不是真个"三"，"九死""九牛"等既然不是真个"九"，这些"三""九"当然是虚数了：这里因果关系非常明确。倘若你看见某甲营投机事业成了富翁，某乙、某丙、某丁营投机事业也成了富翁，就用归纳法得到一个结论："凡营投机事业的都可以成富翁"，这就不稳当了，因为营投机事业成为富翁并没有必然的因果关系。并且，反例也不少呢，某丁、某戊、某己都因投机事业失败，弄得"贫无立锥"了。所以，这个论证是完全不合条件的。

不过，**反例的有无和经验的广狭有关**。在现在的经验范围以内，好像没有反例了，他日经验范围扩大，便发现不少的反例：这是并不稀罕的事。所以，归纳法所得结论未必是"必然的"。别人还可以有辩驳的余地，也由于此。**因果关系的认识也因经验、知识而不同**。如古人认天象变异与人间苦难有因果关系，议论文里用到这类的论证不知有多少；但是，现代的我们看来，不值一笑了。又，因果关系是很复杂的，若把它简单化了，认为某因必有某果，这样的结论也是容易引起辩论的。

练习　试把下列语句补足成三段论式：

人非圣人，谁能无过。

打倒帝国主义是我国的出路。

试用归纳法论证"健康为成功之母"。

秋　思

马致远

〔双调夜行船〕 百岁光阴如梦蝶，重回首往事堪嗟。昨日春来，今朝花谢，急罚盏夜阑灯灭。

〔乔木查〕 想秦宫汉阙，都做了衰草牛羊野。不恁渔樵无话说。纵荒坟横断碑，不辨龙蛇。

〔庆宣和〕 投至狐踪与兔穴，多少豪杰！鼎足三分半腰折，魏耶？晋耶？

〔落梅风〕 天教富，不待奢。无多时好天良夜。看钱奴硬将心似铁，空辜负锦堂风月。

〔风入松〕 眼前红日又西斜，疾似下坡车。晓来清镜添白雪。上床和鞋履相别。莫笑鸠巢计拙，葫芦提一就装呆。

〔拨不断〕 利名竭，是非绝。红尘不向门外惹，绿树偏宜屋角遮，青山正补墙头缺，竹篱茅舍。

〔离亭宴歇〕　蛩吟一觉才宁贴，鸡鸣万事无休歇。争名利何年是彻：密匝匝蚁排兵，乱纷纷蜂酿蜜，闹攘攘蝇争血。裴公绿野堂，陶令白莲社。爱秋来那些：和露摘黄花，带霜烹紫蟹，煮酒烧红叶。人生有限杯，几个登高节。嘱咐俺顽童记者：便北海探吾来，道东篱醉了也。

　　这是元朝人做的散曲。散曲有"小令"与"套数"之分：小令大概用一个曲牌填成，而没有尾声的；套数是合若干曲牌成为一套，而有尾声的。又小令虽用一个曲牌，但可以连续填下去，且不限于一韵；套数合若干曲牌而成，但必须一韵到底。这篇在散曲中属于"套数"。

　　马致远，号东篱，元大都人。曾做江浙行省务官。其生卒年月不可考。他是元朝有名的戏曲作家。所作散曲，有小令一百四首，套数十七首（见《东篱乐府》）；杂剧有《汉宫秋》等十四本。《太和正音谱》把他列在第一人，说他的作品，典雅清丽，如朝阳鸣凤。明周德清《中原音韵序》中，亦有"自关（汉卿）、郑（廷玉）、白（朴）、马，一新制作"的话。可见他的作品，一向被人推重的。

语释 〔双调〕词曲分许多宫调，以表示其声音的高下，双调是宫调之一。 〔夜行船〕曲调有各种名色，叫作"曲牌"，用以表示音节，像现在的乐谱。《夜行船》，是曲牌之一。 〔梦蝶〕《庄子·齐物论》："昔者庄周梦为蝴蝶，栩栩然蝴蝶也。……俄然觉，则蘧蘧然周也。不知周之梦为蝴蝶与？蝴蝶之梦为周与"？按：元曲无入声，这里的蝶字和下面的穴、杰、别、竭、绝等字，是入声作平声；阙、说、铁、雪、拙、缺、贴、歇、彻、血、节等字，是入声作上声；灭、月、叶等字，是入声作去声。 〔急罚盏夜筵灯灭〕这句是说行乐当及时。急罚，是催促赶快喝酒的意思。夜筵灯灭，是说灯便要灭，筵便要散。 〔乔木查〕曲牌名。一名《银汉浮槎》。 〔不恁渔樵无话说〕恁，即"如此"的俗言。渔夫樵子，往往喜说前朝兴亡。这里是说，倘不是秦宫汉阙都变做了衰草牛羊野，那渔樵也无话可说了。〔纵荒坟横断碑，不辨龙蛇〕即使荒坟里横着几块断碑，也不能辨认字迹了。龙蛇，指碑上的字迹。〔庆宣和〕曲牌名。〔投至狐迹与兔穴，多少豪杰〕从前有许多辅佐帝王的英雄豪杰，到后来只剩几个荒坟，为狐兔的穴窟。所以他说，到了只剩狐迹与兔穴的时候，从前的多少豪杰都没有了。投至，犹言"及至"或"到了"。〔鼎足三分半腰折，魏耶？晋耶〕三国时魏、蜀、吴三分中国，后来蜀、吴先后被魏所灭，而魏又被司马氏所篡，改国号为晋。〔落梅风〕曲牌名。一名《寿阳曲》。南曲引子亦有《落梅风》，句法与此不同。〔天教富，不待奢〕奢与"赊"通，宋元人的小说戏曲中常常用赊字，意思和求字差不多。这句的意思是说，天教你富时不必待你去求的（《乐府新声》里把这句改为"天教你富莫太奢"，那把奢字作奢侈之奢解，便与下面的语气不合了）。〔看钱奴〕犹言"守财奴"。〔鸠巢计拙〕鸠不会做巢，占据他鸟的巢以为己有；但它虽不会做巢，却也安居在巢里，所以《禽经》说"鸠拙而安"。〔葫芦提一就装呆〕葫芦提，亦作"葫芦蹄"，元曲中常用之。《演繁露》又作"鹘鹭啼"，说就是"俳优以为鹘突者也"。大概是当时优伶所用的一种道具，用以象征糊涂者。这是说，我一向糊里糊涂，假装痴呆。〔拨不断〕曲牌名。一名《续断弦》。〔离亭宴歇〕《离亭宴》，曲牌名。套数须用尾声，而曲中煞尾亦叫作"歇"。这是用《离亭宴》带尾声，所以叫作《离亭宴歇》。〔蛩吟〕蟋蟀的鸣声。〔裴公绿野堂〕唐裴度封晋公，故称他"裴公"。裴度是唐朝有名的宰相，他罢官以后，在东都造一别墅，名绿野堂，和白居易在里面饮酒赋诗，不问世事。〔陶令白莲社〕晋朝的高僧慧远，和他的同志慧永、慧持及诸名士结白莲社于庐山，就是现在东林寺。陶令即陶渊明，因为他做过彭泽令，所以称他为"陶令"。按：陶渊明隐居浔阳，和白莲社中人相往还。〔登高节〕阴历九月初九，为登高节。相传东汉费长房令桓景于九月九日，登高避祸（见《续齐谐记》）。是为重九登高之始。〔嘱咐俺顽童记者〕吩咐我的顽皮的僮子叫他记着。〔便北海探吾来，道东篱醉了也〕汉孔融为北海相，所以人称他为孔北海或北海。孔融好客，尝说："座上客常满，樽中酒不空，吾无忧矣。"这里是说，就是有孔北海那样的人来探我，你可以回答说"东篱早已醉了"。

哀 江 南

孔尚任

〔北新水令〕 山松野草带花挑，猛抬头秣陵重到。残军留废垒，瘦马卧空壕。村郭萧条，城对着夕阳道。

〔驻马听〕 野火频烧，护墓长楸多半焦。田羊群跑，守陵阿监几时逃？鸽翎蝠粪满堂抛，枯枝败叶当阶罩，谁祭扫？牧儿打碎龙碑帽。

〔沉醉东风〕 横白玉八根柱倒，堕红泥半堵墙高。碎玻璃瓦片多，烂翡翠轩窗棂少，舞丹墀燕雀常朝。直入宫门一路蒿。住几个乞儿饿莩。

〔折桂令〕 问秦淮旧日窗寮，破纸迎风，坏槛当潮。目断魂消。当年粉黛，何处笙箫？罢灯船端阳不闹，收酒旗重九无聊。白鸟飘飘，绿水滔滔。嫩黄花有些蝶飞，新红叶无个人瞧。

〔沽美酒〕 你记得跨青溪半里桥，旧红板没一条；秋水长天人过少。冷清清的落照，剩一树柳弯腰。

〔太平令〕 行到那旧院门，何用轻敲；也不怕小犬哮哮。无非是枯井颓巢，不过些砖苔砌草。手种的花条柳梢，尽意儿采樵。这黑灰是谁家厨灶？

〔离亭宴带歇指煞〕 俺曾见金陵玉殿莺啼晓，秦淮水榭花开早，谁知容易冰消！眼看他起朱楼，眼看他宴宾客，眼看他楼塌了！这青苔碧瓦堆，俺曾睡风流觉。将五十年兴亡看饱。那乌衣巷不姓王，莫愁湖鬼夜哭，凤凰台栖枭鸟。残山梦最真，旧境丢难掉。不信这舆图换稿。诌一套《哀江南》，放悲声唱到老。

这篇是《桃花扇》传奇的末一折《余韵》中的一套北曲。传奇是由杂剧转变而来，分若干折，每折中南北曲可以并用（详见"曲"）。《桃花扇》，清孔尚任作。记明朝末年侯方域与名妓李香君的悲欢离合。《余韵》为全书的末一折，记明亡后侯方域与李香君已遁入深山修道，而门客如柳敬亭、苏昆生辈，也都隐于渔樵。一天，柳苏二人正在饮酒谈心，恰好来了一位他们二人所素来认识的老赞礼，大家谈起旧事，不胜悲伤。于是那樵夫（即苏昆生）就唱这套《哀江南》曲，唱得大家都哭起来了。而《桃花扇》全书，就此结束。孔尚任，字聘之，自号云亭山人，清曲阜人。康熙间授国子监博士累官户部员外郎。他博学有文名，通音律。生平著作甚多，除《桃花扇》外，有《阙里新志》《岸塘文集》《湖海诗集》等。

语释　〔北新水令〕《新水令》，曲牌名。因为这一套是北曲，所以加上一"北"字。又曲里引用的牌子，都有一定的宫调。这套曲子和前面那篇《秋思》一样，属双调。　〔秣陵〕秦置秣陵县，汉因之，故治在今江苏江宁县东南六十里秣陵桥东北。后人就称今江宁为秣陵。　〔垒〕军垒，即今营墙。　〔壕〕城壕，就是城下的池。　〔驻马听〕曲牌名。　〔野火频烧〕野火常常在那里烧。〔楸〕落叶乔木。干直上耸，至高处分枝。叶如桐，三尖或五尖。夏开黄绿色细花，结实成荚，长尺余，下垂，熟则裂开。　〔守陵阿监〕皇帝的坟叫作"陵"。守陵阿监，就是管坟的太监。按：明太祖坟在江宁城东北钟山。〔鸽翎〕鸽子身上脱下来的羽毛。〔龙碑帽〕御制的碑，其碑额上都雕有龙纹，所以叫作"龙碑帽"。〔沉醉东风〕曲牌名。按：《南曲》亦有《沉醉东风》的牌子，与此不同。〔横白玉八根柱倒〕那宫里的八根白玉石的柱都横倒了。〔堕红泥半堵墙高〕那堵红泥高墙也堕坏了，只剩了半堵。〔烂翡翠轩窗棂少〕像翡翠那样的轩棂窗格烂得快要没有了。〔舞丹墀燕雀常朝〕宫殿阶上之地叫作"墀"。涂以红漆，故称"丹墀"。古时臣下朝见皇帝，有"再拜""舞踏"等仪节。这是说，宫殿坍了，皇帝也没有了，只有引些燕雀常常在丹墀之上跳跃，像从前臣子朝见皇帝一般。〔饿莩〕饿死的人叫作"饿莩"。但这里是指饿得不像样子的乞丐而言。莩，一作"殍"。〔折桂令〕曲牌名。按：《折桂令》别名甚多，句法亦各不同，此为最通行的十二句八韵之一体。〔问秦淮旧日窗寮〕秦淮，水名。源出江苏溧水县，西北流贯江宁城，又西北入大江。秦时所凿，故名。秦淮河一带，旧时妓院甚多；窗寮，与"门户"相当，即指妓院而言。〔当年粉黛何处笙箫〕当年那些粉白黛绿的女子，现在都不见了，更从何处去听笙箫之声。〔罢灯船端阳不闹〕旧时秦淮河里多妓船，每逢端阳节，都挂了彩灯，在湖心荡漾着，非常热闹；现在到了端阳，灯船也没有了。〔收酒旗重九无聊〕从前当重九日，大家登高饮酒，非常热闹；现在酒亦没有了，酒旗收起了，所以虽逢重九节也非常无聊。〔沽美酒〕曲牌名。〔落照〕落日的光辉。〔太平令〕曲牌名。〔离亭宴带歇指煞〕就是《离亭宴》带煞尾的意思，和《秋思》的《离亭宴歇》差不多。〔金陵〕今江苏江宁县战国时为楚金陵邑；唐武德中亦置金陵县于此；五代杨吴时置金陵府于此；所以后人就称今江宁为金陵。〔水榭〕指临秦淮河一带临水的房屋。〔朱楼〕即红楼，旧时豪贵人家多建红楼。〔那乌衣巷不姓王〕乌衣巷，在今江宁县城内。晋时贵族如王谢诸家，多居此巷。〔莫愁湖〕在江宁县三山门外。明时为徐中山园。〔凤凰台〕在江宁县南。

二二　曲

最近我们读过马致远的《秋思》和《桃花扇》里的《哀江南》，这二者都是"曲"。**从本质上说曲和词一样，都是诗的范围以内的东西。**诗有纯粹抒写情怀的，也有叙事而抒写情怀的；**词和曲差不多是纯粹抒写情怀的；**直到形成了戏剧的形式，曲才担负了与叙事诗同样的职务。若就形式来说，诗的条件比较少；形式条件最多的律诗和绝句，也只有押韵、语数有定、平仄声调协数端而已。词和曲除这数端外，**还须顾到音乐的条件。**抒写怎样的一种情怀应该用哪一个宫调的词牌、曲牌来作词、作曲，在当初的作者是必须顾到的。犹之现在给歌曲作谱的音乐家在着手之先，必须审酌该歌曲的情调，然后决定用 C 调、G 调还是 F调。词和曲本来是文学和音乐混合的艺术品啊。

作词、作曲究竟是怎样的情形，请设一个浅显的譬喻来说明。我国有一支乐谱叫作《梅花三弄》，俗名叫作《三六》，是流行得很广遍的，略微能弄丝竹的人总知道它。这里有一个人想作歌，写月夜的景色，就按照《梅花三弄》的谱，这个歌唱起来是《梅花三弄》的调子。另外有一个人也想作歌，写离别的情怀，就按照《梅花三弄》的谱，这个歌唱起来也是《梅花三弄》的调子。两个歌调子相同，但题目各别，内容互异。词牌如《菩萨蛮》，曲牌如《夜行船》，犹如这里所说的《梅花三弄》。辛弃疾用《菩萨蛮》的调子作"书江西造口壁"的词，马致远用《夜行船》的调子作"秋思"的曲，另外还有许多人用《菩萨蛮》《夜行船》的调子作他们的词和曲，这正同大家可用《梅花三弄》的谱作歌一样。这样说来，作词、作曲是怎样的一种勾当不是很容易明白了么？

但是要知道，这样地作词是词的乐谱尚未失传以前，懂得音律的人作词的情形；这样地作曲是懂得音律的人作曲的情形。到词的乐谱失传了以后，到曲的乐谱不复普遍地流行于社会间了之后，一般人作词、作曲就不是这般情形了。他们不管《菩萨蛮》的第一个音是 do 还是 re，《夜行船》的第一个音是 mi 还是 fa，只取一首现成的词或曲做标准，——依照着它着手。它全首多少句，各句多少字，就也作多少句，各句多少字；它第一字是平声就也用平声字放在句首，第二字是上声就也用上声放在第二；它什么地方押韵就也在什么地方押韵，什么地方对偶就也在什么地方对偶，什么地方重叠就也在什么地方重叠。至于怎样来歌唱他们所作的词或曲，他们却并不知道，因为他们所依据的原不是"乐谱"呀。这情形还请设一个譬喻来说明。我们假定《梅花三弄》的乐谱现在已经失传了，或者虽未失传而我们并不熟习，但是我们知道有一首《月夜歌》是用《梅花三弄》的乐谱作成的，就依据了《月夜歌》的字数、四声、押韵等等作成一首新的歌，譬如说是《雪朝》吧：说《雪朝》用的就是《梅花三弄》的调子，当然可通；可是《雪朝》这首歌应该怎样唱，我们并不知道；《雪朝》实际上只是一首仿模《月夜歌》的形式的唱不来的歌儿罢了。离开了音乐的条件而作词、作曲，情形就是这样子。

到这地步，作词、曲与作诗就很少区别了；若说词、曲有各种形式上的条件，那么，律诗和绝句不是也有形式上的条件么？换一句说，就是：**把词、曲称为另一体的诗也未尝不可，因为它们的本质原是相同的。**

以下略说曲的体制。

一个曲牌的曲叫作"小令"。一个曲牌是曲的单位，犹之现在按谱作歌，必须取全谱，不能割裂了谱的一部分算数。假若作曲者情思丰富，不能把它含在一首曲里，而按照同一的曲牌多作几首，或者几首同用一韵，或者每首各用一韵，这仍是小令。好像在一个题目之下作四首七律，就体制讲，还是称七律，四首同一首原是没有关系的。

两个以上曲牌相联的曲叫作"散套"。这就是说，散套所用的是一种复合的乐谱。相联的数个曲牌通常须是同一宫调的，照现在的说法，就是各个曲牌不是都属 C 调，便是都属 G 调或者 F 调等。全首用韵，必一韵到底。又有"尾声"，以示全套的乐律已经完毕——这只就普通情形而言。此外也有把宫调不同的曲牌联成的散套，也有不用尾声的散套。唯一韵到底一项却没有例外。

到这里，《秋思》和《哀江南》二者都是散套，这是不言而喻的了。

小令也得举例以见一斑。现在就把曲牌名《天净沙》、也题作《秋思》的一首抄录在这里，这一首有人说也是马致远的作品，但也有人说它出自无名作家之手。

> 枯藤老树昏鸦，小桥流水平沙，古道西风瘦
> 马，夕阳西下，断肠人在天涯！

小令和散套统称"散曲"，以和"剧曲"相对待。
犹如文章中有"散文"，以和"韵文"相对待。剧曲所
用也就是那些曲牌，也是数个曲牌那么连缀起来，实
际与散套无异。所以，说得明白点，就是：**非戏剧的**
成套的曲称为散曲，戏剧中的曲则称为剧曲。而小令
当然不适宜用入戏剧，故也称为散曲。我们这讲义里
的《秋思》当然是散曲；而《哀江南》虽然出于戏剧
《桃花扇》里头，但这算是戏剧中人物的作品与题诗填
词一样，故也是散曲。

曲演化而为戏剧，是非常自然的事情。请再设一
个譬喻。我们平时熟习了许多的曲调，一个个都能吹
弹。有一次我们要举行一个同乐会，游艺节目中有一
项是歌剧。我们就依据熟习的那些曲调编成歌词，又
加入一些对白，这样，一幕歌剧就成功了。到这时候，
本来是随便歌唱的曲调不就成为剧曲了么？宋元时曲

演化而为戏剧，就是这样的情形。

宋时戏剧称为"杂剧"，因为歌唱与滑稽、杂耍、舞蹈混合，所以名称上有这个"杂"字。到元时杂剧差不多有了一定的体制。大都每一种杂剧限于四折，照现在说起来，就是四幕。每折里的曲牌限于一个宫调，又限于由一个剧中人歌唱。要看例子，现在最容易购求的有《元曲选》一书，商务印书馆有翻印本。

宋元时又有一种"南戏"，也是综合旧曲而成的。它的体制与杂剧不同。南戏的一幕称为"一出"，一出中不以一宫调的曲为限，也有一出重复用一曲到底的。又，曲原有南北之分，杂剧所用的是北曲，自从元人作散曲创南北合套的规模，南戏中就不单用南曲，也有用南北合套的了。并且，南戏一出中的曲不限定由一个剧中人歌唱；这个人唱一曲，那个人接唱一曲，有时几个人合唱一曲。南戏全部又不限定出数，视所演故事的繁简而多少，多的至数十出。到明清时，一般称南戏为"传奇"，与北曲的"杂剧"相对待。像《桃花扇》，就是一部传奇。

元曲的唱法，早已失传。明魏良辅创立"昆腔"，给《琵琶记》传奇点板，以后定乐谱的人就奉为模范。

所以传奇中虽有北曲，那腔调究竟保存了元曲的几分之几，实在无从知道。像《桃花扇》这部传奇，在当时非常风行的，或者仅仅歌唱，或者登场表演，它的乐调就属于"昆腔"的系统。"唱昆腔"现在还是有闲阶级的一种好尚，江浙许多比较殷富的城镇以及北平，结社唱昆腔的数目很不少。他们所唱的戏同曲是明清各传奇中的一出或数出。

练习　马致远《秋思》散套是怎样的一派思想？这派思想和现代人生适应么？

二三 文篇组织的形式

说一番话，写一篇文字，从第一句到末一句，成为一个完整的组织；**每一句都是这个组织里头的一分子，缺少不得，**如果缺少了，组织就失掉了完整——说得明白点，就是这一番话或者这一篇文字有了阙漏、不充分的地方。

然而组织的单位却是一节，或者说一个段落，而不是一句。繁复的物态，错综的事故，头绪纷多的解释和讨论，这些往往不是一句话说得尽的；必须这样说，那样说，把许多句话积集起来，才能说出一点什么东西来。妇人家刺绣，不是大家看见过的么？她们一针一针地刺绣，起初看来不知是什么东西；但是积集了若干针的成绩，一张叶子成功了，再积集了若干针的成绩，一片花瓣成功了。她们的一针犹如我们这里所说的一句，她们的一张叶子、一片花瓣犹如我们这里所说的一节，或者说一个段落。看一幅花绣的组织，不说这一针怎样，那一针怎样，却说这一张叶子怎样，那一片花瓣怎样；一番说话、一篇文字，其组

467

织的单位是一节而不是一句，便是同样的道理。

口说一番话的时候，到一节完了，语气就停顿一下；这是很自然的，用不着特地留意，因为我们从小学习语言、使用语言，这个习惯早已养成了。写一篇文字的时候，现在通行每节另行写起，上一节与下一节中间的空白纸面，仿佛代替了语气的停顿。从前人缮写文篇是并不这样的，但段落当然仍可以划分；我们这讲义里选读的古文，不是划分得同现代文一样了么？

把"节"认为单位，来看文篇的组织，**看许多节怎样地配列，看前一节与后一节怎样地发生关系，这是了解一篇文字的扼要手段。而写作之先，也得规定了文篇的组织，从首节到末节怎样地连串，主要的意义布置在那一节，然后动笔挥写，才不至像跑野马一样，不知所之。因此，文篇组织颇有讨究一下的必要。**

文篇组织，如果仔细讨究起来，有许多的形式。现在我们只能**根据了"心理的自然"略说几种重要的**；换一句说，那些矫揉造作的无谓的形式，我们都不去管它了。

直进式　这是逐步逐步进行，一直到底的一种形式。也不用什么外加的冒头和结尾，也不用什么插入的承接和转折，只是老老实实从头说到尾，到学校就说从家里一路行去，直到学校。登山就说从山脚一路上去，直到山顶。记一天就从早上说起，直到临睡。记一月就从初一说起，直到月底。什么接触在先就写在前头，什么发生在后就写在后头。看见什么就写什么，听见什么就写什么。是单纯地导源于"心里的自然"的一种组织法。

我们可举很早就读过了的一篇《小雨点》做例子。这一篇叙述小雨点遇见风伯伯，遇见红胸鸟，遇见泥沼，遇见河伯伯，遇见海公公，遇见青莲花，遇见死池，遇见太阳公公，又回到家里，完全依照事情经过的先后。事情完了，文篇也就完结，并不加上议论似的结尾，这便是"直进式"的组织。

"直进式"的组织如果用图来表示，便是

首—————————————尾

散列式 这一式并列地记叙一些散漫的事物，这些事物并没有什么连锁的关系，好像彼此不相干的，再增加一两项固然无妨，就是减少一两项也不要紧；但是在隐隐之间，却有言外的什么东西把它们维系着，读者细心阅读就会体会到这东西，而作者所以要记叙这些事物，也正因为体会到了这东西。小品文里，常有用"印象的描写法"，在一篇中间写这个、写那个的，粗看似乎是一串个个独立的札记，然而细心阅读之后，就会觉到这许多散漫的事物是被一个印象统摄着的。试看下面题作《春》的一篇文字：

　　太阳光从窗外射进来。在光当中，看得见极细的尘屑在那里浮动。一股暖气熏得我周身舒服；过了一会儿，竟觉得热烘烘了。

　　一阵清香拂过我的鼻头边。摆在桌子上的一盆兰花有三朵开了。碧绿的花瓣，白地红斑、舌头一般的花蕊，怪有趣的。兰叶的影子描在墙头上，就同画幅上画着的一般。

　　我走到庭前。看见阶石旁边的一个泥洞里出来三个蚂蚁。它们慢慢地前进，走了一段便停一停，仿佛在那里探路。又有一个蚂蚁出来了。它独自爬上阶石，在太阳光中急速地前进。

　　什么地方传来蜂儿嗡嗡的声音？我抬起头来寻，寻不见。可是听到了这声音，就仿佛看见了红红白白、如山如海的花。

大门外细细的柳条上，不知什么时候染上了嫩黄色。仔细看去，说它黄也不对，竟是异样可爱的绿。轻轻的风把柳条的下梢一顺地托起，一会儿便又默默地垂下了。

柳树下的池塘里，鱼儿好快乐呀！成群地游到这边，游到那边。白云、青空以及柳树的影子，都在水中轻轻地荡漾。一幅活动的画图！

这一篇里写太阳光、兰花、蚂蚁、蜂飞声、柳丝、池塘原是个个独立的，可是在"春的印象"这一点上却统一了。

"散列式"的组织如果用图来表示，便是

首括式 这一式的文字，开头就揭露总括全体的大纲，以下都是对于这大纲的阐发、疏解或证明。我们说一番话，写一篇文字，必然有所以要说、要写的主旨；一开场就把主旨拿出来，是很合于"心理的自然"的。

试看本讲义《新生活》，开头就说明"新生活就是有意思的生活"；以下"先说一两件实在的事情做个样子"，这些"是没有意思的生活"；然后说"生活的'为什么'就是生活的意思"，"这三个字的趣味真是无穷无尽，这三个字的功用也无穷无尽"，在后的许多文字无非对于"新生活就是有意思的生活"这句话做疏解的功夫罢了。这便是"首括式"。

"首括式"的组织如果用图来表示，便是

尾括式　这一式刚同"首括式"相反，是把总括全体的大纲放在结束的。在前是层层的阐发、疏解或证明，"水到渠成"，然后揭出主旨。这同样地合于"心理的自然"。

试看本讲义《闻歌有感》，先写"闻歌"，次写读了《一生》的感想，次写"从妹"的嫁前与嫁后，次写"女性的第三性化"，次写"自然所加给女性的担负"，次写"一切问题……在对于事实的解释上"，次引《海上夫人》中的主人翁为例，末了才揭出作者的主旨，希望女性"要在这'忙'里发挥自己，实现自己，显出自己的优越，使国家社会及你们对手的男性在这'忙'里认识你们的价值，承认你们的地位"：以前连篇累牍的话，无非给这末了的一节话做引子，做陪衬。这便是"尾括式"。

"尾括式"的组织如果用图来表示，便是

双括式　这是开头就揭示大纲，末了又重言申明，举大纲做结束的一种形式。在演说会场里一个人登台演说，往往先提出他的主旨是什么什么，于是层层推阐、辩证，到末了说"所以我主张什么什么"。论文用这种形式的也不少。先揭示大纲，所以引起人家的注意；末了重言申明，所以结束篇中的种种论辩：这也是从"心理的自然"出发的。

试看本讲义《读书》，讲读书的方法，开头就说第一要精，第二要博，接着把怎样能"精"，怎样能"博"说了一大套，末了结束道："为学要如金字塔，要能广大要能高。"仍是"第一要精，第二要博"的意思。这便是"双括式"。

"双括式"的组织如果用图来表示，便是

　　以上五种形式差不多是最基本的。其他形式好像与它们不同，但只是有所变化而已，简约起来，还是与它们一样。譬如有些叙述文，叙述一件事情的经过，在中间回叙到前面去，然后再行接上，成为

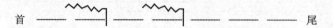

　　这样的形式。这实在与"直进式"相仿，不过多一些追叙罢了。

　　　　练习　试自撰一题，按照"双括式"规定全篇组
　　　　　　织的大要。

诗品六则

司空图

冲 淡

素处以默，妙机其微。饮之太和，独鹤与飞。犹之惠风，茬苒在衣。阅音修篁，美曰载归。遇之匪深，即之愈稀。脱有形似，握手已违。

自 然

俯拾即是，不取诸邻。俱道适往，著手成春。如逢花开，如瞻岁新。真与不夺，强得易贫。幽人空山，过水采苹。薄言情悟，悠悠天钧。

疏　野

惟性所宅，真取弗羁。拾物自当，与率为期。筑室松下，脱帽看诗。但知旦暮，不辨何时。倘然适意，岂必有为。若其天放，如是得之。

清　奇

娟娟群松，下有漪流。晴雪满汀，隔溪渔舟。可人如玉，步屧寻幽。载瞻载止，空碧悠悠。神出古异，淡不可收。如月之曙，如气之秋。

委　曲

登彼太行，翠绕羊肠。杳霭流玉，悠悠花香。力之于时，声之于羌。似往已回，如幽匪藏。水理漩洑，鹏风翱翔。道不自器，与之圆方。

旷　达

生者百岁，相去几何？欢乐苦短，忧愁实多。何如尊酒，日往烟萝！花覆茅檐，疏雨相过。倒酒既尽，杖藜行歌。孰不有古，南山峨峨。

诗有各种不同之境界，随人随时随地而异。唐司空图著《诗品》一卷，分雄浑、冲淡、纤秾、沉着、高古、典雅、洗练、劲健、绮丽、自然、含蓄、豪放、精神、缜密、疏野、清奇、委曲、实境、悲慨、形容、超诣、飘逸、旷达、流动等二十四品，各按其品，以四言韵语十二句描写之。这里只选冲淡、自然等六则。

司空图（837—908）字表圣，唐虞乡人。咸通末进士。僖宗时知制诰为中书舍人，不久即解职去。晚年隐居中条山之王官谷，自号耐辱居士。朱全忠篡唐，召他做官，力辞不赴。及全忠称帝，唐哀宗被弑，他不食呕血死。所著有《司空表圣集》十卷。《诗品》二十四则别行于世。

语释 〔素处以默，妙机其微〕平居淡素，守以沉默，其发露之机甚为微妙，不落迹象。〔饮之太和〕阴阳会合，冲和之气，叫作"太和"。饮之太和，极言其冲淡。〔独鹤与飞〕鹤在禽类中最为冲淡，今又与独鹤同飞，其冲淡可知。〔惠风〕风之和缓者。〔荏苒〕和风吹拂之貌。〔阅音修篁，美曰载归〕听音亦可称"阅音"，如看画亦可称读画。修篁，即修竹。曰与载皆语助辞。美曰载归，是说听了美妙的竹声而归。〔匪〕与"非"同。〔脱有形似，握手已违〕形似，对妙机而言，就是迹象的意思。这是说，一落迹象，那一握手之间就不对了。〔著手成春〕此"春"字殊难诠释。举例来说，犹如画家在一幅素纸上随便画上几笔便成一幅好画，这也可说是著手成春。〔真与〕对"强得"而言，是出诸自然并不强求的意思。〔薄言情悟，悠悠天钧〕薄言，发语辞，如《诗》"薄言采之"。情悟，犹言默契或觉到。悠悠，无尽貌。天钧，语本《庄子·齐物论》:"而休乎天钧。"《庄子》的所谓天钧,是受大自然陶冶之意。这两句是说与大自然相默契。〔惟性所宅〕宅,安居之意。言随性所安。〔真取弗羁〕言任其天真,弗受拘束。〔拾物自当,与率为期〕任取一物,即自当意。但教合乎真率的标准。〔倘然〕徜徉自适之貌。〔天放〕《庄子·马蹄》:"彼民有常性,织而衣,耕而食,是为同德,一而不党,命曰天放。"天放,即无拘束之意。〔娟娟〕清奇貌。〔漪流〕水波如锦文曰"漪"。漪流,有微波的流水。〔汀〕水际的平地。〔可人〕可爱可亲可取的人。〔屐〕与"屐"通,屦之泛称。〔载瞻载止〕载,语助辞。言常常在那里停步眺望。〔空碧悠悠〕空碧,指天空。悠悠,广漠无际貌。〔登彼太行,翠绕羊肠〕太行,山名,在今山西界。翠,指那苍翠的山色。凡山路之牵曲险峻者称为"羊肠",太行山上有羊肠坂。〔杳霭流玉〕杳霭,云雾遮过貌。流玉,即流水。〔悠悠〕不尽貌。〔力之于时〕言用力亦随时间而不同,例如农夫力田,春耕夏耘,各随时间为转移。〔声之于羌〕疑指羌笛，羌笛之声清越委婉。〔似往已回，如幽匪藏〕有如路径，好像是一直去的，但已经回转来了；又看去像很幽深的，但实际上却又不隐藏。总是形容委曲的境界。〔水理漪洑〕水理，即水之波纹。漪洑，回环往复之貌。〔鹏风翱翔〕鹏鸟在空中乘风盘旋。《庄子·逍遥游》称鹏鸟乘风扶摇而上，即此语所本。〔道不自器，与之圆方〕言如大道之通融万物，不以一器自拘，惟因事物之或圆或方而与之圆方。〔尊〕与"罇"同。〔日往烟萝〕萝蔓生，所以加上一个"烟"字以形容之。日往烟萝，意思是说天天到那些幽静的地方去饮酒寻乐。〔杖藜行歌〕挂了藜杖在那里歌唱。〔孰不有古，南山峨峨〕南山，即终南山；峨峨，巍然高耸貌。言人生孰无死而作古的时候，只有那巍然高耸的南山才终古如此。

词品六则

郭　麐

幽　秀

千岩巉巉，一壑深美。路转峰回，忽见流水。幽鸟不鸣，白云时起。此去人间，不知几里。时逢疏花，娟若处子。嫣然一笑，目成而已。

高　超

行云在空，明月在中。潇潇秋雨，冷冷好风。即之愈远，寻之无踪。孤鹤独唳，其声清雄。众首俯视，莫穷其通。回顾薮泽，翩哉蜚鸿。

雄　放

海潮东来，气吞江湖。快马斫阵，登高一呼。如波轩然，蛟龙牙须。如怒鹘起，下盘浮图。千里万里，山奔雷驱。元气不死，乃与之俱。

清　脆

美人满堂，金石丝簧。忽击玉磬，远闻清扬。韵不在短，亦不在长。哀家一梨，口为芳香。芭蕉洒雨，芙蓉拒霜。如气之秋，如冰之光。

神　韵

杂花欲放，细柳初丝；上有好鸟，微风拂之。明月未上，美人来迟。即扇一顾，群妍皆嫭。其秀在骨，非铅非脂。渺渺若愁，依依相思。

含　蓄

好风东来，幽鸟如晴。阳春在中，万象皆动。一花未开，众绿入梦。口多微词，如怨如讽。如闻玉管，快作数弄。望之邈然，鹤背云重。

　　自唐司空图作《诗品》后，有模仿他的体裁作"文品""赋品"等等。清郭麐亦仿《诗品》体撰《词品》，分幽秀、高超、雄放、委曲、清脆、神韵、感慨、奇丽、含蓄、逋峭、秾艳、名隽等十二品。这里只选他六则。

　　郭麐字祥伯，号频伽，清吴江人。嘉庆间贡生。长于诗及古文。善饮酒，醉后画竹石，别有风致。晚年侨居嘉善以终。所著有《金石例补》《灵芬馆全集》。

语释　〔巉巉〕高峻貌。　〔娟〕幽秀貌。　〔嫣然〕巧笑貌。　〔目成〕以目通意叫作"目成"，语本

《楚辞》。〔泠泠〕风和貌。〔翩哉蜚鸿〕翩哉，鸟疾飞貌。蜚与"飞"同。〔轩然〕大波貌。〔如怒鹘起，下盘浮图〕鹘，是一种凶猛的鸟。浮图即宝塔。如鹘之怒起而飞，下望浮图盘旋，所以极言其雄放。〔丝簧〕丝，琴瑟之类。簧，笙竽之属。〔哀家一梨〕《世说》："桓南郡每见人不快，辄嗔曰：'君得哀家梨，颇复蒸食否？'"注："旧说，秣陵有哀仲家梨甚美，大如升，入口消释。"因此后人便用"哀家梨"三字来形容清脆。〔细柳初丝〕柳条细长如丝，故称柳初发条为"初丝"。〔却扇一顾〕古时女子常以扇障面，如何逊《看新妇》诗云："如何花烛放，轻扇掩红妆。"却扇一顾，谓除掉了扇子一回顾。〔群妍皆媸〕美好曰"妍"，恶曰"媸"，言群妍与美人相形之下，都见得难看了。〔非铅非脂〕铅即粉，言她的美秀出自天生，不是用脂粉涂饰出来的。〔哢〕音弄。鸟的歌声。〔阳春在中，万象皆动〕在初春的时候，万象已动，但并未十分感觉到春的到来，所以说"阳春在中"。例如下面所说"一花未开，众绿入梦"，显然没有到万花齐放的境界，这境界最为含蓄不尽。〔微词〕说话说得有含蓄不十分显露，叫作"微词"。〔玉管〕管，古乐器名，其制已失传，大约如箫笛之类。玉管即玉所制之管。〔弄〕吹乐器叫作"弄"，如吹箫亦称"弄箫"。〔望之邈然，鹤背云重〕邈然，渺远貌。鹤在有云的天空中飞翔时，远望起来，好像它背上压着重重的云，这境界也是含蓄之至。

二四　文字的品格

　　最近我们选读了司空图的《诗品》六首，郭麐的《词品》六首。"品"是什么呢？就是品格。我们接触许多的人，觉得他们表现于言语、行动间的各不相同；有的人豪放不羁，有的人拘谨自守，有的人热情充溢，有的人异趣横生：总括起来说，就是他们各有各的品格。人所禀的气质是各异的，所处的环境又不能尽同，所受的教育（包括狭义的学校教育和广义的社会教育，以及从人群中得来的习染而言）也大同而小异，这些合并起来，便成为各不相同的品格。我们分辨出这个人与那个人，不单从他们的声音与笑貌，有时也根据他们的品格。譬如人家说某一件事是张三做的，我们却说不见得吧，因为做这件事不合于张三的品格。又如我们听见人家传说一番话，我们便说这好像是李四的话呀，因为它合于李四的品格。可见我们认识某人之所以为某人，除声音、笑貌外，还在他品格。又可见品格是差不多可以代表一个人的，即使这个人不在我们眼前，在我们的意念中，也可以把他的品格勾摹出来。

有一句大家熟习的话叫作"言为心声"。心里怎样想，口里就怎么说，这确是非常自然的事。谁的心都是看不见的，但听了说话就会知道了心，因为说话是"心声"呀。把说话写到纸面便是文字，所以文字也是"心声"。**人既有各自的品格，那么作为"心声"的文字当然也有各自的品格**：这是不待解释的。

在写作技术尚未达到纯熟地步的人，往往心里怎么想时，笔底下未必就能怎么写；他不能自由指挥他的笔，他的笔便把他的"心声"打了折扣，或者竟改变了原样。因此，要从他的文字中间看出什么品格来是不容易的。但是当他的写作技术达到了纯熟地步的时候，怎么想固然就怎么写了，并且在一个字、一句短句等细微之处，也显露出他的品格来；人家一看，就会知道这是他的文字，绝不是你的或者我的。**古今文家的文字各有各的品格，司马迁绝不同于司马光，鲁迅绝不同于朱自清，其原由就在此。**

文字的品格即导源于人的品格，**所以是自然成功而很难强致的**。在一些把写作文字当作游戏事件的人，他们常常抛开了自己，学这个，学那个，希望练成别人的文字里所具有的品格。他们所得到的报酬多数是失败。其实，即使成功了，又有什么意思？在文学史上，仿效的、学步的文家通常是被轻视的。至于一般并不想做文家的人，他们写作文字完全为着应付实际的需要。有意见要发表，才写一篇论文，有情意要传达，才写一封书信，又何必装模作样，仿效别人的文字里所具有的品格呢？丢开了仿效的心思，唯求写作技术达到纯熟的地步，那时候，即使是不想做文家的人，写成的文字也会具有独自的品格的。

别人的文字里所具有的品格既无关于我们的写作，那么这一则文话谈"文字的品格"做什么呢？回答是：**供我们鉴赏文字时作为参考**，请仍将人的品格作譬喻。我们固然不能同别人交换品格，或者取别人的品格据为己有，可是我们应该能够识别各人的品格。某人是豪放不羁的，某人是拘谨自守的，某人是热情充溢的，某人是异趣横生的……体会得愈多，"知人"的能力也愈广。这不是很有益处的事情么？我们要懂得一点文字的品格，情形正与此相同。司空图作《诗品》，郭麐作《词品》，他们犹如告诉人家说，在许多人中间，有怎样怎样不同的若干种品格罢了。

然而他们说的是诗、词，就可以借来指说各体的文字么？回答是：可以的。因为无论散文和韵文，**它们同样是"心声"，它们的品格同样导源于人的品格**，所以论诗、词的品格的《诗品》《词品》也可以用来谈散文。《诗品》原来有二十四品，《词品》原来有十二品，我们从它们中间各选了比较重要的六品。其实文字的品格又何止二十四品与十二品，司空图和郭麐也只说了他们所体会到的罢了。

说明一种品格，普通用形容词或者形容语；如说某人"豪放"，便是用形容词，若说某人"豪放不羁"，便是用形容语了。但是什么叫作"豪放"和"豪放不羁"呢？这当然可以用许多的话来解释；**然而总不及一句话也不解释，却指一个"豪放不羁"的人给人家看来得容易使人家明白**。因为你的"豪放"和"豪放不羁"原是从印象得来的，而**指一个"豪放不羁"的人给人家看，正是叫人家得到同样印象的最妥当的办法**。你接触了这个人的言语、行动，觉得他有"豪放"的品格；你要说明"豪放"和"豪放不羁"，便说像这个人的品格就是；人家一接触他的言语、行动，也就心领神会，不烦解释了。

因此，《诗品》《词品》里指说文字的品格都**不纯用解释，却描写出许多的境界来**。如《冲淡》里的"犹之惠风，苒苒在衣"，《自然》里的"如逢花开，如瞻岁新"，《疏野》里的"筑室松下，脱帽看诗"，《清奇》里的"娟娟群松，下有漪流"，《委曲》里的"登彼太行，翠绕羊肠"，《旷达》里的"倒酒既尽，杖藜行歌"，《幽秀》里的"千岩巉巉，一壑深美"，《高超》里的"行云在空，明月在中"，《雄放》里的"海潮东来，气吞江湖"，《清脆》里的"美人满堂，金石丝簧"，《神韵》里的"明月未上，美人来迟"，《含蓄》里的"一花未开，众绿入梦"：这些境界都给你一个明白、深刻的印象。根据这些印象去体会"冲淡""自然"……就不止认识一些形容词了；再去看其他的文字，仿佛遇见了"犹之惠风，苒苒在衣""如逢花开，如瞻岁新"……的境界，便知道这篇有"冲淡"的品格、那篇有"自然"的品格……鉴赏的能力于是进一步了。

现在试举出一些文字来，指说它们具有哪一种品格，以便再看别的文字时，得据以类推。

如陶潜的《归园田居》，语句是朴素的，意境是闲适的。"暖暖远人村，依依墟里烟""户庭无尘杂，虚室有余闲""相见无杂言，但道桑麻长""晨兴理荒秽，带月荷锄归"等语，看来都很平常，但细细玩味，却有无穷的妙趣。把这几首诗通体讽诵，便觉得像对着一幅简笔的淡墨山水画，这样看有意味，那样看也有意味，但那意味又几乎难以言说。这就是具有"冲淡"的品格的。

如王维《辋川闲居赠裴秀才迪》，"倚杖柴门外，临风听暮蝉。渡头余落日，墟里上孤烟"。真所谓"俯拾即是"，把当前的情景摄入诗中。但是这种印象又何等地勾人凝想啊！这就是具有"自然"的品格的。

如周作人《乌篷船》，说的是乌篷船的体制，坐乌篷船的趣味，以及怎样玩赏绍兴的景物，一种恣情适意的神态，表露在字里行间。所谓"倘然适意，岂必有为"，就是指这样的意境而言。所以这一篇是具有"疏野"的品格的。

要体会文字中"清奇"的品格，我们可以翻出朱自清的《荷塘月色》来。那篇写荷叶与荷花，写池面上的月光，写池周围的景色，真是描绘出了一个神奇的境界。试与《诗品》中所谓"娟娟群松，下有漪流。

晴雪满汀，隔溪渔舟。可人如玉，步屧寻幽。载瞻载止，空碧悠悠"的境界对比，就会知道虽非同境，却是同类的东西。

要体会文字中"委曲"的品格，我们可以翻M.D.的《大泽乡》来。这一篇叙述被困在霪雨中的军官和兵士的故事，不是颇合于《诗品》所说的"似往已回，如幽匪藏"么？

如马致远的《秋思》就有"旷达"的品格。不求名利，不愁世苦，只因人生无常，但期及时行乐；末了的"分付俺顽童记者，便北海探吾来，道东篱醉了也"，一种达观玩世的神态活跃纸上。这种封建时代地主阶级的人生观，在今日原是绝对要不得的。但是我们无妨知道从前人中有怀着这样一种人生观的，而研究文学时，尤必须知道从前的文学被这种人生观支配，达到怎样的程度。

细读《康桥的早晨》和《绿》，就知道什么是"幽秀"。玩味《子路曾皙冉有公西华侍坐章》，就知道什么是"高超"。讽吟《望江道中》《黄州》两首七律，注意"吾道非邪来旷野，江涛如此欲何之""江声不尽英雄恨，天意无私草木秋"等语，就知道什么是"雄放"。若诵《醉吟》(《水调歌头》) 的词，就知道什么是"清脆"。《书江西造口壁》(《菩萨蛮》) 是"感慨"，《背影》也近于"感慨"。《先妣事略》语多不尽，便是"含蓄"。

练习　除这里提及的以外，试就读过的文篇中，指出它们的品格，近于我们所举的十二品者。

小 园 赋

庾 信

　　若夫一枝之上，巢父得安巢之所；一壶之中，壶公有容身之地。况乎管宁藜床，虽穿而可坐；嵇康锻灶，既暖而堪眠。岂必连闼洞房，南阳樊重之第；绿墀青琐，西汉王根之宅？余有数亩敝庐，寂寞人外，聊以拟伏腊，聊以避风霜。虽复晏婴近市，不求朝夕之利；潘岳面城，且适闲居之乐。况乃黄鹤戒露，非有意于轮轩；爱居避风，本无情于钟鼓。陆机则兄弟同居，韩康则舅甥不别，蜗角蚊睫，又足相容者也。

　　尔乃窟室徘徊，聊同凿坯。桐间露落，柳下风来。琴号珠柱，书名玉杯。有棠梨而无馆，足酸枣而非台。犹得敧侧八九丈，纵横数十步。榆柳两三行，梨桃百余树。拨蒙密兮见窗，行敧斜兮得路。蝉有翳兮不惊，雉无罗兮何惧。草树混淆，枝格相交。山为簣覆，地有堂坳。藏狸并窟，乳鹊重巢。连珠细茵，长柄寒匏；可以疗饥，可以栖迟。觭区兮狭室，穿漏兮茅茨；檐直倚而妨帽，户平行而碍眉。坐帐无鹤，支床有龟。鸟多闲暇，花随四时，心则历陵枯木，发则睢阳乱丝。非夏日而可畏，异秋天而可悲。一寸二寸之鱼，三竿两竿之竹。云气荫于丛著，金精养于秋菊。枣酸梨酢，桃榹李薁。落叶半床，狂花满屋。名为野人之家，是谓愚公之谷。

试偃息于茂林，乃外羡于抽簪。虽有门而长闭，实无水而恒沈。三春负锄相识，五月披裘见寻。问葛洪之药性，访京房之卜林。草无忘忧之意，花无长乐之心。鸟何事而逐酒，鱼何情而听琴。加以寒暑异令，乖违德性。崔骃以不乐损年，吴质以长愁养病。镇宅神以蓒石，厌山精而照镜。屡动庄舄之吟，几行魏颗之命。薄晚闲闺，老幼相携；蓬头王霸之子，椎髻梁鸿之妻。烷麦两瓮，寒菜一畦。风骚骚而树急，天惨惨而云低。聚空仓而雀噪，惊懒妇而蝉嘶。昔吾滥于吹嘘，藉《文言》之庆余。门有通德，家承赐书。或陪玄武之观，时参凤凰之虚。观受釐于宣室，赋《长杨》于直庐。

遂乃山崩川竭，冰碎瓦裂；大盗潜移，长离永灭。摧直辔于三危，碎平途于九折。荆轲有寒水之悲，苏武有秋风之别。关山则风月凄怆，陇水则肝肠断绝。龟言此地之寒，鹤讶今年之雪。百龄兮倏忽，光华兮已晚。不雪雁门之踦，先念鸿陆之远。非淮海兮可变，非金丹兮能转。不暴骨于龙门，终低头于马坂。谅天造兮昧昧，嗟生民兮浑浑。

赋是文体的一种。因为文中用韵，所以一向多说是"古诗之流"。它的形质，也随时代而不同，约可分为四种：从屈（原）、宋（玉）、到两汉，大都铺张扬厉，而文句不必对偶，称为"古赋"；三国到六朝，渐尚俳偶，时有对句，称为"俳赋"；入唐而后，以诗赋取士，作赋的渐由俳句而变为很工整对句，称为"律赋"；宋人承韩（愈）、柳（宗元）古文运动之后，遂以散体的议论文用韵作赋，既和俳赋、律赋不同，又和古赋有别，就称为"文赋"。（按：所谓古赋、俳赋等等名称，都是后人所加，在当时并无这种名称。）
这篇是属于俳赋一类，但对句渐工，实已开律赋
之端。作者本为南朝梁人，后因奉使至西魏，被
西魏所强留，就留在北朝做官，但他心里却很不
愿意。这篇赋是他借题发挥，前半写小园景物，
后半写留恋乡关，带有极浓厚的感伤气氛。

　　庾信（513—581）字子山，南北朝新野人。
初仕南朝梁，奉命使西魏，被留不遣；周明帝、
武帝都好文学，所以很优礼他，官至骠骑大将军
开府仪同三司，后人就称他为庾开府。今存有
《庾开府集》。他的文章，以艳丽见长；与徐陵齐
名，世称"徐庾体"。

语释　〔若夫〕发语辞。〔巢父〕相传尧时有
隐君子许由，夏常居巢，冬则穴处，故一号巢
父。〔壶公〕《神仙传》："壶公常悬一壶空屋
上，日入之后，公跳入壶中，人莫能见，惟费长
房楼上见之，知非凡人也。"按：本篇开首四句
无非是说明虽一枝之上、一壶之中，也可坐卧游
息，不必有高堂大厦而已。〔管宁藜床，虽穿而

可坐〕管宁字幼安，三国魏朱虚人。《高士传》说他"常坐一木榻，积五十年未尝箕踞，榻上当膝皆穿"。按：古人坐时跪其两膝，两足向后，所以管宁那只坐了五十年的木榻，当膝的地方都穿了（若两足向前，以手据膝，则形状像箕一般，就称为"箕踞"。那是不规则的坐法）。藜床，是指一种质朴的木榻。〔嵇康锻灶〕嵇康字叔夜，三国魏谯郡人。《文士传》说他"性绝巧，能锻铁"。锻灶，就是炼铁的灶。〔连闼洞房，南阳樊重之第〕《后汉书·樊宏传》："樊宏，南阳湖人。父重，其所起庐舍，皆有重堂高阁，陂池灌注。"连闼洞房，就是门户房屋相通连的意思。〔绿墀青琐，西汉王根之宅〕王根字稚卿，元城人。汉元帝王皇后的庶弟。封曲阳侯，官至骠骑将军。《汉书·元后传》说他"骄奢僭上，赤墀青琐"。按：阶上之地叫作"墀"。琐，就是窗格子。用红色涂漆阶上之地叫作"赤墀"。用青色涂漆窗格子叫作"青琐"。从前皇帝的宫室才有这体制，臣下的私宅，不应当这样的。又，赤墀这里作"绿墀"，和《汉书》不同。〔聊以拟伏腊〕伏日在夏，腊日在冬，所以伏腊就是寒暑的意思。"拟伏腊"与下"避风霜"相对，那拟字便含有躲避及抵挡的意思。〔虽复晏婴近市，不求朝夕之利〕晏婴字平仲，春秋齐国的贤相。《左传》昭公三年："景公欲更晏子之宅，曰：'子之宅近市，湫溢嚣尘，不可以居，请更诸爽垲者。'辞曰：'君之先臣容焉，臣不足以嗣之，于臣奢矣；且小人近市，朝夕得所求，小人之利也。'"〔潘岳面城，且适闲居之乐〕潘岳字安仁，晋中牟人。他著《闲居赋》，中有"退而闲居于洛之涘"及"陪京溯伊，面郊后市"的话。洛水在洛阳城南，所以他的住宅是面对洛阳城的。〔黄鹤戒露，非有意于轮轩〕旧说相传，鹤性机警，至八月白露降，便高鸣以相警戒，移徙其所宿处，以防意外。（见《埤雅》）又《左传》闵公二年："卫懿公好鹤，鹤有乘轩者。"这里就运用了这个故事。意思是说，黄鹤怕受拘束，所以见白露降就高鸣相警戒。它绝不愿意乘着轮轩，受人豢养。以喻北朝强迫他做官，实非出自他的本意。〔爰居避风，本无情于钟鼓〕居，海鸟名。《国语·鲁语》：爰居止于鲁东门之外三日，命国人祭之。《展禽》曰："今兹海其有灾乎？夫广川之鸟，皆知避其灾。"是岁，海多大风，冬暖。又《左传》文公十三年："臧文仲祀爰居。"钟鼓，皆古祭祀时所用乐器。这是说，爰居之来，原为避海风，并不想受人们的祭祀。寓意和上两句相同。〔陆机则兄弟同居〕陆机字士衡，晋吴郡人。太康末年，和他的弟弟陆云（字士龙）同入洛阳。有人见他们兄弟俩同住参佐廨中，三间瓦屋，机住西间，云住东间。（见《世说新语》）〔韩康则舅甥不别〕韩康即韩康伯。韩康伯名伯，晋长社人。他是殷浩之甥，殷浩一向很赏识他。后来殷浩因事被流放，伯随致徙所，过了一年才回都，浩送至渚侧，口吟曹颜远诗云："富贵他人合，贫贱亲戚离。"因而泣下。（见《晋书·殷浩传》）按庾信本吴人，流寓长安，心怀故乡，所以引陆机韩康二人在羁旅时的情况以自比。〔蜗角蚊睫〕《庄子·则阳》："有国于蜗之左角曰触氏，有国于蜗之右角曰蛮氏，相与争地而战，伏尸数万，逐北旬有五日而后反。"《晏子春秋》外篇："东海有虫，巢于蚊睫，飞乳去来，而蚊不为惊。"按：蜗角蚊睫，都是极言其小。〔尔乃窟室徘徊，聊同凿坯〕《左传》襄公三十年："郑伯有耆酒，为窟室而夜饮酒击钟焉。"《淮南子·齐俗》："颜阖，鲁君欲相见而不肯，使人以币先焉，凿阫而遁之。"按：尔乃，发语辞。窟室，即地窟。屋后墙叫作"坯"（《淮南子》作阫，阫与坯同）。这是说他一向喜欢喝些酒，不问政治，原是凿坯而遁的一流人物。〔琴号珠柱〕琴有柱，以珠饰之，故称"珠柱"。〔书名玉杯〕汉董仲舒所著书，有《玉杯》《繁露》《清明》《竹林》之类。（见《汉书·董仲舒传》）〔有棠梨而无馆，足酸枣而非台〕汉甘泉宫有棠梨馆。酸枣，县名，故城在今河南延津县北，相传其地有韩王望气台。这里是说他小园中但有梨枣而无台观。〔敧侧〕不整齐貌。〔山为簣覆，地有堂坳〕盛土的竹器叫作"簣"。地洼下处叫作"堂坳"（见《庄子·逍遥游》）。这是说园基极小，任其自然而成山水。〔藏狸并窟，乳鹊重巢〕狸，善伏之兽，即俗所谓"野猫"。因其善于躲藏，故称"藏狸"。窟，兽穴。乳鹊，即小鹊。这是说他的小园里有兽窟，有鸟巢。〔连珠细菌〕细草连贯如珠，像铺着菌席一般。一说，"言其草实可食，历历如贯珠也。"（见倪璠《庾子山集注》）〔长柄寒匏〕《世说新语》："陆士衡诣刘道真，刘无他言，惟问东吴有长柄壶芦得种来否。"按：匏又称壶芦，蔬类植物，属葫芦科，其实长大，首尾粗细略同。又一种上部细长，一端圆大者，叫作"悬匏"，老熟者剖之为瓢，用以舀茶酒，俗称"茶酒瓢"。〔可以疗饥，可以栖迟〕言己在小园，并鸟兽以栖迟，有植物以疗饥，本来不想求什么富贵。〔攲区〕歪斜貌。攲同"敧"。〔茅茨〕用茅草盖屋，叫作"茅茨"。〔檐直倚而妨帽，户平行而碍眉〕这是说他的园小而处所亦极狭陋。妨帽，碍眉，形容其处所之低。〔坐帐无鹤〕《神仙传》："介象字元则，会稽人也。吴王征至武昌，甚尊敬之，称为介君；令立宅，供帐皆是绮绣，遗黄金千镒，从象学隐形之术。后告言病，帝以美梨一奁赐象，象食之，须臾便死，帝埋葬之。以日中死，晡时已至建邺，所赐梨付苑吏种之。吏后以表闻，先主即发棺视之，惟一符耳。帝思之，与立庙，时

502

时躬往祭之，常有白鹤来集座上，迟回复去。"坐帐无鹤，意思是说他自己没有介象那般仙术可还建邺（按：那时候梁都建邺，而作者被北朝所留，所以思归故国）。〔支床有龟〕《史记》褚先生补《龟策列传》："南方老人用龟支床足，行二十余岁，老人死，移床，龟尚不死。"这是说他久羁长安，倒像那支床之龟了。〔心则历陵枯木，发则睢阳乱丝〕历陵地名（在今江西德安县东），汉属豫章郡。《宋书·五行志》："永嘉六年七月，豫章郡有樟树久枯，是日，忽更荣茂。"历陵枯木，即豫章枯树。睢阳亦地名（在今安徽盱眙县西），就是春秋时宋国的地方。《吕氏春秋》："墨子见染素丝者而叹。"墨子是宋国人，故云"睢阳乱丝"。这两句的意思是说，心灰如槁木，发白像乱丝（乱丝方蓬头；白发其色如素丝）。〔非夏日而可畏，异秋天而可悲〕夏日火热，故可畏。秋气萧索，故可悲。今非夏日而亦畏怖，非秋天而亦悲伤，则其平日之毫无乐趣可知。〔云气荫于丛蓍〕蓍，蒿属，丛生，古取其茎以为占筮之用。《史记》褚先生补《龟策列传》："闻蓍生满百茎者，其下必有神龟守之，其上必有云气覆之。"〔金精养于秋菊〕《玉函方》："甘菊，九月上寅日采，名曰金精。"〔酢〕音措，味酸而带咸叫作"酢"。〔榹〕音思，山桃。《尔雅·释木》："榹桃，山桃。"注："实如桃而小，不解核。"疏："生山中者名山桃。"〔薁〕音郁。即郁李。参看前《一个卖汽水的人》注。〔名为野人之家，是谓愚公之谷〕《后汉书·逸民传》："桓帝延熹中，幸竟陵，过云梦，临沔水，百姓莫不睹者，汉阴父老独耕不辍，张温异之，下道百步，自与言，父老曰：'我野人耳，不达斯语。'"《说苑》："齐桓公出猎，逐鹿而走入山谷之中，见一老公而问之：'是为何谷？'对曰：'愚公之谷。'桓公曰：'何故？'对曰：'以臣名之。'桓公曰：'今视公之仪状，非愚人也。何以为公名？'对曰：'臣请陈之。臣故畜犉牛，生子而大，卖之而买驹，少年曰，牛不生马，遂持驹去，傍邻闻之，以臣为愚，故名此谷为愚公之谷。'"按：野人之家，愚公之谷，无非是说隐士之居而已。〔抽簪〕簪，首笄：古时束发，用簪连冠于发，使冠不坠。若隐士则往往散发不冠。抽簪，就是隐居的意思。〔实无水而恒沈〕《庄子·则阳》："与世违而心不屑与之俱，是陆沈者也。"郭象注："人中隐者，譬无水而沈，曰陆沈。"沈，音陈。〔三春负锄相识〕倪璠注引皇甫谧《高士传》："林类者，魏人也。年且百岁，底春，披裘拾遗穗于故畦，并歌并进。孔子适卫，望之于野，顾谓弟子曰：'彼叟可言者。'子贡请行，逆之陇端。"按：《高士传》所载，只说在春天披裘拾穗，并无负锄字样，或他书另有负锄相识故事，待考。〔五月披裘见寻〕《高士传》："披裘公者，吴人也。延陵季子出游，见道中有遗金，顾披裘公曰：'取彼金投镰！'公瞋目拂而言曰：'何子处之高而视人之卑？五月披裘而负薪，岂取金者哉！'季子大惊，既谢，而问姓名。公曰：'吾子皮相之士，何足语姓名也。'"〔问葛洪之药性〕葛洪字稚川，晋句容人。著有《抱朴子》内外篇，内篇多讲方药神仙及却病延年之法。〔访京房之卜林〕京房字君明，汉顿丘人。研究《易经》，长于占卜之术。〔草无忘忧之意，花无长乐之心〕萱草，一名"忘忧草"。紫华，一

505

名"长乐花"（见傅咸《紫华赋序》）。这是说他在长安即境伤怀，看园中花草都含着忧愁。〔鸟何事而逐酒，鱼何情而听琴〕《庄子·至乐》："昔者海鸟止于鲁郊，鲁侯御而觞之庙，鸟眩视悲忧，不敢饮一杯，三日而死。"《韩诗外传》："昔伯牙鼓琴而渊鱼出听。"这是说他自己宜如飞鸟之栖深林，游鱼之潜重渊，今乃失其故性，实非本意。〔寒暑异令，乖违德性〕他以南方人而侨居北方，南北气候不同；加以在北朝做官，也和他的本性不合，所以这样说。〔崔骃以不乐损年〕崔骃字亭伯，东汉安平人。窦宪为车骑将军，辟他为掾属。他见窦宪骄横不法，屡进规谏，不为窦宪所纳，反借端出他为长岑长，因此郁郁不乐而死。〔吴质以长愁养病〕吴质字季重，三国魏济阴人。《魏略》："吴质与徐干等并见友于太子，二十二年，魏大疫，诸人多死，故太子与质书，质报之曰：'质已四十二矣；白发生鬓，所虑日深，实不复若平日之时也。但欲保身救行，不蹈有过之地，以为知己之累耳。游宴之欢，难可再遇，盛年一过，实不可追。'"〔镇宅神以蘙石〕薶即"埋"字。《淮南·毕万术》:"埋宅四隅家无鬼。"又《急就篇》:"石敢当。"颜师古注:"敢当,言所当无敌也。"按现在还有人在住宅的对面埋石书"石敢当"三字,即其遗意。〔厌山精而照镜〕《抱朴子·登涉》:"万物之老者,其精能假托人形以炫惑人目,而常试人,惟不能于镜中易其真形耳。是以古之入山道士,皆以明镜九寸已上悬于背后,则老魅不敢近人。"厌,就是镇压的意思。〔屡动庄舄之吟〕《史记·陈轸传》:"昔越人庄舄,仕楚执圭,有顷而病。楚王曰:'舄,故越之鄙细人也。今仕楚执圭,富贵矣,亦思越否?'对曰:'凡人之思故在其病也。彼思越则越声,不思越则且楚声。'人往听之,犹尚越声也。"此以庄舄之仕楚而犹作越吟,喻己之仕北而常思南归。〔几行魏颗之命〕《左传》宣公十五年:"初,魏武子有嬖妾,无子,武子疾,命颗曰:'必嫁是。'疾甚,则曰'必以为殉。'及卒,颗嫁之,曰:'疾病则乱,吾从其治也。'"这是说他去梁仕魏,常常思念故国,疾病至于昏乱。〔薄晚闲闺,老幼相携〕薄晚,犹言"旁晚"。这

是说他一家老小都在长安。〔蓬头王霸之子〕后
汉太原人王霸，立志不做官，他的妻也和他志同
道合。霸和同乡人令狐子伯，向有交情，后来令
狐子伯做了楚国国相，子伯的儿子也做了官。子
伯命他的儿子送信给王霸。王霸的儿子方在田里
耕作，闻有贵客来，便放了耒耜来见客，他见来
客衣服华贵，车马仆从又很多，自己是一个农夫，
不觉惭愧起来，连头都不能仰视。王霸见了这种
样子，也颇有惭色，客人去后，他就卧着不起。
他的妻问他为什么。他说："我见子伯的儿子，衣
貌齐整，举止大方，而我的儿子则蓬头赤足，不
懂礼貌，见了客人头都仰不起来，不觉使我爽然
如有所失。"他的妻道："你一向不慕富贵，现在
子伯的富贵，哪里及得来你的清高，怎的忘记了
你一向的志操，而以儿子的举动粗野为可耻！"王
霸听了，笑道："原来如此！"从此他就决意做一
个隐士了。(见《后汉书·逸民传》)〔椎髻梁鸿
之妻〕梁鸿字伯鸾，后汉平陵人。娶同县孟姓女
妻。初结婚时，他的妻很讲究装饰，他竟不去理
她。他的妻便换了布衣服，把头发随便束成一个

椎一般的髻，梁鸿见了，大为高兴，说："这样才真配做梁鸿的妻了！"（见《后汉书·逸民传》）〔骚骚〕风声。〔惨惨〕天昏暗貌。〔聚空仓而雀噪〕汉苏伯玉《盘中诗》："空仓雀常苦饥。"即此语所本。〔惊懒妇而蝉嘶〕崔豹《古今注》："蟋蟀一名吟蛩，秋初生，得寒则鸣。一云，南齐呼为懒妇。"宋均说："促织，蟋蟀也。立秋，女功急，故趣（同催促之促）之。"据此，惊懒妇者乃蟋蟀而非蝉。这里却说"蝉嘶"，可见前人用典，往往随意变化，不为古人所泥。〔昔早滥于吹嘘〕此句以下，写他从前在梁朝做官时的情形。《韩非子·内储说》："齐宣王使吹竽必三百人，南郭处士请为王吹竽，廪食与三百人等，宣王死，湣王立，好一一听之，处士逃。"后人因谓无才而居其位为"滥竽充数"。这里是说他从前在梁朝做过官，但亦不过滥竽充数而已。〔藉《文言》之庆余〕《文言》《易》十翼之一，专释《乾》《坤》二卦的卦义者，相传为孔子所作。《易乾卦·文言》："积善之家必有余庆。"这里是说他在梁朝做官，靠着祖先的余德。〔门有通德，家承赐书〕后汉郑玄，北海高密人。孔融为北海相，对郑玄很敬重，特命高密县为立一乡，称郑公乡，其闾门号通德门。（见《后汉书·郑玄传》）《汉书·叙传》："班彪字叔皮，与仲兄嗣，共游学，家有赐书，内足于财，好古之士，自远方至。"这是说，他的祖先在梁朝，也像汉朝的郑氏、班氏一样有名声。〔或陪玄武之观，时参凤凰之虚〕汉未央宫北有玄武观。又汉宫殿有凤凰殿。虚，与"墟"同。〔观受釐于宣室，赋《长杨》于直庐〕釐，音僖，祭余之肉。宣室，汉未央宫前的正室。《汉书·贾谊传》："文帝思贾谊，征之，至，入则上方受釐坐宣室。"又汉扬雄尝受命作《长杨赋》。直庐，直宿所止之庐。按《北史》庾信本传："父肩吾，为梁太子中庶子，掌管记……及信并为抄撰学士，父子在东宫，出入禁闼，恩礼莫与比隆。"从"或陪玄武之观"句起至此，皆写当时受梁朝优遇的情形。〔遂乃山崩川竭，冰碎瓦裂；大盗潜移，长离永灭〕梁武帝太清二年（548）魏降将侯景作乱，攻陷台城，帝饿死。其后元帝迁都江陵。这四句就是写侯景之乱。山崩川竭，亡国之征，见《史记·周本记》。冰碎瓦裂，是指当时的局势如瓦解冰裂一般。大盗，指侯景。潜移，谓侯景潜位称帝，移转了梁朝的国祚。长离永灭，当是指梁武帝的饿死。〔摧直辔于三危，碎平途于九折〕三危，山名。在今甘肃敦煌县南。三峰耸峙，如危欲堕，故名。九折坂，在今四川荥经县西邛崃山。山路艰险，登者回曲九折，故名。按：三危九折本险地，而直辔以往，视若平途，致遭摧碎。指梁武帝纳侯景之降，以致有此乱事。〔荆轲有寒水之悲，苏武有秋风之别〕荆轲入秦，燕太子丹饯之易水，高渐离击筑歌"风萧萧兮易水寒"，见前《荆轲传》。苏武字长卿，汉杜陵人。武帝时奉命出使匈奴，被匈奴拘留，在匈奴住了二十年才回国。这两句是比喻他出使魏国，身留长安。〔关山则风月凄怆，陇水则肝肠断绝〕古乐府有《关山月》。《秦川记》："陇西郡陇山，其上悬岩吐溜，于中岭泉淳，因名万石泉。北人升此而歌，有云：陇头流水，鸣声幽咽，遥望秦川，肚肠断绝。"这两句说他身在长安，常有乡关之思。〔龟言此地之寒〕《水经注》引车频《秦书》说:"符坚建元十二年,高陆县民穿井得龟,大二尺六寸,背文负八卦古字,坚以石为池,养之十六年而死,取其骨以问吉凶,名为'客龟'。大卜佐高梦龟言:'我将归江南,不遇死于秦。'"这是说他身羁长安,如客龟一般。又他常想归江南,不欲客死异地,也和那客龟一样。〔鹤讶今年之雪〕《异苑》:"晋太康二年,冬大寒,南州人见二白鹤语于桥下曰:'今兹寒不减尧崩年也。'于是飞去。"按:梁元帝承圣三年(554)十一月,西魏陷江陵,元帝出降,十二月,被杀。此以元帝死比之尧崩;而江陵陷落及元帝被杀都在冬季,故云"鹤讶今年之雪"。〔百龄兮倏忽,光华兮已晚〕倏忽,言光阴过去之速。光华,犹言"年华",这是说他壮年遭丧乱,光阴倏忽,遂成暮龄。〔不雪雁门之踦〕汉段会宗为西域都护,三年职满,为沛郡太守,从雁门太守,数年,坐法免,后复为西域都护,他的朋友谷永给他信说:"愿吾子因循旧贯,毋求奇功,终更亟还,亦足以复雁门之踦。"见《汉书·段会宗传》。雪,洗雪。踦，音崎，遭遇不偶的意思。段会宗为雁门太守，坐法免官，所以说"雁门之踦"。不雪雁门之踦，就是说他自己的遭时不遇。〔先念鸿陆之元〕《易·渐卦》九三爻辞："鸿渐于陆，征夫不复。"这是说他自己远征不复返。〔非淮海兮可变，非金丹兮能转〕古来相传，雀入大海变为蛤，雉入淮水变为蜃。又古时道家炼金丹，有一转至九转之法，见《抱朴子》。这是说他虽在北朝做官，但还是心向南朝，不像雀雉一入淮海，便变为蜃蛤；亦不像金丹之药，一经洪炉烧炼，可转变他的性质。〔不暴骨于龙门，终低头于马坂〕《三秦记》："龙门山在河东界，禹凿山断门一里余，黄河自中流下，两岸不通车马。鱼登者化为龙，不登者，点额暴腮而返。"《战国策》："昔骐骥驾盐车上吴坂，迁延负辕而不敢进，遭伯乐而鸣之，知伯乐知己。"这两句是比喻他不能死节，终低着头做北朝的官。〔谅天造兮昧昧，嗟生民兮浑浑〕《易·屯卦》："天造草昧。"天造，犹言"天道"。昧昧，渺茫貌。浑浑，昏昧无知貌。这是说，天道渺茫，非人所能知。

二五　用　典

试翻看陶潜的《自祭文》，中有"奢耻宋臣，俭笑王孙"两语。如果我们不知道"宋臣"和"王孙"的故事是怎么一回事，对于这两语就不能明白了解。至多只能猜想"宋臣"大概是一个非常奢侈的人，而"王孙"必然是一个绝顶俭朴的人罢了。在作者陶潜，他是知道这两个人的故事的；他知道宋桓司马"自为石椁，三年而不成"，为孔子所讥；他知道汉杨王孙命儿子把他赢葬，"以身亲土"：就借这个故事来表白自己身后的料理，不奢不俭，只需随便敷衍过去就算了的意思。像这样子不把意思直接说出，却借了故事来表达，叫作"用事"。

"用事"是语言、文字中常有的现象。譬如，二十年①九月十八日夜间，日军队突然攻击沈阳，把它占领了。其后他们在我国各地逞凶示威，我们口头或者笔下便说"说不定'九一八事件'要重演一回"，不直

接说他们更想占领地方，却说"九一八事件"要重演，这也是"用事"。

假若桓司马和杨王孙的故事是没有人知道的，陶潜就不会说"奢耻宋臣，俭笑王孙"了；假若"九一八事件"是没有人知道的，我们就不会说"说不定'九一八事件'要重演"了：**说话用事，是以听话的对方知道这个故事为条件的；作文用事，是以读文的对方知道这个故事为条件的**。

用事来说，比较直接地说含义丰富，印象明显。陶潜若单把不俭不奢的意思造成两语，原也未尝不可；现在却用事来说，使人家想起三年不成的石椁，想起孔子所说的"死不如速朽之愈也"，因而觉得这样的奢真是可耻的奢；又使人家想起"吾欲嬴葬"的遗嘱，想起到后还要除去的布囊，因而觉得这样的俭真是可笑的俭。故事的内容原是人家所知道的，用了故事，人家虽只读得一两语，然而可以从这上边体会出丰富的含义，感受到明显的印象。**这比较仅仅述说，效果来得大，"用事"的理由就在此。**

试再翻看辛弃疾的《醉吟》一首词。同"语释"对比，就知道这首词的各语都是从现成语句脱胎而来的。**像这样子不自造语句，却把现成语句变化了一点来用，或竟照样地用，叫作"用语"。**

"用语"也是语言、文字中常有的现象。如不说"拿你的主张驳你自己"，却说"以子之矛，攻子之盾"；不说"你怎样加害，我怎样报复"，却说"将眼还眼，将牙还牙"；这虽然和上节所称辛词的情形不类，但运用现成语句是相同的，所以也是"用语"。

如果我们不知道辛词里的各语脱胎于从前的什么语句，读这一首词时，也还能够明白它的意思；不过知道了某语出于某人的某语，**就把某人的作品的神味同时体会到，因而见得更堪咀嚼。**像"以子之矛，攻子之盾"之类，如果我们不知道了它们的来源，单就字面揣摩，也还能够明白说的是什么；然而知道了它们的来源，**就会领受到当初说出这些话来时的情趣，**与单只解悟这是"拿你的主张驳你自己"等等者不同。**从写作的人一方面来说，这不是收到更大的效果么？"用语"的理由就在此。**

"用语"同"用事"一样，也**以听话、读文的对方知道所用语的来源为条件。**对方如果不知道，更大的效果当然无从收到；有一些现成语句并且是单看字面很难揣摩的，那反不如老老实实，用自己的说法来说好得多了。

"用事""用语"作用相同，同是语言、文字中常有的现象，**合起来说叫作"用典"。**

文字中间，骈文和韵文比较多"用典"。这因为骈文和韵文每语有字数的限制，用自造的语句来说，往往嫌字数太多，装纳不下，于是取"用典"的办法，希望把少数的字表达多量的意思。骈文和韵文又大多讲对偶，自造新语来对偶，不如"用典"的省事，因此趋向到"用典"的途径去。这样，就与日常说话、写文时偶然不自觉地"用典"情形不同。这是故意要"用典"，将"用典"的办法来凑成篇幅。这其间难免把不适切的"典"滥用进去。因而非但不能教读者觉得含义丰富，印象显明，并且使读者迷离惝恍，无从捉摸。我们试取昔人的一些骈文和韵文来看，把其中所用"事"的始末都弄明了，所用"语"的来源都查清楚了，还是不能了解全篇的意旨；这就因为那些作者太顾到"用典"，竟忘记了自己到底要说什么话了。

从前文人还有一种坏习惯，叫作"用僻典"。"僻典"指一些极隐僻的故事、"罕见书"中的成语而言。

凡是大家习见习闻的都避而不用，必须"僻典"才用入文字中去。别人看见了这样的文字，只能像猜谜一样地猜，大概是什么意思吧；猜得对不对，除了作者谁知道。从作者一方面说，这样地写作只是一种"独乐"的游戏，与所以要写作的本意显然是违背的。

从前人还有一种文字技巧上的夸耀，叫作"无一语无来历"。这一语是用的成语，那一语是从什么人的一语脱化出来的，总之，全篇各语完全不是杜撰自制的，这算是了不得的功夫。其实"人同此心，心同此理"，说几句话，写几句文字，也不过大同小异的几种方式而已，要求语语与人家不同，句句都出于自制，原是不可能的事。但是，要求语语有来历，又何必呢？如果能够增大效果的话，自然无妨"用典"；若与增大效果并没关系，单为求其"有来历"而"用典"，这除了表示作者记诵丰富以外，还有什么意思？

在"语体文运动"的时候，颇有人排斥"用典"。现代人写的语体文的确比从前人的文字少"用典"了，然而也不是绝对不"用典"，如《做了父亲》中有"这是劳康的苦闷的第一声了"一语，《一般与特殊》中有"是千万年来无量数的人们在地上所建设的伊甸园、所创立的象牙塔"一语，"劳康""伊甸园""象牙塔"都是"用典"呀。这样"用典"是极自然的，非故意的，与从前人硬堆强砌者不同，故对于读者，能收"含义丰富，印象明显"的效果。若把"劳康"改作"父性"，"伊甸园"改作"乐土"，"象牙塔"改作"隐居的理想境界"，两者之间表达得充分与不充分的差异，是谁都辨得出来的。

再说文化水准较低的人，他们未尝读过什么书，但是他们也有习知的故事和习闻的成语，在一群关系密切的人中间，又往往有外间所不知而他们一群所共晓的故事和成语，他们平常谈话，就往往借用这些故事和成语，这也是"用典"呀。

所以，要绝对不"用典"是办不到的。我们写作的时候，**消极的方面，不宜硬要"用典"，致意义都表达不明白；积极的方面，最好能够增大效果的时候，方才"用典"。当然，读我们文字的对方的知识范围是应该估量的，如果出乎对方的知识范围，便是能够增大效果，也还不宜"用典"。**

至于读别人的文字，要知道他所用"事"的故事、所用"语"的来源，应该多多检查辞书。大概除了

"僻典"以外，普通辞书总可以教我们的。

    练习　试就读过的各篇文字中举出"用典"的
           处所，并指明何者为"用事"，何者为
           "用语"。

祭妹文

袁枚

乾隆丁亥冬，葬三妹素文于上元之羊山，而奠以文曰：呜呼！汝生于浙而葬于斯，离吾乡七百里矣。当是时，虽觭梦幻想，宁知此为归骨所耶？汝以一念之贞，遇人仳离，致孤危托落，虽命之所存，天实为之；然而累汝至此者，未尝非予之过也。予幼从先生授经，汝差肩而坐，爱听古人节义事；一旦长成，遽躬蹈之。呜呼！使汝不识诗书，或未必艰贞若是。余捉蟋蟀，汝奋臂出其间，岁寒虫僵，同临其穴。今予殓汝葬汝，而当日之情形，憬然赴目。予九岁，憩书斋，汝梳双髻，披单缣来，温《缁衣》一章。适先生搴户入，闻两童子音琅琅然，不觉莞尔，连呼则则，此七月望日事也。汝在九原，当分明记之。予弱冠粤行，汝掎裳悲恸。逾三年，予披宫锦还家，汝从东厢扶案出，一家瞠视而笑，不记语从何起，大概说长安登科，函使报信迟早云尔。凡此琐琐，虽为陈迹，然我一日不死，则一日不能忘。旧事填膺，思之凄梗，如影历历，逼取便逝。悔当时不能婴婉情状，罗缕纪存；然而汝已不在人间，则虽年光倒流，儿时可再，而亦无与为证印者矣。

汝之义绝高氏而归也，堂上阿奶，仗汝扶持；家中文墨，眂汝办治。尝谓女流中最少明经义、谙雅故者；汝嫂非不婉嫟，而于此微缺然。故自汝归后，虽为汝悲，实为予喜。予又长汝四岁，或人间长者先亡，可将身后托汝；而不谓汝之先予以去也！前年予病，汝终宵刺探，减一分则喜，增一分则忧。后虽小差，犹尚殗殜，无所娱遣，汝来床前，为说稗官野史可喜可愕之事，聊资一欢。呜呼！今而后吾将再病，教从何处呼汝耶？

汝之疾也，予信医言无害，远吊扬州，汝又虑戚吾心，阻人走报。及至绵惙已极，阿奶问："望兄归否？"强应曰："诺！"已予先一日梦汝来诀，心知不祥，飞舟渡江。果予以未时还家，而汝以辰时气绝；

四支犹温，一目未瞑，盖犹忍死待予也。呜呼痛哉！早知诀汝，则予岂肯远游？即游，亦尚有几许心中言，要汝知闻，共汝筹画也。而今已矣！除吾死外，当无见期。吾又不知何日死，可以见汝；而死后之有知无知与得见不得见，又卒难明也。然则抱此无涯之憾。天乎，人乎，而竟已乎！

汝之诗，吾已付梓；汝之女，吾已代嫁；汝之生平，吾已作传；惟汝之窀穸未谋耳。先茔在杭，江广河深，势难归葬，故请母命而宁汝于斯，便祭扫也。其旁葬汝女阿印。其下两冢：一为阿爷侍者朱氏，一为阿兄侍者陶氏。羊山旷渺，南望原隰，西望栖霞，风雨晨昏，羁魂有伴，当不孤寂。所怜者，吾自戊寅年读汝哭侄诗后，至今无男；两女牙牙，生汝死后，才周晬耳。予虽亲在未敢言老，而齿危发秃，暗里自知，知在人间，尚复几日？阿品远官河南，亦无子女，九族无可继者。汝死我葬，我死谁埋？汝倘有灵，可能告我？呜呼！生前既不可想，身后又不可知；哭汝既不闻汝言，奠汝又不见汝食。纸灰飞扬，朔风野大，阿兄归矣，犹屡屡回头望汝也。呜呼哀哉！呜呼哀哉！

袁枚第三妹素文，名机，号青琳居士。幼许配于如皋高氏子。后高氏因其子染恶疾，愿解婚约，但素文坚执不可，竟嫁高氏子。高氏子轻薄喜嫖赌，把素文的妆奁挥霍光了，还想把她卖去偿赌债。素文不得已，遂归母家。后高氏子死，素文哭泣尽礼，过一年她也死了。素文容貌美丽，举止端庄，又工诗词，而所适非人，抑郁以没。袁枚此文，缠绵悱恻，读之可增骨肉间的情感。

袁枚（1716—1797）字子才，号简斋，清钱塘人。乾隆进士。官知县，有能声。年四十即辞职归，作园于江宁小仓山下，号曰随园，故世称随园先生。所著有《小仓山房集》《随园诗话》《随园随笔》等书。他对于作诗主张发挥性灵；文亦自成一格，为乾嘉时有名的文学家。

语释 〔乾隆丁亥〕乾隆，清高宗年号。丁亥，乾隆三十二年，当1767年。〔上元〕县名，清与江宁县同为江苏省治，民国废入江宁县。〔羊山〕在栖霞山东侧的一丘陵。〔奠〕就是祭。〔觭〕同"奇"。〔贞〕就是节操。〔遇人仳离〕即所适非人的意思。《诗·王风·中谷有蓷》"……有女仳离，嘅其叹矣，嘅其叹矣，遇人之艰难矣。……有女仳离，条其啸矣，条其啸矣，遇人之不淑矣。……有女仳离，啜其泣矣，啜其泣矣，何嗟及矣。"即此语所本。〔孤危托落〕托落，亦作"落托"，寂寞之意，孤危托落，即孤独寂寞之意。〔差肩〕即并肩。〔遽躬蹈之〕竟自己蹈进了这个境界。〔同临其穴〕谓寒天蟋蟀僵死后，和她同去葬之于穴。〔憬然赴目〕憬然，觉悟貌。谓当时情景，觉得犹在目前。〔单縑〕单的绢衣。〔温《缁衣》一章〕温习《诗经》的《缁衣》一章。按：《缁衣》，《诗·郑风》篇名，其首章云："缁衣之宜兮，敝予又改为兮；适子之馆兮，还予授子之粲兮。"〔参户〕参户，即开门。〔琅琅〕读书声。〔莞尔〕微笑貌。〔则则〕赞叹声。〔九原〕坟墓之称。〔弱冠粤行〕《礼·曲礼》："二十曰弱冠。"疏："二十成人初加冠，体犹未壮，故曰弱也"。后遂沿为

少年之称。粤即今广东、广西的通称。按：袁枚
二十一岁时曾到广西去看望他的叔父，故称"粤
行"。〔猗裳〕牵着衣裳。〔披宫锦还家〕唐
时进士及第后，披宫锦袍，后遂谓登进士曰"披
宫锦"。按：袁枚于乾隆三年成进士，选翰林院
庶吉士，请假南归省亲。〔瞠视〕张目直视。
〔长安登科〕西汉及隋、唐皆建都长安，后遂
以长安为京师之通称。古时分科取士，故士之登
进者谓之"登科"，唐时新进士及第，用泥金书
帖附家信中，报登科之喜。这里是说他在京师得
中进士，点翰林。〔云尔〕云，语末助辞，无
义。尔，亦语末助辞，与"而已"同。这里的
"云尔"直可解作"而已"。〔旧事填膺，思之
凄梗〕前事填塞于胸中，回想起来不胜凄楚，几
乎连喉头都梗塞了。〔如影历历，逼取便逝〕好
像影子一般，历历在目，但逼近去取察时便消逝
了。〔婴婗〕音伊倪。即"婴儿"之转音。此指
幼稚时而言。〔罗缕纪存〕一件一件详细的记
下来。〔阿奶〕母字之转音。《博雅》："楚人呼
母曰奶。"〔家中文墨，眡汝办治〕以目示意叫作

"眹",音舜。这是说，家里有什么书件信札等都叫你去办。〔谙雅故〕熟悉典故。〔婉嬔〕柔顺貌。〔刺探〕探听消息。〔小差〕病稍减。差读去声。〔殗殜〕《方言》："自关而西，秦晋之间，凡病而不甚者日殗殜。"质言之，就是病已脱离危险期，但尚偃卧床榻，不能遽起。〔娱遣〕娱乐消遣。〔稗官野史〕稗官，本小官的意思，后来借为小说之称。《汉书·艺文志》："小说家者流盖出于稗官。"注引如淳曰："王者欲知闾巷风俗，故立稗官使称说之。"野史，在野之史，即私人所作的笔记之类。〔绵惙〕病危急而气息仅属之意。〔付梓〕付刻。按：素文遗稿今附刻《小仓山房全集》中。〔汝之生平，吾已作传〕袁枚有《女弟素文传》，叙述其生平事迹颇详，载全集中。〔窀穸〕即墓地。〔先茔〕祖先的坟墓。〔宁汝于斯〕安葬你在这里。〔栖霞〕山名，在江宁县东北，即摄山。〔羁魂〕葬身异地，魂不归于故乡，故称"羁魂"。〔戊寅年读汝哭侄诗〕戊寅，乾隆二十三年，当1758年。按：素文遗稿有《阿兄得子不举》诗，所谓"哭侄诗"，当即指此。〔至今无男〕按袁枚六十三岁其妾始生子，命名曰迟。作此祭文时，枚年五十二，尚未有子。〔牙牙〕小儿学语声。〔周晬〕小儿生一岁叫作"周晬"。〔亲在未敢言老〕语本《礼·曲礼》"父母在不称老"。〔阿品远官河南〕阿品，袁枚弟袁树的小名。树字豆村，号芗亭，乾隆进士，曾做河南正阳县知县。

二六　材料的来源与处理

　　人类是社会的动物。**把自己的观察、经验、思想、情感等宣示给别人知道，是人类生活上实际的要求。**用喉间发声来满足这种要求，便是"说话"。用笔写文字来满足这种要求，便是"写作"。在说话或者写作的当儿，大都存着一种希望：**希望所说的、所写的恰正宣示了所要宣示的。**实现这一种希望靠着谁呢？当然靠着要说话、要写作的自己；自己如能懂得说话、写作的法度与技术，每逢说话、写作就无不如愿了：这样的回答是谁都要说的。

　　可是，实际上，我们不能单只考求说话、写作的法度与技术，而不顾到所要宣示的——观察、经验、思想、情感等——的本身。因为我们开口说话、执笔作文，无非想着这些材料值得宣示、具有意义，才来说、才来写的。而这些材料是否值得宣示、具有意义，倘若不加考察，或许是属于负面的也未可知。如果竟属于负面，那么即使在法度与技术上尽量用功夫，也只是心力的虚耗罢了。因此，**我们论到说话、作文，**

就得连带地论到关于材料的问题。必须有精炼的材料，值得宣示，具有意义，方不致枉费了说话、写作的劳力。

或许有人要问："这么说时，就成为颠倒的情形了。本来宣示观察、经验等等是目的，而说话、作文是手段；现在为了说话、作文而去讨究观察、经验等等，岂不是把它们看作说话、作文的手段了么？"

对于这个疑问，可做如下的回答：

观察的怎样历练，经验的怎样积集，思想的怎样构成，情感的怎样陶冶，原是生活上必需考求的事情；否则这个人便不能适当地应付他的环境，他的生活将是虚空的、混乱的。所以一个人即使不想说话、不想作文，他也不能抛开了观察、经验等等不顾。而实际上，有口舌的谁不想说话？识文字的谁不想作文？讨究观察、经验等等固然不专为说话、作文，而观察、经验等等却是说话、作文的泉源。若要分别目的和手段来讲，那么岂只说话、作文是手段，观察、经验等等本质上原来也是手段；它们有一个共同的目的，便是"应付生活"。

所以，单只研习语法、文法、作文法、修辞学以

求说话、作文的进步，单只听别人的讲说、读别人的
文字以求说话、作文的进步，是不很能够如愿以偿的。
**必需探到说话、作文的泉源，注意于观察、经验等等，
说话、作文才会有真实的进步**。

所谓观察，就是**用自己的耳、目、心思去应接呈
现在眼前、正在眼前变动的事物**。这是有待于训练的
一种习惯。若不经训练，就没有这种习惯；事物明明
排列在四周围，竟会"视而不见，听而不闻"，而只以
传统的法则、笼统的概念来应付生活。这样的人的生
活是很可怜的；同时，在说话、作文方面，他是没有
丰润的泉源的。所以，我们必须自己训练，使自己有
"观察"这一种习惯。观察以敏锐、精密、深至、真确
等等为理想的条件。要能随时发现自己的缺点，随时
改进自己的观察方法、增益自己的观察能力，以期渐
次接近那些理想的条件。

所谓**经验**，就是**知识、行为的总和，也可以说就
是生活**。经验要求其**丰富**；这就是说经验到三分总比
经验到一分好，而经验到五分当然更好。经验又求其
深入；这就是说门外窥探不如径入门庭，而直达堂奥
当然尤胜。经验稀少和浅薄的人，他的生活也是很可

怜的，他只能生活在极小的范围里，出了这极小的范围，他就无法应付。同时，在说话、作文方面，他也只有一个近乎干涸的泉源。所以，我们必须使自己的经验丰富化、深入化。**要达到这目的，除了在实际生活上致力而外，更可借学问的力量来补充。但得探求那些直接有关于生活的、真切需要的学问。**倘若去弄那些装饰品、玩好品似的学问，那么即使涉猎得很广博精微，于经验的丰富化、深入化还是不甚相干的。

观察与经验规定一个人的思想。观察与经验又引起一个人的情感。思想、情感不是"天马行空"的东西，都必须附丽于事物；在处理事物、面对事物的当儿，我们才有思想、情感。所以，凭空说锻炼思想是没有用的，凭空说培养情感也没有用；**要达到这些目的，还得从观察和经验上着手。**

观察、经验等等都有相当的磨炼，于是说话、作文就有丰润的泉源。顺次下来，才要求所说、所写的恰正宣示了所要宣示的。

那"所要宣示的"蕴蓄在我们心意里头的时候，差不多一瞬之间可以意识到它的全体；譬如面对胜景，印在我们脑际的便是整幅的天然图画，遇人、历事，印在我们脑际的便是那个人的整个和那件事的全程。但是"用来宣示的"语言和文字却必须由许多音、许多字连续起来，仿佛一条线索，直到一番话语说完、一篇文字写成，才能把"所要宣示的"全体宣示出来。所以，严格地说，**说出来的话语、写下来的文字绝不能同蕴蓄在我们心意里头的一般无二。**我们只能求二者之间的距离减到最少的限度。这一步功夫就得在宣示之前做。怎样把所有的材料组织、配置，怎样把蕴蓄在心意里头的东西连成一条线索，才使"宣示出来的"与"所要宣示的"相差不多，几乎一致呢？语法、文法、作文法、修辞学等等在这时候才有用处，它们是帮助我们解答这个问题的。

若问组织、配置到怎样才算完善呢？我们可以设一个譬喻：要把一条线索一般的语言、文字**组织、配置成一个圆球**，才算达到了完善的地步。圆球这东西最是美满，浑凝调和，周遍一致，恰是独立的、有生命的一番话语、一篇文字的象征。圆球有一个中心，各部分都向中心环拱着。而各部分又必密合无间，不容更动，方得成为圆球。我们一番话语、一篇文字的各部分也该环拱于中心（这指所要宣示的"总旨"，如对于一件事情的论断、蕴蓄于中而非吐不可的情感之类），为着中心而存在。而且各部分的定位列次，应取最适当的样式，以期成为圆满的一番话语、一篇文字。

至此，我们可以知道组织、配置的着手方法了。为要使各部分环拱于中心，就得致力于**剪裁**。为要使各部分密合妥适，就得致力于**排次**。我们把涌现在心意里头的材料逐一审查，而以是否与"总旨"相一致为标准，这时候自然能知所去取。于是去掉那些不切用的、不相一致的，检定那些必要的、相一致的，或者还补充上一些遗漏的、不容缺少的：这就是剪裁的功夫。经过了剪裁的材料方是确然需用的材料。然后把那些材料排次起来，而以是否可以宣示"总旨"、是否合于论理上的顺序为尺度；这时候自然能有所觉知。于是让某部居开端，某部居末梢，某部与某部互相衔接：而如其某部与某部重复了，或者某部与某部之间有了罅隙，这当儿也会发现出来，并且知道应当怎样去修补。

一番话语、一篇文字的所以独立，不得与另一番、另一篇相合并，也不得剖分为若干番、若干篇，只因为它有一个"总旨"，它是一件完整的东西。据此类推，那么一番话语、一篇文字中间的每一段虽是全体的一部分，必然也自有它的"总旨"与完整的结构，所以不得合并，不得剖分，而成为独立的一段。因此，我们对于每一段也得下一番组织、配置的功夫。逐段经过组织、配置，逐段充分健全、完整，全番话语、全篇文字安有不充分健全、完整之理？若再缩小范围来说，每节的对于一段，每句的对于一节，也无非是这般情形。唯恐不能尽量宣示所要宣示的东西，所以逐部留意组织、配置。及到每一句的组织、配置就绪，蕴蓄在心意里头的东西已经具体化了；换一句说，**它已经被缩成一条语言或文字的线索，就这样用口、用笔宣示出来，与它本身相差不多，几乎一致了。**

我们可以说，**从蓄意要有所宣示到用口、用笔宣示出来，只是一串的组织、配置的功夫。**

在演说或写作之先，定下一个纲要，把全体组织完成，配置停当；然后依照着这个纲要演说或写作，同时更注意于每节、每句的组织、配置：这样的办法是很有效果的，至少不会使你失望，因为这样之后，宣示出来的必然是你所要宣示的。

或以为大演说家、大文学家可以无须组织、配置，纯任自然，信口倾吐，信笔挥洒，便成绝妙的演说与文字。其实不然。大演说家、大文学家技术纯熟，能在意念中组织、配置，迅速而周密，甚且能不自觉地组织着、配置着，所谓"腹稿"与"宿构"，便是证据，而绝非无须组织、配置。

要说一大堆的话的时候，"信口开河"绝不是一种好习惯。临到要写作，提起笔来就涂也不是一种好习惯。这种习惯将使"宣示出来的"与"所要宣示的"差得很远，这是生活上的缺陷！

练习　试先定一个纲要，要依据这个纲要作一篇文字。

山中与裴秀才迪书

王　维

　　近腊月下，景气和畅，故山殊可过。足下方温经，猥不敢相烦，辄便往山中，憩感配寺，与山僧饭，讫而去。北涉玄灞，清月映郭。夜登华子冈，辋水沦涟，与月上下，寒山远火，明灭林外，深巷寒犬，吠声如豹，村墟夜舂，复与疏钟相间。此时独坐，僮仆静默，多思曩昔携手赋诗，步仄径，临清流也。当待春中草木蔓发，春山可望，轻鲦出水，白鸥矫翼，露湿青皋，麦陇朝雊，斯之不远，倘能从我游乎？非子天机清妙者，岂能以此不急之务相邀。然是中有深趣矣，无忽！因驮黄蘖人往，不一。山中人王维白。

裴秀才迪，已见前《辋川闲居赠裴秀才迪》注。作者与裴迪是很好的朋友，这封信极写山中有深趣，邀裴迪于春间草木蔓发时来同游赏。文词清逸，意境潇洒。陈振声在《直斋书录解题》中极赞赏这篇文字，他说："余每读之，使人有飘然独往之兴。"

　　语释　〔足下〕书翰中称人之敬辞。按：战国时"足下"二字多以称人主，如苏代遗燕昭王书、乐毅报燕惠王书、苏厉与赵惠王书，都称"足下"，后来朋友间通信亦都互称"足下"了。　〔猥〕书翰中习用的谦辞，如言"猥以不德"之类，无确切意义可解。〔憩〕休息。〔玄灞〕即灞水，出陕西蓝田县之蓝田谷，亦称蓝田谷水，经蓝关历白鹿原东下，流入渭。潘岳《西征赋》有"玄灞素浐"之语，故称"玄灞"，犹漳水称"清漳"，渭水称"浊渭"也。　〔华子冈〕为辋川二十景之一。　〔辋水沦涟〕辋水，在陕西蓝田县南八里，乃骊山蓝田山相接处，山峡险隘，凿石为途，商岭水自蓝桥伏流至此，诸水来会，如车辋环辕，自南而北，圜转二十里，西北注于灞水。过此，则豁然开朗，四顾山峦掩映，王维的别墅就在这里。沦涟，是风吹水上所起的小波。〔舂〕捣粟。〔疏钟〕疏落的钟声。〔鯈〕鱼名，形狭而长，俗称"鳖鯈鱼"。〔矫翼〕举翼。〔皋〕原野。〔麦陇〕麦田。〔雊〕雄雉鸣。按：自"轻鯈出水"至此，皆状春日景。〔因驮黄蘖人往〕驮，负载也。黄蘖，药名，俗称"黄柏"。蘖，本用"檗"，俗加草作"蘖"，省写作"柏"。驮黄蘖人犹言采药人。这是说，这封信因采药人之便托他带去。〔不二〕当作"不一一"，两一字误并为二。不一一，言要说的话还很多，不一一细写了。

答 友 人 书

李慈铭

　　月之望日，拜手书，忻悉道祉无恙，甚善。别后
浃月，无少著作，足以相告。顾念春事可怀，未能端
坐，屑屑米盐，转入俗障，良用悼怏。迺券同人，各
去巾辖，遂于春分后五日，置酒柯山，道俗毕集。是
日微阴养晴，宿雨过润，桃李盛放，若与为期，草绿
茵柔，甚便展齿，湖山之秀，极于一醉。所恨阿戎不
来，俗物败意耳。酒阑花暝，游展各散；鄙意惓惓，
未忍言去，遂留山中者两日。自朝至暮，时而在山之
南，时而在山之北；或穿篱觅树，或隐竹据石，或隔
溪看云，或背花临水，或闻鸟声久坐，或循柳阴独行。
每至夕阳坠樵，晚风在笛，则携酒一壶、棋一局，求
一能领者，相与蹑萝磴，坐藤崖，下视菜花万斛，高

下积黄，牧童行歌，各在归犊；当此之际，胸鬲尘秽，洗涤殆尽，乐趣所及，无非天机，殊觉春融日长，岁丰物茂，悉充洽于方寸之地。沂水、濠梁，去人不远。又其地多老人，庞眉皓发，时时往来，益信山林之中，其人多寿，得于云烟供养也。惟是行乐及时，汉臣以为劝，俯仰陈迹，晋贤以致悲。吾家元膺有言"一年春物，惟梅柳间意味最深，至莺花烂漫时，则春已衰迟，使人无复新意。"旨哉斯言！谁能赏之？足下樊川之梦，应尚未觉；然故乡之乐，殊足相傲。写以寄视，始知鉴湖博士，自有替人，名士风流，故当不坠耳。计书到日，已及尾春，枇杷花前发之。一笑。不宣。

本篇选自《萝庵游赏小志》。他叙述作此书的缘起说：

戊午二月十二日，置酒七星岩，招诸友看桃花，饮毕客散，遂留居柯山。自去冬大雪，湖南山桃李，居人多斧作薪，花事遂寂。而七星岩新枝向日，居然代兴，粉展烟霏，春溢洞半，地密景稠，亭榭相簇，较之湖南，虽计树不侔，而得境为胜，西偏春事，移于此间矣。连日绮阴多雨，流连信宿，朝夕忘归，清游之佳，毕臻其最。时有社友寻春沪上，狭邪迷复，适寄书来，夸烟花之胜，因作一牍答之。

语释　〔渶〕周也。〔屑屑米盐〕专门打算柴米油盐等家常琐屑事。〔俗障〕佛家语。谓凡俗的障蔽。〔券〕约也。〔各去巾辖〕巾辖，就是车。（《周礼·春官》序官"巾车"注，巾犹衣也。疏谓以金玉革衣饰其车。晋陶潜《归去来辞》"或命巾车"，巾车即装饰其车。这里的"巾辖"意与巾车相仿佛，但径可作"车子"解，不必拘泥。）各去巾辖，谓大家不用车子。〔柯山〕在绍兴县西南三十五里。〔屐齿〕古时游山穿屐，屐底有齿，略似现在日本人所穿的木屐。〔阿戎不来俗物败意〕《晋书·王戎传》："王戎字浚冲，琅邪临沂人。……父浑，梁州刺史。……阮籍与浑为友。戎年十五，随父在郎舍，戎少籍二十岁，而籍与之交。……谓浑曰：'浚冲清赏，非卿伦也，共卿言不如共阿戎谈。'"这里以阿戎比他的朋友，谓只恨你没有来，游侣中少了像你这样的雅士，未免败兴耳。〔惓惓〕留连貌。〔蹑萝磴〕走上生满萝蔓的石级。〔方寸之地〕谓心也。〔沂水濠梁〕孔子命弟子各言其志。曾点曰："莫春者，春服既成，冠者五六人，童子六七人，浴乎沂，风乎舞雩，咏而归。"见《子路曾晢冉有公西华侍坐章》。庄子与惠子游于濠梁之上，庄子曰："儵鱼出游从容，是鱼乐也。"惠子曰："子非鱼，安知鱼之乐？"庄子曰："子非我，安知我不知鱼之乐！"见《庄子·秋水篇》。〔庞眉皓发〕谓老人也。汉武帝辇过郎署，见颜驷庞眉皓发，问曰："叟，何时为郎？何其老也？"见《昭明文选·思玄赋》注。〔行乐及时，汉臣以为劝〕汉杨恽失官家居，其友孙会宗劝他闭门养晦，他答会宗书，有"人生行乐耳，须富贵何时"之句。这里的"汉臣"，即指杨恽。〔俯仰陈迹，晋贤以致悲〕晋王羲之作《兰亭集序》，有"向之所欣，俯仰之间，已为陈迹"的话。这里的"晋贤"即指王羲之。〔吾家元膺〕李元膺，南宋东平人，曾官南京教官。朱锡鬯等所辑《词综》，曾录其《洞仙歌》等四首。绍兴时李孝美作《墨谱法式》，元膺为之作序，当是南宋绍兴年间人。其他事迹待考。按：作者姓李，故称"吾家元膺"。〔旨哉斯言〕深有味乎其言，故云。〔樊川之梦〕唐杜牧著有《樊川集》，故以樊川称杜牧。杜牧尝有诗云："十年一觉扬州梦，赢得青楼薄幸名。"故称留连于狭邪游者为"樊川之梦"。〔鉴湖博士〕唐贺知章曾官太常博士，后请为道士，还乡里，并请赐官湖数顷为放生池，有诏赐镜湖剡川一曲，见《唐书》本传。按：镜湖亦称鉴湖，在今浙江绍兴县南，宋熙宁后，湖渐废为田。〔故〕连词，有"固然""原来"之意。〔不宣〕书翰中对人之谦词，说自己拙于文辞，不能把原意尽情宣达。

二七　写出自己的东西

我们试问自己：最欢喜说的是哪一类的话？这是不假思索就可回答的，**我们爱说那些必要说的、欢喜说的话**。有的时候，我们受了人家的托付，代替他传述一番话；或者为事势所牵，不得不同人家勉强敷衍几句。这些都是不必要说的、未必欢喜说的话，固然未尝不能够说，然而说这些话的时候，我们的兴趣差得远了。要解释这个经验的由来是不难的。语言的作用本是在人群中宣示自我，或者发泄内心的感兴。所以凡是顺着这两个倾向的话，我们自会不容自遏地、高兴地说。至于代人家传话以及勉强同人家敷衍，那既不是宣示什么，又无关乎感兴，原来不必鼓动唇舌的。原来不必而硬要鼓动唇舌，兴趣当然不同了。

作文与说话本是同一源头的，所差者，说话用声音、作文用文字而已。所以在关于说话的经验里，我们可以得到关于作文的启示。那启示是什么呢？倘若自己没有什么想要宣示，不对什么发生感兴，我们就没有必要与欢喜，就不用提起笔来写什么文字。**一定**

要有所写，才提起笔来写。从反面说，若不是为着必要与欢喜，而勉强执笔乱涂，这就是一种无聊而又无益的事。

勉强写作的事确然有的，而且并不稀少。这或者由于作者的不自觉，或者由于作者为要达到某种目的，非胡乱写一些文字不可。作者多读了几篇别人的文字，受着别人的影响，似乎觉得胸中有物，颇可以把它写出来了。但是写了出来之后，实在同别人的文字没有两样。这是不自觉的勉强写作。至于利用文字来达到某种目的的，他自己本来没有什么可写，自不得不去采取别人的情思——那些现成的材料。这是明知故犯的勉强写作。这两类作者的勉强写作虽有不自觉与明知故犯的不同，然而他们的弊病是相同的，就是**模仿**。我们这么说，不自觉而出于模仿的作者固然要出来申辩，说他写他的文字确然迫于必要与欢喜；而明知故犯趋向模仿的作者或许也要不承认他的模仿，说出"采用现成材料，在写作上本来是容许的"一类的话。可是我们有一种尺度在这里，用着它之后，模仿与否将不辩而自明，那就是"这篇文字的内容是否确实是作者自己的东西"？经这尺度衡量了一下，就可见这两类作者都只是复制了或者拼合了人家的现成东西，自己并没有拿出什么来。并没有拿出什么来，而居然有文字由他们的手写下来，这不是模仿是什么？至此，不自觉而模仿的作者就会爽然自失，感到所谓必要并非真个必要，所谓欢喜其实无可欢喜，这又何必定要写作呢？而明知故犯趋向模仿的作者如果悟到了写作的本旨，也许会遏抑了利用文字来达到某种目的的心思。直到他们确实有所宣示、确实有什么感兴的时候，才提起笔来写作。

像那些专门著述和文艺作品，是作者潜心研讨，竭力经营，然后写下来的，他们当然是所谓"写出自己的东西"。但是人间的思想、情感往往不甚相悬殊；现在定要写出自己的东西，仿佛人家说过了、写过了的，就得避去，不说、不写，而必须找人家没有说过、写过的来说、来写。这样，在一般人岂不是很少可说的话，也就是很少可写的文字了么？

其实，所谓写出自己的东西并不是这样讲的，按诸生活的实际，又绝不能像这个样子。我们说话、作文，无非使用一些通用的词、语；至于内容方面，也无非古人与今人曾经这样那样用过了的一些意思，虽不能说没有创新，然而绝不会全是创新。这是说，人间的语言、文字原来是相差不远的。但是有一点要注意，我们所以要说一番话、写一篇文字，自有我们的内面的根源（就是前面所说的"在人群中宣示自我"以及"发泄内心的感兴"）；并不是要同鹦鹉竞胜，机械地模仿人的说话，也不是要同窃贼为伍，偷了人家的东西去卖钱。**这里面的根源与著述家的独得的见解、文艺家的深至的感兴有同等的价值。**它是独立的，即使宣示出来时恰与别人的雷同，或且有意地采用了别人的东西，都不受模仿的讥评；因为它自有独立性，正如两个人面貌相似，性情相近，无疑彼此的独立，又正如生物吸收了种种东西来营养自己，而无碍自己的独立。所以，**我们只须问自己有没有话要说，不用问这个话曾不曾经人家说过。如果确有要说的话，用来作文，就是写出自己的东西了。**

更进一步说，人间的思想、情感诚然不甚相悬殊，但是也绝不会全然一致。先天的遗传，后天的教育，师友的熏染，时代的影响，这些都是酿成大同中的小异的原因。原因这么繁复，又是参伍错综地来的，就成大同小异的各人的思想、情感。所以，**所写的东西**

如果是自己的，只要是自己的，实在很难得遇到与人家相雷同的情形。试看许多的文家一样地吟咏风月，描绘山水，竟会有不相雷同而各极其妙的文字，就是很明显的例证。原来他们不去依傍别的，只把自己的心去对着风月、山水，他们又绝对不肯出于勉强，必须有所写时才写。主观的情思与客观的景物糅合，组织、配置的方式千变万殊，自然每有所作，都成独创了。虽然他们的文字里，大部分也只是通用的词、语，也只是古人与今人这样那样用过了的意思，而**这些文字的生命是他们所给予的，所以终竟是独创的东西**。

到这里，可以知道所谓写出自己的东西是什么意义了。

既然要写出自己的东西，自然会连带地要求所写的东西必须是完好的：假若宣示什么见解，必须合于事理的真际，切乎生活的实况；假若发泄什么感兴，那感兴当然是不倾吐不舒快的，就必须本于内心的郁积，发乎情性的自然。这种要求可以称为**求诚**。如果只知写出自己的东西而不知求诚，将会有什么事情发生呢？那时候，臆断的见解与浮浅的感兴也许会杂出于我们的笔下而不自觉知。如其终于不觉，徒然多了这一番写作，收不到一点效果，已是很可怜悯的事。如其随后觉察了，更将引起深深的悔恨，这么想道："不切事理的见解，怎能够宣示于人间，贻人以谬误呢？浮荡无着的偶感，怎值得写定为篇章，耗己之劳思呢！"人不愿陷于可怜的境地，也不愿事后有什么悔恨，所以对于自己所写的文字，总希望它确是完好的。

虚伪、浮夸和玩戏是与"诚"这个字正相反对的。但有一些人的文字犯着虚伪、浮夸和玩戏的毛病。其原因同前面所说的一样，有无意的，也有有意的。譬如论事，作者为才力所限，自以为竭尽智能了，但是还得不到真际，就此写下来，便成为虚伪或浮夸了。又譬如抒情，作者为素养所拘，自以为他的材料很有价值，但其实近于恶趣，就此写下来，便成为玩戏了。这是所谓无意的，都因为自己有所蒙蔽，写下文字来便犯了毛病。至于所谓有意的，当然也是怀着利用文字的心思，希望达到某种目的。如故意颠倒是非，借以淆惑人家的听闻，便趋于虚伪；谀墓、祝寿，彰善颂德的话写上一大堆，便涉于浮夸；著书牟利，迎合社会的弱点，便流于玩戏。无论无意或有意，凡犯着这些毛病，总是学行上的缺失、生活上的污点。这班人如能想一想是谁作文，作文应当怎样作的，便将汗流被面，无地自容，不愿再担负这种缺失与污点了。

从正面与反面看，便可知道作文的求诚含着如下的意思：

就内容说，要是充实的、深厚的，不取那些不可征验、浮游无着的东西；**就态度说，要是诚恳的、严肃的，**不取那些油滑、轻薄、卑鄙可厌的样子。

练习　试自述作文的态度。